目录

序言

可能性的艺术：通过比较理解政治

众所周知，谈论政治是一件异常艰难的事情，在一个政治极化的时代尤其如此。很少有什么事物能够像政治那样，激起狂热的爱恨，让陌生人成为同道，让朋友成为敌人。阅读法国大革命的历史，我惊异地发现，罗伯斯庇尔曾经是死刑的反对者，但是不出数年，他所领导的雅各宾政权就成为断头台的象征。阅读纳粹的历史，我看到有纳粹声称，毒气室的发明其实让死亡变得更加"人道"了——这样的残酷，竟然以"人道"之名出现。我还读过韩非子的名句，"君上之于民也，有难则用其死，安平则尽其力"，而他把这叫作"明主"。似乎，政治是一切关系、一切道义、一切概念的扭曲场；似乎，政治总是带来错位，理解政治的努力永远造成误解。

然而，我们又不得不试图理解政治，这不仅仅是因为——如亚里士多德所言，"人是天生的城邦动物"，而且因为政治中有我们命运的源头。水手在大海上航行，努力练习航海技术，掌握气象地理知识，储备粮食物资，殊不知，最能影响这场航行成败安危的，不是水手的智识，而是大海本身的"脾气"。它波涛汹涌，水手无处可逃；它风平浪静，水手才可能岁月静好。人类从呱呱坠地那一刻起就被政治"绑架"，它是我们所有人脚下看不见的大海，是我们必须穿越的看不见的暴风骤雨。

这本书是我在"看理想"平台制作的一个音频课程的讲稿，是试图理解政治这个"大海"的一次努力。不过，作为一门"比较政治学"课程的讲稿，这本书并不试图对一时一地的政治做出是非判断，而恰恰是试图从"此时此地"抽离，通过历史的与全球的视野来激发新的问题与思考。很多时候，观点的不同来自视野的不同——海拔100米处看到的绿色田野，在海拔1000米处，可能不过是荒漠里的一小片绿洲，而到了海拔5000米处，这片荒漠又不过是漫漫大海中的一个孤岛。"比较"是为了抽离，而抽离是为了在另一个高度反观。固然，由于政治的易燃、易爆性，这本书注定是一场智识的冒险，但我仍然奢望，对于读者，它同时也是一场发现之旅，能够呈现一些不同的风景，埋下一点挥之不去的好奇。

什么是比较政治学？

这门课的名称叫作"可能性的艺术：比较政治学30讲"。"可能性的艺术"这个说法，来自俾斯麦的一句话："政治是可能性的艺术。"我很喜欢这句话，因为它通过"艺术"这个词表达了政治的力量，又通过"可能性"这个词表达了政治的限度，所以我把它用在了课程的标题里。

那么，比较政治学又是什么？我是从博士期间开始学习"比较政治学"的。从那时开始，我就发现一个有趣的现象，每当有人问我：你是学什么专业的？我回答"政治学"的时候，对方往往就会饶有兴趣地追问：那你对美国大选怎么看？你对台湾的蓝绿之争怎么看？你对伊拉克局势怎么看？……可是，如果我回答"比较政治学"的时候，对方往往就在礼貌的微笑中陷入了沉默。为什么？大约是因为大多数人不知道"比较政治学"是干什么的，听上去有点高大上，但又让人摸不着头脑，不知道该怎么接话。好好一个"政治学"，因为加上了"比较"二字，就拒人于千里之外了。

可能有些朋友会出于直觉说，"比较政治学"，就是比较一个国家和另外一个国家吧？这个说法只能说部分正确但不完全正确。事实上，如果去调查全球比较政治学者的研究领域，会发现，其中大多数只研究一个国家或者一个地区，是"国别专家"或"地区专家"，比如"拉美专家""中国专家""伊朗专家"等，只有很少一部分是真的在从事比较研究，其中进行国别案例比较的更是少而又少。所以，所谓"比较政治学"，其根本特性不在于研究内容是否真的在进行案例比较。

那么，什么是"比较政治学"？也许一百个比较政治学者有一百个回答，在这里我分享一下我自己的看法。我的理解是，比较政治学当中的"比较"，与其说是一种具体的研究方法，不如说是一种研究的视野。当你把你所面对的政治现实当作一万种可能性之一来对待时，你就获得了一种"比较的视野"。带着这种广阔的视野，即使你的研究对象只是一个时代的一个国家，你的问题意识却是来源于潜在的比较。比如，当一个人追问："为什么国家A的经济发展没有带来民主转型？"这个问题背后，实际上已经预设了一个通过比较才能获得的观点——这个观点就是：在许多其他的国家，经济发展带来了民主转型。再举一个例子，如果有人追问："为什么在国家B民主转型带来了战乱？"同样，这个问题背后也预设了一个只有通过比较才能获得的看法，那就是"另一些国家的民主转型是和平、没有战乱的"。

所以，即使是所谓国别研究专家，也往往需要通过"比较的视野"获得重要的、有趣的研究问题，然后再将这个问题带入到对具体国家的研究当中去。他得有那个"见山不是山"的阶段，才能使"见山又是山"成为一个境界。学者李普赛特（Seymour Martin Lipset）曾说过一句话，我印象非常深刻，他说："只懂一个国家的人不懂任何国家。"我想他表达的正是类似的意思。

其实，不仅仅是学者，即使是普通人日常生活中的思考，也往往需要通过比较发现问题、打开思路，因为比较产生冲击，冲击带来思考。

举个简单的例子，我记得小时候看电影电视的时候，经常看到这样的标语："坦白从宽，抗拒从严。"当然，我们现在不这样提了，但是以前法治观念不强的时候，这种说法很常见。当时，这句话如此大义凛然，看上去简直是天经地义——一个人做了坏事当然要"坦白"，这有什么讨价还价的吗？可是，直到有一天，我看外国电影，听到了"你有保持沉默的权利，但是你所说的每句话都将成为呈堂证供……"这句话，我才意识到"坦白从宽"并非天经地义。现在，大家都知道，这是著名的"米兰达警告"。可是第一次听到这句话的时候，我并不知道世上还有什么"米兰达警告"，只觉得脑袋里"咯噔"一声，用我们今天的话来说，叫"三观碎了一地"——这个人是犯罪嫌疑人，居然还有"保持沉默的权利"？沉默居然还可以是一种权利？一个人做了错事，难道不应该老实交代吗？就算你没做错事，你交代清楚不就得了吗？但是，不，至少这个世界上有一部分人并不这样认为。他们认为让人自证其罪是不人道的，他们担心这种"坦白从宽"的观念会造成或者恶化刑讯逼供，他们认为在强大的国家权力机关和弱小的被逮捕的个体之间应该有一个作为缓冲力量的第三方，也就是律师。

这些观点对不对另外说，但是，了解这些观点的存在，对于开阔我们的视野非常重要。如果我从来没有看过这样的电影情节，不知道"米兰达警告"的存在，我可能永远不会去思考"坦白从宽、抗拒从严"这样的说法有没有问题，有什么问题。

再举一个例子。我有一个外国朋友在很多国家生活过，欧美、印度、土耳其、乌干达……在北京也住过三年。有一次，我和他聊天，他无意中提起："北京是我住过的最安全的城市……"他这句话说得平淡无奇，但是在我脑子里又带来"咯噔"一声。因为它不仅仅是一个陈述，而且带来一个问题：为什么？为什么北京成为一个异常安全的城市？这背后有没有政治逻辑？它的政治逻辑又是什么？如果是一个从小在北京长大、从来没有去过其他国家的大都市长期生活的人，可能就不会意识到这一点，更不会产生困惑，因为他会把都市的安全感当作"理所当然"的事物。深夜出门吃个小龙虾，泡完酒吧叫个车，清晨到公园跑个步，似乎生活"本应如此"。但是，我们都知道，都市的安全感并非"理所当然"。战乱国家就不说了，即使是非战乱国家，比如墨西哥城、马尼拉、约翰内斯堡，甚至伦敦、纽约的某些街区，你都不会认为凌晨或者深夜在大街上独自走路是个好主意。俗话说，没有比较就没有伤害，其实有时候，没有比较也没有惊喜。

所以我经常和学生讲，什么是社会科学的洞察力？它首先是把熟悉的事物陌生化的能力，把句号变成问号的能力，把"此时此刻"和无数"他时他刻"联系起来的能力。这种能力和每个人的敏感性有关，但是，也和每个人的"见识"有关——也就是说，你阅读过的、听过的、走过的、观察过的、思考过的越多，你就越容易把现实当作"一万种可能性之一"来对待。如果你是一个井底之蛙，那么你就永远无法获得那个反观自身的视角，甚至还可能因为这种狭隘而狂妄自大。

这正是这个课程的努力方向——把形形色色的国家纳入我们的视野，建立一个尽可能丰富的、完整的参照系，以此来定位现实。我们知道，理解和判断的前提是参照系的存在——如果我们不知道人类年龄的大致范围，就很难判断多少岁算是长寿。如果人类年龄的极限是120岁，那么90岁就非常长寿了，但是如果极限是300岁，那么90岁就还是少年。同样的道理，比较政治学的功能，就是帮助我们建立一个政治可能性的参照系，以此分析理解各国政治所处的位置。所以，了解其他国家不仅仅是为了"猎奇"，甚至不仅仅是出于"心怀天下"的世界主义情怀，也是为了在浩瀚的可能性中理解我们自身。

这里，我想强调的一点，就是这门课所选择案例的多样性。我们可能都注意到，中国的知识界、文化界格外关注欧美和日本——这一点当然也很容易理解，毕竟，欧美日资讯发达、研究丰富，而且，人往高处走、水往低处流，欧美日国家是世界上最发达的地区，对它们格外关注，也反映了我们中国人希望生活越变越好的心态。我本人也写过一本关于美国政治的小书——《民主的细节》。

但是，从比较政治学的角度来说，只关注发达国家却可能是一种视野上的局限。学过社会科学的人可能都知道一个词，叫作"优胜者偏见"（survivor's bias）。什么意思呢？举例而言，如果我问我身边的人，考清华、北大容易吗？可能大部分人都会说很容易。为什么？因为我是清华的老师，身边的人大多不是清华就是北大的，就是我家门口的小超市里提着篮子买菜的，可能都有几个院士。你问这些人考清华、北大难不难，他们很可能说"不难"。但是，我们都知道，考清华、北大是非常难的，经常是一个县一年才考上一两个，说千里挑一都不为过。同样的道理，如果我们只关注发达国家，我们所获得的政治知识可能就有"优胜者偏见"。所以，正是为了调整这种可能的偏见，我在这门课里也大量选择了来自发展中国家的案例，希望以此获得一个更为完整的比较视野。

政治的力量

前面说完"比较政治学"中的"比较"，我再来说说其中的"政治"。显然，任何学科的人都愿意强调自己的学科有多么重要，我们政治学的人当然也不例外。但是，强调政治对于塑造一个国家命运的重要性，似乎并不符合一些人的观念。为什么呢？因为在一些人看来，政治是上层建筑，经济才是基础。也就是说，政治是被决定的那个，经济才是那个决定性因素。在这种观念里，只要出现任何政治问题，都会自动产生一个"正确答案"：还不是因为穷？这似乎也合乎我们日常生活中的一个朴素认知——俗话说，贫贱夫妻百事哀。所以，贫穷国家又何尝不是如此？

但是，问题就来了：经济发展又是从何而来？我举个直观的例子——委内瑞拉。这几年，很多人可能隐约听说过这个国家所发生的事情：超级通货膨胀、饥荒、大规模的人口逃亡。通货膨胀到了什么程度呢？就是民众与其去商店里买手纸，不如直接用钱当手纸用。为什么呢？因为纸比钱贵多了。人口逃亡又到了什么程度呢？如图0-1所示，460万人到其他国家去谋生了，这是委内瑞拉16%的人口，这也被认为是西半球历史上最大的难民潮。

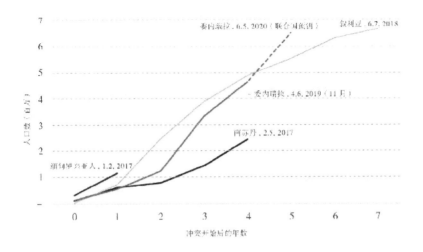

图0-1 委内瑞拉难民潮

（图片来源：Dany Bahar, "Venezuela refugee crisis to become the l
argest and most underfunded in modern history," *Brookings Report*,
Dec. 9, 2019）

但是，很多人可能不知道的是，直到1999年，委内瑞拉仍然是拉丁美洲
人均GDP最高的国家。短短20年，一个拉美最富的国家，变成了最大的噩梦，
这中间又发生了什么？民众是同样的民众，传统是同样的传统，宗教是同样
的宗教，地缘位置当然也是同样的地缘位置。作为一个政治学者，我认为最
大的变化就是激进左翼总统查韦斯上台了——一个自认为是罗宾侠式的政治
家，以一己之力改变了委内瑞拉的政治生态，影响了委内瑞拉的经济。

所以，从委内瑞拉这个例子来看，政治真的只是所谓的"上层建筑"、
等着被"经济基础"决定吗？还是，至少在某些情况下，政治本身也可能成
为塑造经济乃至社会的根本性力量？当然，这个例子比较极端，在很多其他
国家，政治对国家命运的影响未必如此清晰，但正是这种极端的情况，照亮
了社会变迁当中的某些关键因果机制。在这个意义上，这样的例子几乎像是
寓言——有时候，我们恰恰需要通过寓言，才能够理解现实。

其实，政治对国家命运具有根本性的影响，不仅仅是政治学者的看法。一些其他学科的人也是这么看的。比如著名经济学家诺斯（Douglass North），他对工业革命的看法就非常强调政治因素。我们都知道，工业革命具有划时代的意义，但是，关于工业革命，一个经久不息的问题是：为什么工业革命最开始发生在英国，而不是其他国家？为什么是英国人发明了蒸汽机？当然，关于这个问题，一百个学者可能有一千个看法。但就诺斯而言，他把问题的答案追溯到了英国的光荣革命。他的看法是，光荣革命成功地"把权力关进笼子里"，带来所谓"可信的承诺"（credible commitment），使得民众获得了前所未有的财产安全感，产生了投资、生产、创新的动力，最终触发了工业革命。这种看法被称为"制度主义"，直到今天，还有很多经济学家都是制度主义者。

政治的限度

当然，强调政治的力量，并不意味着政治万能论，尤其不意味着政治制度万能论。前面说到过，我非常喜欢俾斯麦的那句名言——"政治是可能性的艺术"，"Politics is the art of the possible"。其中，"the possible"这个词非常重要，为什么？因为它的本意正是强调政治不是魔术，它不能抵达"the impossible"，它不能做成无米之炊，它不能让水变成油，它不能发明永动机。

所以，我常常和我的学生强调一点：政治在社会中。什么叫"政治在社会中"？就是社会条件构成政治选择的半径，也影响政治选择的结果。我们都听说过一个成语，叫"淮南为橘，淮北为枳"。这是什么意思呢？就是同一个物种放在不同的气候、土壤、环境中，它长出来的东西有可能很不一样。

举个例子。菲律宾在1946年刚独立的时候，它的宪法和美国宪法非常像。原因是，在那之前，菲律宾是美国的殖民地，所以它的宪法是在美国的指导下制定的。但是，结果大家都知道，菲律宾后来的发展，无论是民主制度，还是经济发展，都不像是美国，离发达国家都很遥远。所以，同样的宪法，"淮南为橘，淮北为枳"。

再举个例子，北欧国家，像瑞典、丹麦、芬兰这些国家，都被称为"民主社会主义"国家，被视为是治理的典范。但是，很多人不知道的是，前面我们提及的查韦斯，他也把他在委内瑞拉的社会实践叫作"民主社会主义"，不过，我们在前面也说了，他的"民主社会主义"带来的，却几乎是国家的崩溃。可见，此"民主社会主义"非彼"民主社会主义"。相似的政治理念，放到不同的社会文化土壤当中，发生了完全不同的"化学反应"。这就是"政治在社会中"。

所以，虽然政治非常重要，但是政治也是有限的。一个社科学者如果没有这种专业谦卑，就容易成为井底之蛙。理解政治，有时候恰恰要从政治之外着手。只有通过研究政治与其他因素的"化学反应"，我们才能真正理解世界政治的多样性。也正是因为"政治在社会中"，因为"淮南为橘，淮北为枳"，所以研究比较政治学的目的，不是为了寻找一个"放之四海而皆准"的政治配方，也不可能找到这样一个政治配方。

但是，反过来，这是否意味着，研究比较政治必然要求价值上的虚无主义？是否意味着今天的委内瑞拉和20年前的委内瑞拉无所谓好坏，因为时代不同？所以，比较政治学最后的结论只能是：因为所有的国家都不同，所有的时代都不同，所以不存在是非，不存在好坏。大家想一想，这里面有没有逻辑问题？合理的逻辑是：这里的好东西到那里不一定是好东西。不合理的逻辑是：这里的好东西，在那里一定会成为坏东西。我们不能跳出一个逻辑陷阱，又掉入另一个逻辑陷阱。的确，"淮南为橘，淮北为枳"，但是美洲的土豆到了亚洲也还是土豆，它可能变成了大一点或者小一点的土豆，甜一点或者苦一点的土豆，但土豆还是土豆。

那么，为什么有时候"淮南为橘，淮北为枳"，有时候又是"在美洲是土豆，在亚洲还是土豆"？这种矛盾其实就帮助我们抵达了比较政治学思考的核心任务：在差异中寻找规律。在差异中寻找规律，简单来说，就是试图搞清楚，想要从A到B，需要哪些条件C？或者说，从A没有到达B，是因为缺少了哪些条件C？比较政治学的功能的确不是寻找政治的灵丹妙药，但它同样不是放弃对是非对错的判断，而只是试图让这种判断变得更加小心谨慎而已。

可能会有读者朋友说，这听上去很累啊。"既要……又要……""虽然……但是……""可能……也可能……"，我很想要"从A到B"，但结果还冒出这么多条件C？能不能给我一个明确的答案？能不能给我一个痛快的说法？用英语来表达，就是能不能给我一个punchline？很遗憾地告诉大家，社会科学的思考，包括政治学的思考，没有一劳永逸的答案，没有那个punchline。社会科学的思考就像是开车，需要时刻警觉，时刻观察路况，并根据路况随时调整速度和方向。一刹那间的走神，就可能导致车毁人亡。这听上去的确很累，但也是唯一安全的做法。世界是复杂的，但又不是随机的，知识也应当如此。求知的道路，意味着永恒的疲倦以及偶尔的惊喜。

第一章

全球视野

1. 政治比较的维度

既然是一个比较政治学课程，在第一讲，我想有必要首先谈谈政治比较的维度。

前面在序言中我说到过，比较政治学的本质并不是非要拿一个国家和另一个国家进行比较，而是以一个比较的视野来看待政治，把现实当作"一万种可能性之一"来看待。哪怕你只研究一个国家，也往往是在用一把隐藏的尺子来进行分析判断，而这个尺子本身就是比较分析的结果。

一个显然的问题是：政治比较的尺度是在衡量什么？比较政治学到底在比较什么？这一讲，我想带领大家思考这个问题。我们知道，一艘轮船在大海上航行，需要一个坐标系才能说清楚它的位置，同样，要说清楚一个国家在政治地图上的位置，也需要一个坐标系。

寻找政治比较的尺度

但是，建立一个政治比较的坐标系却很不容易。为什么？因为一个政治坐标系应该衡量什么，这本身就是一个极有争议的政治问题——有人说我们应该比较哪个国家更强大，有人说应该比较谁更自由，有人说应该比较谁更清廉，有人说应该比较谁的治理绩效更好……结果就是众说纷纭，相持不下。

我们知道，当我们说经济发展的时候，什么叫"经济发展"，含义是比较清晰的，最常见的指标就是GDP或者人均GDP，有些人比较重视平等，那就再加上一个基尼指数。总之，指标清晰明了，而且容易量化，你GDP增长2%，我GDP增长8%，谁好谁坏，一目了然。但是，什么叫"政治发展"，却并非如此一目了然，甚至引起了各种理论混战。在这里，我只能谈论我学习比较政治学多年的心得，但未必是比较政治学的共识。事实上，翻遍比较政治学的教科书，也很难找到这种共识。

在展开我的看法之前，我们不妨从"联合国幸福指数"两端的两个国家说起：一个是北欧的丹麦，一个是非洲的布隆迪。显然，丹麦是这个指数中的"优等生"，长期停留在"联合国幸福指数"的前三名；而布隆迪则是其中的差生，一直在这个指数排名的底部徘徊。

丹麦这个北欧国家大家都知道，它经济发达，社会平等，环境优美，不但发展中国家羡慕它，连发达国家也嫉妒它。发达国家的反对党批评执政党时，就会经常说：你看看人家丹麦！比如美国民主党总统参选人桑德斯，就经常以丹麦为榜样，批评共和党政府的种种政策。可以说，丹麦就是国际政治界中"别人家的孩子"，是那个让人自惭形秽的存在。

相比之下，布隆迪就是一个存在感特别低的国家了，能在地图上指出它的位置的人都不多。这个国家2017年的人均GDP只有320美元，是世界上最穷的国家之一，50%的儿童会在小学毕业前辍学，更糟的是，这个国家从1962年独立以来，就一直冲突不断，图西族和胡图族一直在打来打去。大家可能都听说过卢旺达1994年的大屠杀，知道这是图西族和胡图族的冲突，导致近100万人丧生。但是就在卢旺达的隔壁，布隆迪，图西族和胡图族其实也一直打得如火如荼，1972年就发生过图西族针对胡图族的屠杀，1993年又发生过胡图族针对图西族的屠杀，2015年又发生一次大规模政治冲突，几十万人逃到周边国家避难。这些冲突放在任何国家都是人间惨剧，只不过因为卢旺达的屠杀更加耸人听闻，布隆迪的冲突反而被"抢了头条"了。

现在，我们来观察这两个国家的政治特点，或许这两个极端的对比能够给我们提供一点线索，去分析好的和不好的政治体系差异在哪儿。虽然由个案很难直接推导规律，但是如果仔细观察，我们会发现，那些在幸福指数上排名靠前的国家，大多数在政治体系方面靠近丹麦，而那些人民幸福感不强的国家，大多数在政治体系上更靠近布隆迪。只不过由于时间关系，我们不可能——地分析说明。

布隆迪到丹麦的距离

丹麦的政治体系具有什么特点？首先，我想很少有人会质疑一点：丹麦是个民主问责的国家。事实上，丹麦从1848年开始，就建立了君主立宪制，后来虽然有过民主倒退，但从1915年至今，除了"二战"期间，丹麦的民主制度几乎没有中断过。在今天的丹麦，可以说政府非常尊重民意——丹麦民众要求政府更积极应对气候变化，政府就制定了更积极的气候变化政策，承诺2030年减排二氧化碳70%；民众要求增加产假时间，政府就延长了产假时间；民众不满右翼的医疗改革，2019年就把左翼的社会民主党重新选上台，而新上台的左翼政府撤回了一些医疗改革措施。

相比之下，自1962年独立以来，布隆迪绝大多数时候都是处于威权体制之下。只有两个阶段勉强尝试过民主转型，一个是1993年左右，另一个是2004年内战结束以后，但转型都是很快失败，重归威权政体或者陷入战乱。2005年，在布隆迪内战结束的大选中，恩库伦齐扎总统通过选举上台，他的父亲是胡图族，母亲是图西族，所以，很多人把他的上台视为一次政治和解和民主转型的机会，但是，恩总统像很多政治强人一样，不但打压反对派，而且到2015年该下台的时候，一意孤行继续参选，结果是大规模的民众抗议，族群冲突再起，上千人丧生，40万人逃亡。[1]2018年，执政党干脆把这位恩总统命名为"永恒的最高引路人"。[2]

所以，丹麦和布隆迪政治体制的第一个显著区别，是它们的政体性质不同。但是，这两个国家的政治差异仅仅是民主与否吗？我们知道，世界上有不少国家也和丹麦一样，拥有竞争式民主政体，但是其治理绩效却远远不如丹麦。哪怕以布隆迪自身而言，当它1993年试图尝试民主化时，发生的不是丹麦式的治理提升，而是图西族和胡图族之间的血腥内战。当时，一个胡图族政治家通过选举上台，但是，他很快就被图西族的军人暗杀了，愤怒的胡图族发起了一场报复性屠杀，长达10年的内战由此爆发。所以，民主化的契机并没有改变布隆迪的命运。当然，布隆迪在威权时期同样发生过屠杀——1972年左右布隆迪已经发生过一次大规模部族屠杀，只不过那次主要是图西族屠杀胡图族。所以，这个国家的情况似乎是，威权也好，民主也好，什么政体都救不了它，它陷在一个灾难的旋涡里打转，出不来了。

问题出在哪儿？这就将我们带到了丹麦和布隆迪政治体系的第二个重大差异：国家能力。我们发现，在布隆迪这样的国家，无论政府以哪种政体形式存在，它都没有能力控制冲突、发展经济和提供公共服务。什么叫国家能力？在后面的课程里，我们会再回到这个问题，进行更详细的分析，但是在这里，我不妨指出一个最简单的指标：征税能力。简单来说，如果政府没有钱，那它就什么都干不成，教育、水电供应、基础设施建设、养老，包括给儿童打疫苗等。大家不要小瞧这个征税能力，不是所有的政府都有能力征税。比如2000年左右的津巴布韦，政府的征税能力也很差，为什么？因为它60%的经济活动是地下经济，政府根本没有准确地收集经济信息的能力。

有一些"自由放任主义者"相信政府越小越好，但是，如果政府越小越好，那么布隆迪的治理应该比丹麦成功很多，但是事实却是刚好相反。据统计，2017年，丹麦政府的税收占GDP的比例是45.3%，而布隆迪的同一个数据是12.6%——这是它2014年的数据，也是我能找到的最近的数据。[3]也就是说，布隆迪的政府其实比丹麦的政府要小得多，但是，小政府并没有给布隆迪带来秩序和发展。

其实，征税能力低，不仅仅是布隆迪的问题，很多落后国家都有类似的问题，中非共和国，税收占GDP的7%，尼日利亚也是7%，苏丹是5%。相比之下，其他北欧国家则和丹麦类似，瑞典，44%，芬兰，43%，都是穷国弱国望尘莫及的数字。

政治比较的纵轴与横轴

所以，从丹麦和布隆迪这两种类型的国家出发，我们能看到它们政治体系的重大差异不是一个而是两个：一个是政体是否民主，一个是国家能力是否强大。因此，或许可以把民主问责和国家能力这两个指标作为政治比较的核心维度，将民主问责作为比较的横轴，将国家能力作为比较的纵轴，大致以此来确立各国政治发展的位置。

可能有人会说，既然在布隆迪这样的国家，无论民主、威权好像都没用，我们只用国家能力这一个指标来衡量政治发展不就行了，何必还增加一个横轴？这个看法也有问题。因为如果国家能力越强大，一个国家的政治就越发展，那么世界上最好的政治体系应该是秦朝中国了。大家都知道，秦制是非常厉害的，"民有二男以上不分异者，倍其赋"，家里有两个及两个以上成年男子就得分家，为什么？怕你形成对抗国家的社会团体，而且还可以多收税。"不告奸者腰斩"，邻居犯罪你不告发连你一起斩。"大事毕……尽闭工匠臧者，无复出者"，安葬完始皇帝，怕工匠泄露墓葬信息，把他们全都关在里面，相当于活埋。也就是说，别说征45%的税了，就是征你的命你也没办法。所以秦朝2000万人口，可以强征50万人去修长城、70万人去修阿房宫，这样的国家，国家能力的确很强大，但是我们愿意生活在这样的国家里吗？恐怕除了秦始皇本人，没有人愿意。

所以，衡量政治发展，应该是两个尺度，一个是衡量民主问责，一个是衡量国家能力，二者缺一不可。如果用一个比喻，或许可以说，国家能力是一个政治体系的发动机，而民主问责则是一个政治体系的方向盘。没有良好的发动机，一辆车根本跑不起来，方向再正确也没有用，它只能在原地打转，但是光有很厉害的发动机，一路狂奔，越跑越快，根本不听民众指路，最后也很有可能开到悬崖底下去。

有了这样一个坐标系，定位每个国家在政治地图中的位置，就相对容易了。比如丹麦，它很民主，同时国家能力也很强，处于第一象限。有些国家，它的国家能力可能很强，但是问责维度不够发达，比如俄罗斯；有些可能已经很民主，但是国家能力比较弱，比如印度；还有些最不幸的，既不民主也缺乏国家能力，像布隆迪。正是因为不同国家的政治发展处于不同象限，所以我们用"模式"来描述政治差异，而不是像形容经济发展一样，用"发达""欠发达"来描述，因为"发达""欠发达"这样的语言实际上是预设了一个线性的发展逻辑，但是政治发展不是线性的，它朝着不同方向开放。

本课的五个主题

　　说清楚了政治比较的维度，就比较容易解释这个课程的结构设计了。这里我稍做解释，帮助大家理解这个课程的结构层次。

　　首先，我会用一个知识板块去谈论宏观的时代背景和全球化。如果说后面四个板块是在勾画大海上的不同船只如何运行，第一个板块则是试图描画大海本身。大海本身是什么？就是我们的时代背景和全球化进程。尽管我们谈论比较政治主要是以国家为单位展开，但是国家从来不是一个一个相互隔绝的玻璃瓶子，尤其是在当代世界，各国通过高度全球化的进程编织在同一个网络中，在同一片海浪中颠簸，因此，在谈论每一个国家之前，我们必须先谈论这些国家所共同置身的这个网络。

　　接下来的两个板块，则围绕政治比较的两个核心维度展开：政治转型以及国家能力。在政治转型这个板块，我想带领着大家去俯瞰一下当代世界的转型图景。为什么30年前，也就是冷战结束之际，很多人还在欢庆"自由式民主"的胜利，而30年后的今天，却有很多人在哀叹民主的倒退？民主真的倒退了吗？在什么意义上倒退了？源于"西方世界"的自由式民主在许多发展中国家遇到了什么困境？为什么有些国家能够实现民主稳固，而另一些国家则刚上船就翻船了？

　　在国家能力这个板块，我则想引领大家去理解国家能力及其源头。什么是国家？为什么比较政治学会有一个研究"潮流"的轮回，在当代重新聚焦于国家？为什么有些国家政府能力极其强大，而另一些国家政府却连基本治安都无法维系？从历史上来看，国家能力从何而来？是否只有一条通往强大国家能力的道路？不同国家的经验有何不同？是否一个国家必须首先构建国家能力，然后再去建设民主，如何认识这种顺序论的说法？

　　在这两个板块之后，还有两个板块，分别是政治文化和政治经济。为什么在讨论了政治发展的两个核心维度之后，还要去讨论政治文化和政治经济？很简单，回到我在序言中非常强调的一点：政治在社会中——脱离政治的经济、社会、文化土壤，我们不可能真正理解政治。因此，我想通过"政治文化"和"政治经济"这两个板块的知识，来推进大家对比较政治学的理解。毕竟，特定政治模式的出现和变迁有其土壤，也有其后果，对政治文化和政治经济的分析，就是试图理解政治变迁的土壤与后果。

可以说，比较的视野本质上是一种俯瞰的视野，从"此时此地"抽离，来到多样性的"上空"，从宏观开始领略，然后慢慢聚焦到微观，也就是从森林开始，慢慢聚焦到树木。这样做的好处，就是不管你在分析多么具体的问题，在你脑海的深处，始终有一种比例感，有一片隐隐约约的森林，它提醒着你，你所见到的只是现象，而现象未必是真相。可能我思考得越多，就越相信，智慧的本质就是对事物比例的公正判断。

---

[1]Jason Burke, "Burundi votes in referendum over president's 2034 power grab," *The Guardian*, May 17, 2018.

[2]BBC News, "Pierre Nkurunziza: Burundi's leader to get $530, 000 and luxury villa," *BBC*, Jan. 22, 2020.

[3]该数据参见Government revenue dataset数据库。

2. 和平的"爆发"：一个黄金时代？

上次课我说到，比较的视野本质上是一种俯瞰的视野，从全景慢慢切入微观，以此获得认识事物的比例感。那么，这次课，我就想带着大家从历史的长河切入我们这个时代。

大家可能都注意到了，这一讲的标题叫作"和平的'爆发'"。显然，这个词听上去有点奇怪，因为我们平时都是说"战争爆发"了。"和平爆发"是什么意思？和平怎么"爆发"？其实在这里，我正是想用一个不同寻常的说法来描述一个不同寻常的现象：那就是后冷战时代人类持续、广泛的和平。为什么说"不同寻常"？因为在历史上的大多数时期，战争是常态，和平是例外，但在冷战结束后的今天，和平是常态，战争才是例外。

可能立刻会有人想反驳我：等等，和平？这哪是什么和平年代？你没看到伊拉克、叙利亚、阿富汗、也门还在战火纷飞吗？你不记得卢旺达大屠杀吗？你不知道前几天哪哪哪又发生了一起恐怖袭击吗？

这些说法当然都没错，毫无疑问，地球上的很多地方还有战乱冲突，但是，回到上次课我讲到的，现象未必是真相，事实只有通过全景当中的比例感来获得。我们要理解我们所置身的这个时代，就必须首先了解历史。而历史告诉我们，相对于人类史上的大多数时期，绝大多数当代人仍然可以说非常幸运。

很多人可能完全不觉得自己有什么幸运之处，你们可能想到：谁谁谁的爸爸妈妈在北上广给他交了一套房子的首付，而我父母什么也给不了我；谁谁谁考上了清华、北大，甚至美国藤校，而我连211大学都没有考上；谁谁谁的专业特别好找工作，而我这个专业找工作太难了……总之，你可能觉得"幸运"这个词，和你实在没有什么关系。

但是，我想告诉你一个好消息，至少在有一点上你是非常幸运的：你投胎在了一个相当和平的时代。这一点对于命运的影响，其重要性甚至可能超过你的家庭背景、你的高考成绩、你的专业背景。你的爸爸是不是富豪，可能只是影响你能不能随时去马尔代夫或者夏威夷度假，但是你到底是出生于1900年还是2000年，则可能直接影响着你会不会被饿死、能不能受到教育，甚至能不能长大，以及会不会被送到战场上去当炮灰。

为什么和平"异乎寻常"？

世界在变得更加和平，这其实不是我的看法，而是一批学者的发现。比如，大家可以看一下下面这张图（图1-1），这是学者马克斯·罗泽（Max Roser）制作的图表，显示1500年到2015年"大国间发生战争"的年数比例。

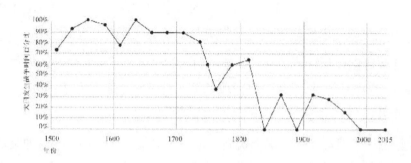

图1-1 1500—2015年"大国间发生战争"年数比

（图片来源：Our World in Data网站）

大家可以看到，1500—1700年左右，至少70%以上的时间大国之间都在打仗，这个比例后来逐渐下降，到近期，几乎降为零了。虽然我们今天还能够看到战乱冲突，但是大多数是内战，大国之间的战争已经变得非常少了。内战固然也是悲剧，但是它的杀伤力相对于大国之间的战争来说，还是不可同日而语。

再来看另外一个指标，战争死亡人数。这方面，学者平克（Steven Pinker）做出了最有影响力的研究。事实上，他专门写了一本书来告诉我们"世界正在变得更好"。这本书可能很多人都读过，叫《人性中的善良天使》——这可能也是21世纪最重要的书之一。大家可能听说过一个词，叫作"政治性抑郁"，这本书可以说专治各种"政治性抑郁"。反正每次翻这本书，我整个人就都变好了，连血糖、血脂都刷刷下降了。

根据平克的研究，在前国家时期的原始社会中，每10万人中平均每年有500人死于暴力冲突，到中世纪的时候，这个数字降为每10万人中50人，到现在是多少呢？6～8人——而在大多数欧洲国家，现在还不到1人。如果不以每年的数字来计算，而用人口比例来看，在部落社会大约15%的人会死于战争，现在可能只是万分之几甚至几十万分之几。

可能有朋友会说，那两次世界大战呢？不都是现代社会的产物吗？怎么能说现代比古代更加和平？但是，根据平克的研究，即使是20世纪，把两次世界大战都算进来，有4000万人死于战争，这当然是一个非常可怕的数字，但是就地球同时期的总人口而言，也只是人口的0.7%。如果把与战争有关的瘟疫、饥荒、屠杀造成的死亡都算进来，则为人口的3%，仍然大大低于古代社会。

当然，这也是他的观点中最有争议的部分。有学者认为，关键的指标不是死亡的相对人口，而是死亡的绝对人数。古代社会就算10%的人口死于战争，那可能也是几百万人口，但是现代社会就算是1%，就是几千万人。难道几千万人的痛苦不是远远超过几百万人的痛苦吗？所以这里确实有个你用什么尺子来衡量的问题。

但是，不管怎么说，就算是对两次世界大战的诠释存在着重大争议，至少在"二战"结束之后，尤其是冷战结束之后，世界正在变得更加和平这一点，很少受到争议。大家可以看看下面第二张图（图1-2），它展示每10万人中战争死亡人数从1940年左右开始到现在的变化，这个变化可以说非常醒目。

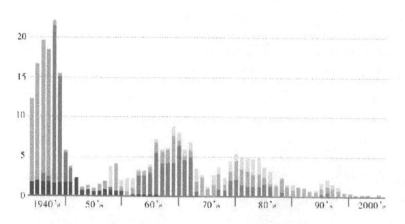

图1-2 1940—2015年每10万人中战争死亡人数变化

（图片来源：Zack Beauchamp, "This fascinating academic debate has huge implications for the future of world peace," *Vox*, May 21, 2015）

这是一个不断走低的趋势，到现在，柱形图中的柱子几乎是完全贴着横轴了。这就是冷战学者加迪斯（John Lewis Gaddis）所说的"long peace"，漫长的和平。

仔细想想，这些数字也合乎我们实际的生活经验。作为中国人，不妨对比我们自己和我们的爷爷、甚至爷爷的爷爷的命运。我算了一下，我爷爷的爷爷应该出生于1850年左右，经历过太平天国的起落；我爷爷的爸爸应该出生于1880年左右，经历过八国联军侵华和民国初年的军阀混战；我爷爷出生于1920年，少年时代应该目睹过日本侵华战争；就是我父亲，成长的过程中也有朝鲜战争、中印战争；哪怕是我，小时候也感受到过中越战争的存在——记得上中学的时候，我还穿着军装，载歌载舞地表演过《血染的风采》，那首歌就是献给中越战争中的中国士兵的。

可是，现在的90后、00后，你们身边有过什么战争吗？除了电视里的"手撕鬼子"，以及电子游戏中的"无敌战警"，你可能对战争真的没有什么切身感受。我有个朋友一直为这种长时段的和平感到不安，总觉得这是什么巨大灾难的前兆，他经常忧心忡忡地说："过去150年，没有一代人可以和平地度过，所以，和平怎么可能持续？这不科学。"

其实，不仅仅是中国，大家再想想欧洲。今天我们想起欧洲，想到的基本上都是绿草如茵、风和日丽、国泰民安，所以梁朝伟连喂个鸽子都要去巴黎。但这是今天的欧洲，可不是历史上的欧洲。如果你穿越时空回到，比如说17世纪，你会发现整个欧洲打得热火朝天，A国在打B国，B国在打C国，C国昨天联合A国打B国，今天联合B国打D国；一会儿为宗教打，一会儿为王位打，一会儿为领土打，一会儿为贸易打。

大家可能都看过《权力的游戏》，都知道这个电视剧有多么血腥。很多人不知道的是，《权力的游戏》中的大量情节其实是基于真实历史的改编，作者马丁自己也表示，他的故事原型很多地方是受到英国金雀花王朝历史的启发。所以，和平真的并非天经地义，它的前传是一页又一页"血染的风采"。

哪怕阿富汗这样的国家，如果我告诉你它其实也在变得更加和平，你可能不相信。但是，我告诉你一些数据，你或许会改变看法。2001年美军入侵后，据估算，2001—2019年，阿富汗的战乱死亡人数大约是15.7万人，[1]这当然非常可怕，但是1978—2001年，也就是苏军占领、内战和塔利班统治期间，阿富汗的战乱死亡人数是150万～200万人。[2]你可能会说，啊，阿富汗已经这么惨了，居然以前更惨？是的，阿富汗人民以前真的更惨。我们之所以没有意识到这一点，很大程度上是因为人类天生更关注现实而不是历史，而且我们习惯于用理想而不是过去来衡量当下。

世界不仅仅是变得更和平

其实，和平只是世界变得更好的一个指标而已。不妨看一看一些其他的指标，比如人均寿命。大家可以看一看下面第三张图（图1-3），世界各国人均预期寿命的变化曲线。可以看出，哪怕到了1900年左右，也就是120年前，在有数据的国家，人均预期寿命也只是在20～40岁之间，因为那时候婴儿死亡率实在太高了。但是之后，这条线开始显著攀升，到现在，全世界的人均预期寿命已经到达70岁左右。哪怕是在人均预期寿命最低的中非共和国，也有53岁。

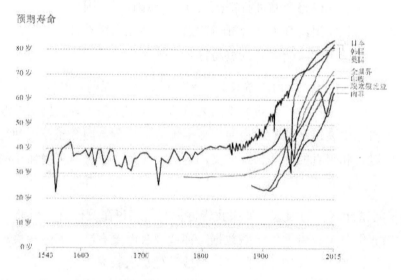

图1-3 世界各国人均预期寿命变化曲线图

（图片来源：Our World in Data网站）

再看看极端贫困率，1820年的时候，全世界94%的人生活在绝对贫困状态，现在呢？10%左右。其他像识字率、婴儿死亡率、工作与闲暇时间比例，时间关系，我就不一一列举了。但是我想补充一个有趣的数据。我们都知道，北欧人是以身材高大而闻名的，但是很多人不知道的是，1830年，荷兰男性的平均身高是1米64。1米64的北欧男子啊，同学们。所以，拿破仑真的不算很矮，他只是代表了他的时代而已。大家看好莱坞电影的时候，里面的中世纪骑士都是人高马大、英俊潇洒，女孩子们看看就好，心潮澎湃就不必了。

因此，从很多角度来看，今天我们所生活的时代，可以说是人类历史上的黄金时代。我知道一些人非常推崇"古典时代"，有的人向往春秋战国时代的"百家争鸣"，有的人则"梦回唐朝"，有的干脆是"民国粉"，这些怀念当然都有其道理，但是如果让我回去，我是绝对不会去的。因为我不想回到一个人均寿命30岁的时代，一个极端贫困率90%的时代，一个得了天花只能默默等死的时代，一个女性没有受教育权、就业权和婚姻自主权的时代。别说我不想回去做一个普通女性，你就是让我回去当皇帝我也不去。我在故宫也观察过所谓的龙椅，看起来真的是硬邦邦、冷冰冰，说真的，肯定没有宜家2000元一个的沙发舒服。知识分子们想象过去的时候，似乎假定自己穿越时空回到过去，还会是衣食无忧的知识分子。其实，考虑到当时的社会结构，一个随机空降的人，更有可能成为农民、铁匠、马夫，换句话说，你"梦回唐朝"的话，不大可能成为"一将功成万骨枯"里的"一将"，更可能成为其中的"万骨"而已。

为什么过度悲观是问题

可能会有人说，好吧，就算我们的确生活在相对和平和富足的时代，那又怎么样呢？谈论这个有什么意义呢？难道我们不应该聚焦于问题，从而推动这个世界变得更好吗？关注问题当然非常重要，我们这个课程的后面也会谈到各种各样的问题，但是，在一个恰当的比例感中谈论问题同样重要。为什么？因为失去比例感很可能意味着错误的药方。

简单来说，如果这个时代是一团漆黑，那我们需要的是什么？是革命，是极左或极右。在一个无可救药的世界里，激进是美德，越激进越推动社会进步。但是，如果我们承认时代的巨大进步，并在这个前提下谈论战争、贫穷、饥饿，那么我们需要的是什么？是改良，是耐心，是在现有国际体系、现有全球化基础上的修补。换一个说法，如果问题是主流，那么我们应该关注的重点就是"人类做错了什么",但是如果进步是主流,那我们更应该关心的是"人类做对了什么",从中找到进一步解决问题的钥匙。

这也是为什么平克这样的学者站出来为"进步"辩护。写完《人性中的善良天使》后,他惊讶地发现,很多人拒绝承认这个时代的进步之处,"进步主义者憎恶进步",到处盛行着一种悲观的、愤怒的、嘲讽的甚至是末日论式的话语。当你打开电视、网络、报纸,似乎到处都是战火纷飞,地球很快完蛋,民主在崩溃,世界越来越不平等,各国政治家都是王八蛋,经济危机如果没有到来也肯定是在路上……于是,在世界各国的街头,到处是愤怒的声讨,宣布"全球化不过是新殖民主义""新自由主义让整个世界堕落了""民主只是权钱交换的游戏"……这些声音的初衷可能充满善意,但是,衡量现实不能仅仅以理想为尺度,而且要以历史为尺度,因为摧毁进步的不仅仅可能是所谓的保守势力,而且也可能是对完美乌托邦的迷恋。用英语中的一个常用句来说就是:不要让最好成为更好的敌人。

---

[1]Neta Crawford and Catherine Lutz, "Human Cost of Post 9-11 Wars," A Cost of War Project report from Watson Institute at Brown University.

[2]Imtiyaz Khan, "Afghanistan: Human cost of armed conflict since the Soviet invasion," *Perceptions: Journal of International Affairs*, 17(4), 2012.

3. 天下与我：国际格局的多米诺骨牌效应

上次课我们讲到，从很多角度来说，和历史相比，我们所处的时代都是一个黄金时代：战争的频度和烈度在下降、人均寿命在延长、贫困率急剧缩小、受教育水平在显著提高等。面对这些进步，对现实过度悲观的判断可能带来错误的"药方"，反而可能摧毁已有的进步。

不过，有一点悲观主义者是对的：这些进步既不是自然的，也不是必然的。要知道，就拿中国来说，根据相关研究，哪怕到了20世纪初，人均GDP和西汉年间是相差无几的。[1]也就是说，2000年来生活水平虽然有起有落，但是最终而言是循环往复的。再看英国的人均寿命，从中世纪到19世纪末期之前，也一直是相差无几，基本上徘徊在30～40岁之间，直到20世纪初才显著改善，到今天已经是81岁。所以，历史上的大多数时期，人类的生活水平基本上是原地踏步的，明显的"社会进步"是最近这一两百年左右的事情，认为生活应该越来越好、子女的生活应当比父母的更好，也都是非常晚近的社会观念。

那么，一个很自然的问题是，为什么？为什么在漫漫历史长河中，今天这个时代这么特殊？显然，对这个问题，学者们给出了无数答案。工业革命、技术进步、贸易自由化、政治体制的转型、文化观念的变迁……这些都是非常常见的答案，而且各自都非常有道理。但是今天，我想从国际格局的角度来谈谈这个变化。上次课是从历史的长河中切入今天这个时代，今天我们换一个角度，从国际格局的角度切入个体的命运。

为什么说国际格局是多米诺骨牌的第一张？

政治对于个体的影响，毋庸置疑。一个出生在当代布隆迪的人，无论如何具有创新精神，也很难成为比尔·盖茨；同样，一个出生在当代丹麦的人，无论本性如何邪恶，也很难成为一场集体屠杀中的刽子手。不过，当我们谈论政治的时候，总是不由分说地以国家为单位，其实仔细想一想，在一个具体的时代，就个体命运而言，国家未必是多米诺骨牌的第一张，国际格局才是。

要理解这一点，我们不妨做两个思想实验，也就是反事实的假想。

第一个假想：如果"二战"不是同盟国取得胜利，而是轴心国取得胜利，"二战"后还会出现我们上一节谈到的"和平爆发"吗？对此我表示怀疑。我们知道，纳粹德国和日本是靠军事侵略来征服世界的，如果是他们取得了胜利，可以想象，他们必然也会诉诸军事手段来维持统治。事实上，如果他们联合起来打败了同盟国，说不定他们内部也会因为领土分赃而互相厮杀，毕竟扩张是帝国主义的本性。

第二个假想和第一个假想类似：如果冷战不是欧美阵营胜利，而是苏联阵营胜利，世界会怎样？大家都知道，美苏冷战，现实中的结局是苏联的瓦解。但是，如果结局是反过来的呢？如果是苏联胜利了，那么后冷战时代还会有同样的全球贸易自由化热潮吗？中国还会加入WTO吗？还会成为世界工厂吗？脱贫的速度还会一样快吗？对此我表示怀疑。可能有人会说，苏联不也有华约组织吗？但是，大家都知道，华约最后闹得四分五裂。更重要的是，苏联阵营所奉行的意识形态，很大程度上是反自由贸易的，所以，很难想象在一个由苏联主导的世界中，会有同样的经济全球化浪潮。

好，我们的思想实验到此为止。我想，大家已经明白了我的意思。在一个全球化的时代，深深影响我们命运的，不仅仅是国家政治，而且是国际政治。很大程度上，国际体系影响国家的命运，然后再通过国家的命运影响个体。可以说，全球化是大海，国家则是海上航行的船只。对于个体而言，一个人到底坐在哪一条船上，当然深深地影响着他的命运，但是无论他坐在哪条船上，海浪更是深深地影响着每一条船的沉浮。

"二战"后的国际格局

要理解当代世界的这片海洋，我想引入一个概念——"自由霸权"。用英语来说，叫作"liberal hegemony"。"二战"以来国际体系的主要特征，可以说，就是自由霸权逐渐崛起。什么叫"自由霸权"？大家可以看到，这里面有两个词，一个是"自由"，一个是"霸权"。顾名思义，所谓"自由霸权"，就是"信奉自由主义的国家成为国际社会的霸权国家"。说的更直白一点，就是欧美阵营成为世界上最强大的力量。冷战时期，自由霸权还是主要局限于西方世界，到后冷战时代，这一霸权一度到达顶峰，波及全球。当然，目前这个霸权也受到种种挑战，这是后话，我们暂时不谈。

"自由霸权"意味着什么？意味着原本发源于西方国家的经济自由、政治自由、社会自由不断向外传播，欧美内部的市场自由成为全球的市场自由，它内部的政治模式开始助推全球的政治转型，它内部的社会观念也向全球各个角落渗透。用国际关系学家米尔斯海默（John J. Mearsheimer）的话来说，自由霸权就意味着欧美国家试图在全球的规模上复制它自身。我们在"二战"之后所观察到的贸易全球化、西式民主的扩散、大国战争频度的下降，都与这一国际格局紧密相关。这种影响力是福是祸或许可以争论，但是其强势却无可置疑。

对于这种影响力，学者卡根（Robert Kagan）有过这样的表述，他说："也许1950年以来民主传播到全球100多个国家，并不仅仅是因为人们渴望民主，而是因为世界上最强大的国家恰好是一个民主国家。也许过去60年全球惊人的经济发展，是一个特定经济秩序的结果，而这个秩序由全球最领先的自由市场经济所塑造。也许我们所目睹的和平时代，与特定国家所拥有的巨大权力有一定关系……历史上的每一种国际秩序都对应着其中最强大国家的观念与利益，而当权力转移到观念与利益不同的国家时，国际秩序也随之发生变化。"

大家可以听出来，这段话非常有意思。我们常常认为，为什么会有民主？因为人们渴望民主。为什么会有市场？因为人们渴望交易。为什么会有和平？

因为人们渴望和平。但是，卡根却说，不，光有渴望是不够的，历史上的人们和我们一样渴望权利、渴望交易、渴望和平，但是没有实力为这种渴望保驾护航，它就很难生根发芽。事实上，人们可能根本没有那么渴望自由、民主、和平，很多时候，人们更渴望的，可能是安全，是秩序，是大国崛起的民族自豪感。得有一个非常强势的力量在引导甚至强加，人们的价值排序才可能发生变化。

所以，在卡根看来，与历史相比，我们这个时代之所以如此非同寻常，恰恰是因为我们所处的国际秩序非同寻常。为什么这么说？因为自由霸权在历史上是很罕见的。霸权国家当然历史上常常有，自由国家在当今也不少见，但是信奉自由主义的国家同时是霸权国家，是历史上非常难得的组合。

要理解这一点其实没有那么难。大家想想历史上的霸权国家——从波斯帝国到奥斯曼帝国，从罗马帝国到西班牙帝国，从德意志第三帝国到日本帝国，霸权国家的常态是什么？征服土地、殖民人民、榨取资源，对不对？极端的，像蒙古帝国的某些阶段："但有发一矢相格者，必尽屠之"，这是何等的可怕。在这个背景下，我们才能理解自由霸权的非同寻常之处。

《大西洋宪章》或许是理解自由霸权的一把钥匙。我们都知道，《大西洋宪章》是1941年英美两国在一艘军舰上签订的协议，内容是确立战后重建世界秩序的原则。《宪章》第一条：英美两国战后不寻求领土扩张；第二条：其他国家也不能随便寻求领土扩张；第三条：民族自决和人民主权；第四条：推动世界自由贸易……当然还有更多的，时间关系，我们就不一一地说了。

可以看出，《大西洋宪章》所构想的国际秩序与传统帝国非常不同。在古代世界里，为什么要打天下？打天下当然就是为了坐天下，打完了封土建邦、改装易服，这才是帝国风范。但是《大西洋宪章》约定，打赢了不寻求领土扩张，推动贸易自由，推动民族自决、人民主权，这是历史上闻所未闻的。更重要的是，《大西洋宪章》不仅仅是几句口号，而是一系列国际机构和规则的基础。今天我们所熟知的世界贸易组织、国际货币组织、世界银行、联合国、核不扩散协议……很大程度上都可以追溯到《大西洋宪章》所描述的原则。

当然，这不是说欧美国家是出于理想主义情怀在推动这些变化，显然，他们没有那么雷锋。只不过，在这个秩序的缔造者眼中，他们的利益最大化就在自由主义的扩张当中，因为贸易自由了，他们就有更多钱可挣；政体同化了，意识形态的摩擦就会减少；观念传播了，社会交往自然更加丰富。所以，自由主义对于他们来说，既是理念，也是利益。

要理解这种霸权的意义，不妨对比一下威尔逊总统的"十四点原则"和《大西洋宪章》的不同命运。我们在中学都学过，美国的威尔逊总统在第一次世界大战后，提出了构建国际新秩序的"十四点原则"。《大西洋宪章》里面的很多原则，其实并不是创见，而是来源于"十四点原则"，可以说，它是"十四点原则"的2.0版，比如说民族自决原则、限制军备、成立国际联盟等。

但是，我们都知道，威尔逊的"十四点原则"失败了，失败的标志就是"二战"的爆发；而《大西洋宪章》的原则，推动了至今长达70多年的"相对和平"。为什么会有这种差异？直接原因就是"一战"后，美国采取孤立主义的国际战略，或者说，美国当时既没有能力，也没有意愿成为全球性国家，导致"十四点原则"缺乏实力的支撑，成为空谈；而"二战"后，欧美世界以其实力来支撑《大西洋宪章》原则的落地。所以，光有美好愿望是不够的，自由要有牙齿才能不被吞噬。

往更远里说，大家再想想法国大革命。法国大革命的失败，当然有各种原因，但是，其中一个重要原因就是国际格局。如果说今天的国际格局是自由霸权，当时欧洲的地区环境就是"王权霸权"。大家都知道，法国革命把整个欧洲的王室都给吓坏了，大家本来打得热火朝天，现在不计前嫌地团结起来，成立第一次反法同盟、第二次反法同盟……直到第七次反法同盟彻底打趴了拿破仑。法国革命一开始建立的是民主政体，后来演变成了恐怖政治，一定程度上也是这种四面楚歌的国际形势给逼出来的。所以，在一个"王权霸权"的国际体系中，一个孤岛般的民主政体很难一枝独秀地存活。

自由霸权也引发国际冲突

但是，"自由霸权"里不但有"自由"，还有"霸权"。有时候，这种霸权体现为硬实力，也就是"拳头政治"。大家想想朝鲜战争、越南战争，当一些发展中国家决定跟苏联走，而不是跟美国走的时候，美国的反应是什么？是挥舞拳头，一定要这些国家上它的船。冷战期间，美国对很多发展中国家独裁政权的支持和资助，也是臭名昭著。

当然，这种拳头式霸权往往效果不好，事倍功半。拿越战来说，不但是久拖不决，打成了美国的一个噩梦，而且到最后，越南还是跟苏联走了。可以说，美国是"竹篮打水一场空"。真正事半功倍的霸权其实是依靠软实力来争取人心，如果你经济发展、科技发达、人民生活更自由更幸福，其他国家往往会主动向你靠近，主动入股你的阵营，这才是聪明的霸权。

正因为欧美霸权常常借助于"拳头政治"，它也常常引发冲突。原因很简单：你想当老大，可别人不服啊。美苏争霸的过程引发全球无数的代理战争，这一点大家应该都记忆犹新。即使是后冷战时代，美国在推销其自由主义的过程中，也遭遇了无数抵抗，引发很多冲突，包括今天很多人都在反思的伊拉克战争、阿富汗战争。

米尔斯海默2018年写了一本书，叫作《巨大的幻觉》（*The Great Delusion*），就是批评美国的"自由霸权"政治。他的核心观点是，自由霸权行不通。为什么？因为民族情感，因为世界各国总有顽强的、生生不息的民族情感会抵抗外来的自由主义。他的观点，用通俗的语言来说就是：美国不要再自作多情了，很多国家根本不想要西式的自由民主，他们想要的是民族自豪感，是宗教归属感，是文明的认同，你非要塞给人家你的自由主义，结果就是打打打，何苦要干这种吃力不讨好的事情？

有趣的是，这也正是美国前任总统特朗普推崇"孤立主义"的理由。大家如果关注时事，可能对特朗普的外交政策略知一二。这几年，他到处"退群"，四处"撤兵"，一会儿跟北约哭穷，一会儿从中东撤兵，说一千道一万，就是一句话：美国不干了。在他眼里，美国当了几十年的世界警察，自备干粮，四处巡逻，有人打911就得风雨无阻地赶到，没人打911，也一厢情愿地赶到。换来的是感谢吗？不是，换来的是世界各地人民烧美国国旗而已。所以，他决定，美国不如退回自己的老家，过好自己的日子就行了。用他的话来说，叫作"America First"。当然，他实际上是否真的做到了这一点，却不好说。毕竟，美国的国际霸权是一种结构性的存在，不是个人意志的结果，也不是美国总统一个人能够收放自如的政策。

国际格局的新路口

无论是对自由霸权的推崇，还是对它的反对，或许都不是完全没有道理。"二战"以后，自由霸权的崛起的确塑造了一种历史上罕见的国际秩序，这一秩序曾经对于今天的贸易全球化、民主的扩散、战争的局部化起到了相当的作用，但是霸权的崛起又的确是充满冲突，所到之处常常引发西式自由主义和各地民族主义之间的激烈对撞。遗憾的是，硬币总有两面，我们往往很难得到一面的同时拒绝另一面。

有趣的是，尽管卡根和米尔斯海默对自由霸权的认识不同，但在一个问题上，他们的观点却是一致的，那就是：美国的自由霸权难以为继。为什么？相对的实力衰落了。一个阿富汗战争，美国就砸进去两万亿美元，一个伊拉克战争又是两万亿，最后的结果还是搬起石头砸自己的脚。除了怨恨，美国几乎一无所获。美国作为一个准帝国，"过度拉伸"已经给它自身造成沉重的负担。何况，美国内部激烈的党争、欧洲的离心化、中国的崛起、俄罗斯的强硬化，正在改变东西方的实力对比，美国的霸权地位的确是岌岌可危。

对此，卡根在他的新书《丛林回归》（*The Jungle Grows Back*）中表达了忧虑，他说："我们倾向于把我们生活的世界视为理所当然。我们已经在自由秩序的泡沫中生活了太久，已经很难再想象世界另外的样子。我们觉得这是自然的、正常的甚至必然的。我们看到了自由秩序所有的缺陷，希望它变得更好，但是却没有意识到，其替代方案有可能远远更糟。"或许，卡根的观点过度悲观——"替代方案"未必是国际社会的丛林化，而只是以现实主义替代福音主义。但是，指出个体的命运背后是国家、国家的命运背后是国际体系，而国际体系可能稍纵即逝，却是必要的提醒。毕竟，我们不希望，一千年、两千年后，当人们回望我们这个时代时，会像伟大的历史学家吉本（Edward Gibbon）回望罗马帝国时代那样哀叹：文明曾经如此辉煌，为何重新坠入黑暗？

---

[1]参见：Kent Deng and Patrick O'Brien, "China's GDP Per Capita from the Han Dynasty to Communist Times," *World Economics Journal*, 17(2), 2016. 根据这项研究，如果换算成1990年国际元货币，公元1年中国的人均GDP大约为450元，而1900年则为545元，相差不大。

4. 全世界有产者联合起来？全球化的经济后果

这一讲，我们来谈谈"经济全球化"。在今天这个时代，要讨论各国政治，全球化显然是一个绕不过去的话题。大家都知道，这些年欧美很多国家都出现了右翼民粹主义的上升，特朗普当选、英国退欧、欧洲一批右翼政党支持率上升，都是这个趋势的表现。对此，很多人感到困惑：为什么特朗普这么"不靠谱"的人都能当选总统？为什么英国在欧盟里好好待了那么多年突然要退出？为什么岁月静好的欧洲居然出现了极右的死灰复燃？人们追溯各种原因，找来找去，找到的一个重要原因，就是"经济全球化"。

全球化何以成为问题？

这个看法的逻辑是这样的：经济全球化虽然给跨国公司带来了巨额利润，给中国、印度这样的新兴市场带来了大发展，却牺牲了西方国家的蓝领工人，尤其是制造业工人。为什么？因为很多工作都跑到发展中国家去了，就算是留在发达国家的工作，工资也被压低了。这些被经济全球化抛弃的人一气之下动员起来，把右翼政治家选上了台。

先搁置这个观点的是非对错不说，这个观点的出现本身就让我非常感慨。为什么呢？因为它的核心论断是：西方发达国家，至少西方国家的底层，是全球化的受害者。我记得上大学的时候，也就是20世纪90年代中期左右，我学的教科书是控诉全球化如何戕害了发展中国家。当时流行一个理论，叫作"世界体系理论"。根据这个理论，世界被分割成所谓的"中心地带"和"边缘地带"，"中心地带"由于贪得无厌，不断从"边缘地带"榨取资源，将其陷入永久的贫困。因此，所谓国际贸易、国际投资、国际金融，本质上是新殖民主义的表现形式，发展中国家几乎不可能通过全球化实现翻身。

所以，当真是"三十年河东，三十年河西"：当初发展中国家被认为是全球化的牺牲品，发达国家是受益者，短短一代人的时间，居然180度转弯，发达国家变成了全球化的牺牲品，而发展中国家成了受益者。由于这个弯拐得实在太大、太快了，很多左翼人士都没反应过来——他们中很多人20年前还在抗议WTO、抗议全球化，但是现在，如果发生同样的抗议，针对同样的斗争目标，喊出同样的口号，这些抗议者可能不会再被视为"左翼进步主义者"，而会被视为"右翼民粹主义者"。

为什么会发生这种翻天覆地的变化？为什么发达国家的一些民众会把自己看作全球化的受害者？或许，"连通器原理"可以帮助我们理解这个变化。

大家在中学都学过"连通器原理"，就是相互连接的容器，如果我们把阻隔液体流动的关卡给撤掉，容器不同部位的水平面最后会趋于一致。全球化是什么？某种意义上，全球化就是构建一个"连通器"，它把世界各地之间的关卡都给撤掉了——撤掉之后，高处的水就哗哗流下来了，而低处的水则蹭蹭涨上去了。这一跌一涨，就出现了政治问题。哪怕各国生产率都提高，总体水位会上升，但是由于身处"连通器"的不同位置，也就是说初始位置不同，水位上升的幅度是大大不同的。

在这个水位变化的过程中，冷战的结束是一个关键时间点。冷战的结束打通了东、西两个阵营，两个大水池连成了一个大水池，推动了一波新的全球化浪潮。1995年，WTO替代《关税及贸易总协定》，贸易自由化更上一层楼。2001年，中国加入WTO，一石激起千层浪，各种多边、双边的贸易组织和贸易协定也层出不穷地冒出来。所以，有学者将后冷战时代的全球化称为"超级全球化"，以区别于历史上的全球化。

全球化的赢家与输家

这个超级全球化的过程，对一些发展中国家，尤其是亚洲各国，正面的影响毋庸置疑，因为连通器"高处"的资本进来了、公司进来了、就业进来了，把经济给激活了。中国是这个变化的典型。在全球经济体系中，哪怕是和其他发展中国家相比，中国的比较优势也格外明显：人口规模、劳动力成本、教育水平、储蓄率、政府的动员能力、吃苦耐劳的国民性格等。改革开放以来，中国贫困率急剧下降，有8亿人脱贫，虽然其中有很多原因，融入全球经济无疑是其中一个重大要素。我们都听说过一个词，叫"中或最赢"，别的领域不好说，经济全球化方面很可能的确如此。

但是，在大洋的对岸，故事却要复杂得多。2016年，几个经济学家发表了一篇很轰动的论文，叫作"The China Shock"（《中国冲击》）。根据这个研究，1999—2011年间，中国的进口竞争以及产业转移让美国失去了大约240万个工作岗位。当然，这个数字也受到一些争议，因为截取不同的时间段、采用不同的计算方法，得到的结果很可能非常不同。但是不管怎么说，中国的崛起对美国的传统制造业造成巨大的冲击这一点，却没有很大的疑议。

除了就业，还有就是抑制工资的压力。对于美国的工人来说，本来他们在跟资本家谈判："我们的工资很多年没涨了，今年的小时工资是不是该涨1美元了？"资本家还在那里头疼怎么回复呢，大洋对岸的中国民工举手了："我能减10美元干同样的工作。"你说，资本家还会给这些美国工人加工资吗？

所以，在美国蓝领工人眼里，他们花了一两百年斗争换来的工人权益——最低工资、最高工时、休假补助、医疗保障、集体谈判权……这些东西在全球化形成的连通器面前，突然变得没有意义了。全球化一个浪头就把他们打回了"丛林世界"。有研究显示，过去40年左右，美国蓝领阶层的真实工资水平，也就是扣除了通货膨胀之后的工资水平，没有变化。如果经济没有发展，那么真实工资不变也就认了，问题是，这恰恰是一个经济大发展的时代，只不过CEO们财富爆炸性增长，白领阶层也与有荣焉，只有蓝领工人成为"没有赶上火车的人"。还有研究发现，21世纪以来，教育水平低的白人男子，也就是白人蓝领阶层，是美国唯一自杀率在显著上升的群体。或许，只有放在全球化冲击的背景下，这个奇怪而令人悲伤的现象才能得到解释。

顺便说一句，制造业受到冲击的其实不仅仅是发达国家，还有一些发展中国家——这是被很多人忽略的一面。有学者发现，过去几十年，制造业的转移其实并非一个笼统的"发展中国家"现象，而是一个"亚洲现象"。所以我们经常看到"中国制造""越南制造""印尼制造"，但很少看到"尼日利亚制造""阿根廷制造""墨西哥制造"。十年前在英国教书的时候，我有个南非学生，有一天他突然和我谈起"中国制造"如何导致了南非的去工业化，令我大吃一惊，我这才注意到故事的这一面。

不管怎么说，全球化的确把饼做大了，但是抢到这块饼的却不是所有人。于是，观念也随之分化。资本家阶层当然有理由热爱全球化，因为之前他们是在一个国家挣钱，现在是在100多个国家挣钱，本来微软可以卖给3亿人，现在可以卖给70亿人，本来麦当劳是开在一个国家，现在开在100多个国家，所以资本家肯定欢迎全球化。但是，工人阶层可能正好相反，他们本来可能是和100万人、1000万人竞争工作，现在却变成了和1亿人、10亿人竞争工作。

大家知道，瑞士的达沃斯有一个著名的全球经济论坛，每年都会开会，这已经是经济全球化的一个象征性事件。在这个论坛上，世界各国名流会聚一堂，马云和比尔·盖茨谈笑风生，贝索斯和索罗斯相见甚欢，这也是为什么很多人把全球主义者称为"达沃斯人"。但是，与此同时，世界各国的工人阶层却彼此怨恨，觉得对方抢了自己的饭碗。所以有人说，现在世界的主要矛盾，不再是发达国家和发展中国家之间的矛盾，而是各国的全球主义者站在一起，与四面八方的民族主义者之间的矛盾。当年，马克思号召全世界无产阶级联合起来，但是事实却是，经过这一轮的"超级全球化"，无产者没有联合起来，全世界有产者倒是先联合起来了。

经济问题的政治化

问题是，全球主义者和民族主义者之间的矛盾，不仅仅是经济问题，很快也成了政治问题。以美国来说，那些充满怨恨的蓝领工人，逐渐把他们的经济不满，转化为强大的政治力量。尽管他们的绝对人数未必很多，但是在地理分布上高度集中，主要集中在美国的所谓"铁锈带"上，而这些州很多偏偏同时也是美国大选中的所谓"摇摆州"。2016年，他们就那么轻轻一摇摆，不靠谱的特朗普就上台了。所以，如果我说中国的民工能够影响阿富汗局势你可能觉得莫名其妙，可是，中国的民工影响美国的蓝领工人，美国的蓝领工人影响美国的选举，美国的选举影响美国的中东政策，世界就是这样普遍联系的，我们每个人都在发挥我们自己都浑然不觉的蝴蝶效应。

可能有人会说，谁让美国工人懒呢？自己不努力，难道还怪中国工人太努力？前两年有个大热的纪录片叫《美国工厂》，讲中国老板在美国开厂的故事。一些人看过这个纪录片，就得出上面这个结论。

这个说法，可能过于简单，因为在很多西方工人的眼里，问题不在于他们在市场竞争中失败了，而在于他们在"不公平的"市场竞争中失败了。为什么这么说？就拿劳工状况来说，中国民工拼命干活、一天上班十几个小时、住十几个人一间的宿舍、一年到头回家一次、把孩子扔在农村做留守儿童……难道真的仅仅是因为他们特别热爱劳动吗？还是因为在资方面前，他们太弱势，没有谈判能力？而这种权力不对称是否公正、是否值得效仿？

事实上，在很多全球化的输家看来，这种不公平是系统的，劳工状况仅仅是其中一个方面而已。在他们眼中，存在着无数真实的或想象的"不公平"：你调控汇率，而他们汇率自由，不公平；你土地国有，可以轻松搞这个那个工业园，他们的土地私有产权受到严格保护，很难征用，不公平；你要求人家以"技术换市场"，他们觉得这是知识产权的强制转移，不公平；还有行业垄断、金融国有、产业补贴、出口退税、贷款优惠、环保政策……所有这些元素加起来，构成他们眼中的所谓"国家资本主义"。在他们看来，自由资本主义和国家资本主义相互竞争，不公平。

所以，特朗普这样的民族主义政治家自称，他反对的不是自由贸易，而是"不公平的"贸易；他的目的不是关闭国门，而是各国国门打得一样开。但真要实现经济民族主义目标，特朗普这样的人也没有什么办法。为什么他特别热爱打关税战呢？因为在所谓"有限政府"的理念下，政府能动用的政策工具很有限：它不能限定汇率、很难盖工业园、很难指定产业补贴、税收和工资方面的影响力也很有限……所以看来看去，最方便下手的就是关税，而这一招恰恰是伤敌一千、自损八百，造成双输局面。

当然，这只是部分西方人的看法。在很多中国人看来，这没有什么不公平的，政府在经济中保持重大角色，经济保持相当的国有成分，本来就是中国特色，这就是我们的经济模式，为什么一定要按你们的模式来下棋？"发展型国家"其实不仅仅是中国特色，诸多东亚国家在经济的起飞阶段，都有过这种政府强势干预的倾向。所以，相当程度上，经济水平竞争的背后是经济模式竞争，经济模式竞争的背后是制度甚至是文明竞争。

全球化中的"三难困境"

不管这个争论谁对谁错，它的后果是，一些西方国家发现，他们本来引以为豪的一些制度元素，比如自由金融、劳工保护、知识产权保护，反而成了竞争负担。经济学家丹尼·罗德里克（Dani Rodrik）曾经用一个词概括西方国家在全球化面前的困局，叫作"三难困境"（trilemma）。我们都听说过"两难困境"（dilemma），但是罗德里克说，全球化带来一个"三难困境"，因为全球化、主权国家和民主政治很难兼得。

何以如此？根据罗德里克的说法，如果想要全球化和主权国家，就很难兼顾民众问责——问责政治捆住政府手脚，使政府很难大刀阔斧地行动，营造竞争性的投资环境；如果想要主权国家和民众问责，那老百姓可能就会选择关起门来，减少竞争压力，不搞全球化；如果想要全球化和问责制，那就得全球各国一起决定税率、工资水平、知识产权政策、汇率政策等，免得资本家到处寻找税收洼地、劳工权利洼地，但是，那样的话，就得放弃国家主权。因为哪一个都很难放弃，所以就构成了一个"三难困境"。

当然，这个说法可能过于悲观。超级全球化虽然给西方的蓝领工人带来一些挑战，但也给西方的广大消费者带来巨大而真实的好处。没有大量的"中国制造"，哪有沃尔玛里便宜到感人的生活用品？而且，中国的崛起，反过来也给西方国家带来巨大的市场，给他们带去了很多新的就业。更重要的是，有研究表明，过去几十年，对西方蓝领工人造成最大冲击的，其实不是其他国家的制造业，而是生产自动化，简单来说，更主要的，是机器让工人变得多余。从这个角度来说，特朗普试图重振美国制造业的就业，无异于刻舟求剑，因为面对AI的崛起，别说美国的制造业工人，就是中国的制造业工人，工作也会受到冲击。

所以，很多全球化的挑战，本质是发展的代价。很多人都知道熊彼特（Joseph Alois Schumpeter）的名言：资本主义的特点是"创造性毁灭"。当年发明电灯的时候，肯定也造成了一批蜡烛工人失业，但我们会因此放弃电灯吗？显然不会。不过，一个好的社会的确应当尽量帮助那些蜡烛工人找到新的生计、过上体面的生活。市场竞争是残酷的，但是，当它带来生产率的提高，帮助无数人脱离贫困，激发人的创造性和奋斗精神，它或许又代表了另一种人道主义，一种更深的人道主义。在一个国家是这样，在全球范围内又何尝不是如此？

5. 为什么瑞典也如此排外？全球化与文化反弹

上次课我们讨论了全球化的经济冲击，这次课，我们来谈谈全球化带来的文化冲击。我们知道，全球化不仅仅带来商品的流动，而且带来人的流动、观念的流动、文化的流动。但是，从一开始，这种观念的流动就不是对称的，过去二三百年，文化的流动主要是西学东渐，而不是东学西渐。比如我们熟悉的"德先生""赛先生"都是西方来客，在文化传播的过程中逐渐成为中国家喻户晓的名字。

有文化传播就会有文化反弹

然而，只要有外来文化传播的地方，就会出现一个现象——文化反弹。我们都知道，从西方文化传入中国第一天开始，捍卫中国传统文化的反向运动也随之开始。有了推广西学的严复，就有了捍卫传统的辜鸿铭；有了陈独秀、胡适的新文化运动，也就有了章太炎、章士钊的文化复古派；有了自由主义，也就催生了新儒家。直到今天，这种外来文化和本土文化的拉锯战也没有结束。比如，我相信大家都有一个经历，就是微信群里的"中医西医"大战，一边说中医是国粹，另一边说中医就是个安慰剂，最后当然谁也说服不了谁，争论常常以一批人"愤而退群"而告终。

西学东渐过程中出现文化反弹的，显然不仅仅是中国。伊斯兰世界的文化反弹同样激烈，甚至更激烈。为什么最近几十年出现了伊斯兰极端主义的高涨？原因当然很多，其中一个，就是文化反弹。西方文化越强势、越流行、越逼近家门口，文化本土主义者就越需要强化传统文化来与之对抗。毕竟，人不仅仅是理性的动物，也是认同的动物，他者越有可能吞没"我们"，就越需要强化甚至想象集体的"我们"来抵御他者。像塔利班这样的极端政权，干脆禁止西方音乐、电影，以这种方式来守卫他们心目中的伊斯兰文化。

可以说，越是曾经伟大的文明，面对外来冲击的时候，文化反弹越激烈。为什么？因为它自尊心强啊。你祖上还在穿麻袋的时候，我祖上就已经开始穿丝绸了，现在你来教育我什么叫文明？肯定不服对不对？反而是像非洲很多小国，历史上连国家都没有，有些甚至没有书面文字，你让他说英语他也就说了，你让他信基督教他也就信了，反正也没有太多的文化遗产需要捍卫。

所以，在现代化过程中，儒家文明圈、伊斯兰文明圈出现对西方世界的文化反弹，一点都不奇怪。但是，过去20年左右，出现了一个全新的现象，那就是：对全球化的文化反弹不再仅仅发生在东方世界，而且出现在了西方世界。换句话说，现在不仅仅是东方人在担心西化问题，西方人也开始担心东方化问题了——很多西方人开始担心中国模式的扩散，担心"一带一路"的影响力，但更主要的，他们开始担心西方世界的伊斯兰化。

因为这种恐惧，很多西方民众纷纷把右翼政党选上台，要求限制移民，要求保护传统，几乎所有的欧美国家政治生态都因此发生了巨大的变化，但是这一讲，我不想谈论大家熟悉的英、美、法、德这些西方大国，我想谈论一个稍微有点偏远的国家——瑞典。

瑞典为什么从"优等生"变成了问题国家？

为什么谈论瑞典？因为瑞典向来被视为西方世界的"优等生"，如果优等生都出问题了，那问题就更值得深思。分析优等生问题出在哪儿，也有助于我们对整个西方世界的右翼民粹主义一叶知秋。

说到瑞典，我们通常会想到什么？不知道你们怎么样，我反正脑子里会浮现出四个大字——和谐社会。和之前我提到过的丹麦一样，瑞典被视为"民主社会主义"的典范，经济发展、社会平等，是一个世外桃源般的存在。然而，就是这样一个"和谐社会"，过去几年突然有点乱套了。我不妨给大家念一下近年《纽约时报》关于瑞典的几个文章标题，一个是"极右派如何征服了瑞典"，另一个是"手榴弹和黑帮正在动摇瑞典的中产阶级"，还有一个，"瑞典曾经是道义上的超级大国，但这一点正在改变"。

显然，瑞典成了一个问题国家，不再是那个世外桃源。一个表现，就是瑞典民主党，一个反移民的右翼政党，民意支持率一步步攀升，2010年还名不见经传，但是在2018年的大选中，已经成为瑞典第三大党。在2019年的一次民调中，该党的支持率已经超过社会民主党，成为瑞典最受欢迎的政党，有人预测，下次大选它有可能成为瑞典最大的政党。

为什么瑞典突然从"优等生"变成一个问题国家？为什么短短十年左右，排外主义在瑞典会成为主流？有一点可以肯定：瑞典人绝不是天生狭隘的排外主义者。长期以来，瑞典都是人均外援数额最大的国家之一。2015年左右的欧洲难民危机，你们可能听说过，德国是接纳难民最多的国家。但是，很多人不知道的是，从难民人数和本国人口比例的角度来说，瑞典其实是接纳难民最多的国家——仅就2015年，就有16万难民申请者来到瑞典，这听上去不多，但是瑞典的总人口也就不到1000万。如果按照同样的比例在中国安置难民，相当于中国一年接收了两千多万难民，这可以说是非常"博爱"了。

其实，瑞典对难民移民张开怀抱已经很多年了。20世纪八九十年代，瑞典就开始大量接收来自伊朗、前南斯拉夫的难民，21世纪初则开始接收来自阿富汗、叙利亚、索马里的移民难民。其心胸宽广的程度，从一个数字就可以看出来：2015年，瑞典有164万人口出生于国外，也就是其人口的16.8%。这个变化发生在一两代人的时间里，应该说非常惊人。即使是美国这样一个老牌移民国家，现在也只有13.7%的人出生于外国，明显低于瑞典。当然，瑞典人的包容不完全是出于善心，北欧国家都面临严重的老龄化问题，移民正好可以弥补瑞典的劳动力缺口。

那么，问题出在哪儿？答案是融合很困难。移民容易，融合却很难，用一句流行歌曲的歌词来说，就是：相爱总是简单，相处太难。在一代人的时间里，把近17%的外国人融入其经济文化体系，其难度可能远远超出了瑞典人之前的心理准备。我们都知道，如果把一些小铁渣扔进一个大熔炉，它很快就会熔化，但是如果把一个巨大的铁疙瘩整个扔进去，它可能很久都熔化不掉。短时间内大规模地引进移民难民，某种意义上，就相当于把一块巨大的铁疙瘩扔进一个熔炉。

融合的困难，首先体现在经济方面。2019年，瑞典出生的人中失业率是3.8%，但是在移民中是15%。事实上，瑞典一半的失业人口是移民。对于这一点，在越新的移民中越明显，因为早期伊朗、前南斯拉夫移民中有很多是医生、工程师之类的专业人士，而新近涌入的大多是难民，没有受过良好教育，比较难找到工作。而且，难民要吃穿住行、要接受教育，许多地方政府慢慢发现，自己难以长期支撑这些项目，于是又多了一个财政问题。

不过，经济问题可能只是短期问题。很多研究显示，长期而言，移民带来的经济收益往往大于经济负担。更大的问题是犯罪率的上升。大规模移民难民涌入后，出现了一个具有瑞典特色的现象——手榴弹爆炸案的上升。2018年一年，瑞典就发生了162起手榴弹爆炸案，对于一个人口小国来说，这是非常惊人的数字了，相当于在半个北京，平均每两三天就发生一起手榴弹爆炸案。因为瑞典不发布罪犯的背景信息，所以我们并不确切地知道这中间有多少是移民所为，但是有一点可以肯定：这确实是最近几年出现的新现象，而且主要发生在移民聚居区。

当然，很多人指出，瑞典犯罪率更高的往往是二代移民，而不是新移民。但是，如果第二代移民的犯罪率更高，恰恰说明融合的艰难。移民和融合并不是两个不相关的问题，"问题不在移民，而在融合"，相当于说"问题不在于他们的婚姻，而在于他们相处不好"——恰恰是结婚带来朝夕相处的问题。

更糟的是极端主义的兴起。据报道，截至2016年，有至少300个瑞典志愿者以"圣战"战士的身份奔赴"伊斯兰国"为之作战。300个看似不多，但是，同样，因为分母很小，所以事实上，瑞典已经成为"圣战"战士输出比例最高的欧洲国家。要知道，极端主义的出现并非孤立的现象，它们背后往往会有一个社交和心理支持的网络，所以300个极端分子的背后，可能对应着3000个温和同情者，只不过这些人没有极端到拿起武器上战场的地步。

正是因为这些原因，很多瑞典人慌了。他们发现，瑞典正在从一个"和谐社会"变成一个"二元社会"——两边的人说着不同的语言，穿着不同的衣服，信着不同的宗教，生活在不同的阶层。而且，由于不同族群的人口出生率不同，那个陌生的世界似乎会越来越大，而他们传统的世界似乎在缩小。根据皮尤中心的一个温和估算，2050年穆斯林将占瑞典人口的21%。30年后是21%，100年、200年后呢？应该说，一些瑞典人担心自己的传统文化被伊斯兰化也不完全是没有根据的。

不但文化可能被改造，瑞典人最引以为荣的"高税收、高福利"模式也可能受到威胁。有研究指出，"高税收、高福利"的经济模式之所以出现于北欧，一定程度上得益于它同质性的人口结构——正是因为彼此文化、语言、宗教接近，才产生了深厚的社会信任，使得人们愿意交出很大一部分收入来扶助那些穷困潦倒者，一旦社会"二元化"，人们不再把彼此看作兄弟姐妹，他们还愿不愿意交同样高的税收、进行同样程度的财富转移，就变成一个问号了。

多元文化主义：非一日之功

可能有人会说，社会多元化为什么就一定是问题呢？美国、加拿大都是移民国家，多元文化不但没有摧垮这些国家，反而成为其力量的源泉，对不对？确实，社会多元化本身未必是问题，但是，变化的速度则可能成为问题。不要忘记，美国是花了200多年的时间展开这个民族融合过程的，不是一代人的时间，即使是在200多年的时间里，无论是爱尔兰人、德国人、中国人、日本人、穆斯林的进入，都曾引发显著的政治和文化冲突。哪怕是岁月静好的加拿大，大家也都知道，著名的魁北克问题，英国移民和法国移民的斗争，到当代仍然是加拿大一个动不动发炎的伤口。

除了移民的速度，"文化距离"也可能成为问题。什么叫"文化距离"？就是文化和文化之间差异的程度。不得不承认，文化和文化之间的距离是不同的，比如，中国文化和韩国文化很不同，但是中国文化和阿拉伯文化之间的差异应该说更大。同样，瑞典文化和法国文化虽然不同，但是瑞典文化和阿富汗文化的差异显然更大。文化差异大的群体，和文化差异小的群体，彼此融合的难度系数是不同的。

这也是为什么我们不能因为美国历史上的"文化融合"成功，就直接判断今天瑞典的"文化融合"也肯定会成功，甚至不能因此就直接判断今后美国的"文化融合"也一定会成功。回顾一下印度穆斯林和印度教徒的冲突、尼日利亚穆斯林和基督徒的冲突、缅甸佛教徒和穆斯林的冲突，还有中西相遇过程中的文化冲突……我们就知道，担忧不同的文化族群狭路相逢时可能引发冲突，是一个基于历史的判断，未必是种族主义的臆想。

人道主义与现实主义的平衡

所以，在难民移民问题上，人道主义和现实主义之间的平衡非常重要。毫无疑问，人道主义是普世文明，不但欧洲各国不应该对难民关闭大门，事实上更多有能力的国家，包括中国，或许都可以适度地接纳难民。我们都从媒体上看到过这些年叙利亚内战、阿富汗内战的惨状，也看到过无数难民在逃难过程中的艰难险阻。有一张照片大家可能都看到过，土耳其的海滩上，一个叙利亚儿童的尸体，穿着红衣服，大约只有三五岁，那真是非常让人心碎——因为他全部的过错就是出生在了一个错误的国家，而其他国家并非没有能力，只是没有足够的意愿去帮助这些不幸的人。中国人说，"穷则独善其身，达则兼济天下"，如果人类已经文明到开始推动"动物保护主义"，又怎么能对同为人类同胞的难民见死不救？

但是，另一方面，一个政治现实主义者又不得不考虑，怎样的移民难民政策同时是人道的和现实的？如何在把落水者救到船上的同时，让船本身保持平衡和稳定？如果好不容易把一堆人从水里捞了上来，最后船本身因为重量超载或者文化冲突而翻了，那就事与愿违了。所以，人道主义很重要，但是对移民速度、移民去向、移民甄选标准、文化冲突、财政负担等问题的考虑同样重要。

其实，一个国家并非只能二选一——要么只能门户洞开，要么大门紧闭，或许还有中间道路，比如，以"涓涓细流"的方式来引进移民难民，或者，以"有张有弛"的方式来引入。细嚼慢咽而不是囫囵吞枣，因为只要囫囵吞枣，就有可能出现消化不良。没有哪个种族或者宗教的人天生就低人一等，但是教育、阶层、文化鸿沟的填平又的确需要时间。英语世界中有个说法，叫作"size matters"，如果借用这个句式，就是"speed matters"——速度很重要。

关于这一点，在经济学家保罗·科利尔（Paul Collier）的书《苦海求生：改造崩溃的难民制度》（*Exodus: How Migration Is Changing Our World*）里，有个观点给我很大启发，他说，移民的速度和融合的速度可能成反比——移民的速度越快，融合得就越慢。为什么？因为一个族群越是大规模地、快速地进入他国，往往就越没有必要融入周边的环境。

对于这一点，说实话，我个人都有所体会。我曾经在美国哥伦比亚大学留学，在那里拿的博士学位。我以前读《胡适留学日记》，吃惊地发现，100年前他留学美国时，融入美国社会的程度比100年后的我高多了。顺便说一句，胡适当年也是在哥大留学，所以，他也算是我"师兄"了。我看他的日记，发现当年他到处做英文演讲，参加外国人的宴会，读莎士比亚，等等。相比之下，我在美国的时候，倒主要都是和中国人打交道、参加中国人的聚会、吃中国人的饭菜，莎士比亚可真没时间读，因为天天忙着在中文论坛吵架。

为什么会这样？我后来想了想，原因很简单，因为我在哥大的时候，哥大有上千个中国留学生，整个纽约可能几十万中国人，而胡适在哥大的时候，可能只有10个中国留学生，所以，他不得不更多地和外国人打交道，而我除了学业外，完全可以生活在中国人的世界里自给自足。所以，这就是小铁渣和铁疙瘩的区别，越大的铁疙瘩扔进大熔炉，它就越难以熔化。

显然，如何平衡人道主义和现实主义，没有标准答案。在瑞典当代的语境中，我不大愿意把所有对继续大规模移民有所怀疑的瑞典人都称为"极右"，因为瑞典已经接受了如此之多的难民移民，我们站在山脚下，凭什么指责爬到半山腰的人为什么不爬到山顶？我宁愿将一些瑞典人的右转称为"防御性民族主义"，不同于当年纳粹的"进攻性民族主义"。"防御性民族主义"，意味着大多数人并不想端着枪炮跑到外面去消灭异己，更多的是面对外来文明涌入时的一种文化反弹。

其实，这种"防御性文化民族主义"，这种在他者面前的自我回归和想象，过去100多年来，有谁比我们中国人更加熟悉？所谓"山川异域，风月同天"，全球化给人类带来了繁荣、带来了发展，但也给所有的民族带来了文明认同的危机，在这一点上，无论中西，人类真的终于是个"命运共同体"了。

第二章

政治转型

6. "历史终结论"的终结？（1）

从这一讲，我们开始讨论政治转型这个话题。转型从来不是一个轻松的话题，但是最近几年，这个话题可以说格外沉重。为什么？因为近年来一个越来越引人注目的现象——民主衰退。如果这几年大家关注国内外的媒体，会发现到处是这样的新闻标题："民主在全世界衰退""民主在崩溃的边缘""全球民主又遭遇了糟糕的一年"……《华盛顿邮报》干脆从2017年开始就起了一个副标题，放在网站最显眼的位置，叫作"民主在黑暗中死去"。

这些标题看上去有点耸人听闻，但是显然，它们都事出有因。最近10年左右，人们看到了西方国家右翼民粹主义的崛起，看到了很多新兴民主的挣扎和冲突，看到了一些威权国家的威权深化，所有这些现象叠加到一起，构成了"民主衰退"现象。现在，民主悲观主义如此普遍，几乎成了一种全球性的新共识。

然而，25年前左右，也就是短短一代人的时间之前，人们对民主前景的看法完全不是这样。事实上，那时候人们的看法刚好相反。当时冷战刚结束，苏联垮台，西方到达其影响力的顶峰，人们对自由式民主的前景充满乐观主义情绪。政治学者福山的著作《历史的终结与最后的人》，正是这种乐观主义情绪的代表作。这本书的核心观点是什么呢？简单来说就是：我们人类历经千山万水，探索了各种政治制度，现在不用找了，最终的制度选项终于找到了，它就是自由式民主。固然，不同国家抵达这个制度的过程有快有慢、有长有短，但是，在目的地已经明确了这个意义上，历史已经终结了。用最近流行的语言来说就是，正确答案已经有了，剩下的事情就是抄作业了。

今天，福山的这种乐观主义看法备受嘲讽，似乎所有谈论民主的人都要先押着福山的观点游街示众一番，然后再阐述自己的观点。甚至，福山自己也进行了自我反思。在2015年的一篇文章中，他写道："最近，很难不感到全球民主的表现不足。首先是最发达和成功的民主，在2008年左右经历了严重的经济危机，陷入了低增长和收入停滞的泥沼。许多新兴民主，从巴西到土耳其到印度，在许多方面的表现也令人失望，正经历着它们自己的抗议运动……2011年的阿拉伯之春，曾经带来希望，但是已经堕落到新的专制、无政府状态甚至极端主义。"

所以，这一讲的核心问题是：全球民主真的衰退了吗？在何种意义上衰退了？这是一个极其艰难的问题，但又是任何一个关心全球政治未来的人必须直面的问题。在展开之前，我要做个小注释：因为在前面一个知识板块中，我们实际上是花了两节，从经济和文化两个角度，讨论了发达国家右翼民粹主义的崛起，所以为了避免重复讨论，这次课我们在谈论民主衰退时，主要是聚焦于发展中国家，也就是新兴民主中的民主衰退，不再讨论发达国家。

第三波民主化

要讨论发展中国家的民主衰退，首先我们要讨论这种衰退的背景，也就是说，我们得知道民主是从什么位置上开始衰退了。说到衰退的起点，就必须涉及一个概念，叫作"第三波民主化"。什么叫"第三波民主化"？这是政治学家亨廷顿发明的一个概念。1993年，亨廷顿出版了一本书，叫作《第三波：20世纪后期的民主化浪潮》。在这本书里，他用三个浪潮描述了现代代议民主制扩散的过程。

第一个浪潮是一个长波，从19世纪早期的美国开始，到第一次世界大战左右，卷入这个民主化浪潮的主要是西方欧美国家——英、美、法等，它们率先进入民主或准民主体制。第一个民主化浪潮之后紧跟着第一波民主衰退，也就是"一战""二战"之间的民主崩溃浪潮，魏玛共和国崩溃、日本法西斯的崛起、西班牙内战等，都是第一波民主衰退的表现。

第二波民主化则是第二次世界大战之后，卷入这一波民主化的主要是西方的一些卫星国，比如南欧、拉美诸国，还有一些刚刚摆脱殖民主义的发展中国家。同样，第二波民主化之后也紧跟着第二波民主衰退，20世纪六七十年代，大量的发展中国家出现政变、内战、革命，许多新生的民主政权纷纷垮台。

紧接着，就是我们刚才说到的20世纪70年代中期开始的第三波民主化浪潮。亨廷顿甚至把第三波民主化浪潮的起点精确到1974年4月25日零时25分，为什么这么精确呢？这是1974年葡萄牙政变的发动时间。据说，当时发动政变的军官们约好，以广播台开始播放某一首歌曲为政变信号，于是，这首歌的播放时间，被亨廷顿定义为第三波民主化浪潮的起点。

　　可以说，当年葡萄牙的军官们万万没有想到，他们偶然确定的一个政变时间点，从此以后标志着一场史无前例的人类变革的起点。为什么说史无前例？因为第三波民主化浪潮的规模和速度可以说令人瞠目结舌。大家可以看一下上面这张图（图2-1），这是根据跨国政体数据库V-Dem（Varieties of Democracy）整理出来的全球政体变化趋势。

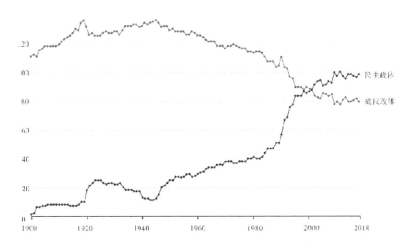

图2-1 全球政体变化趋势图

（图片来源：Our World in Data网站）

　　如图所示，从20世纪70年代中期开始，民主和威权政体的数量出现非常显著的变化，民主政体数量显著上升，具体来说，1973年，地球上自由式民主国家的数量是37个；到2018年，这个数字变成97个，与此同时，威权国家数量显著下降，从119个降到了82个；到2000年左右，威权国家数量已经少于民主国家。

当然，不同的数据库标准不同，具体数字会略有差距。但是，无论使用哪个数据库，以何种标准衡量，都会显示一个极其显著的（民主政体数量的）变化趋势。站在历史的长河往下俯瞰，这是一个非常波澜壮阔的变化。如果搁置古希腊的直接民主制，这个曲线意味着，我们人类花了五六千年发明了大规模疆域上的代议民主制，然后用了近两百年时间将这一制度发明传播到近40个国家，但是再之后，仅仅用了40多年时间，就将这一制度扩散到大约100个国家。这个加速度的变化，可以说是世界政治史上最重要的现象之一。而这个堪称"民主大跃进"的变化，就是我们今天所讨论的"民主衰退"现象的起点。

所以，在这里，我想提醒大家的是，历史上，自由式民主并非人类政治制度的常态。如果把5000年文明史看作一天24小时的话，是最后这一个小时才出现了大规模疆域上的代议民主制及其扩散。可能因为民主的观念现在已经非常深入人心，我们很容易忘掉这个基本的事实：历史上的大多数地区的大多数时期，民主是一种人们闻所未闻的东西，就像人们对火车、汽车、宇宙飞船闻所未闻一样。而在极少数有过民主实践的地区，比如古希腊，它的直接民主制与今天的代议民主制也很不同，而且很快走向了衰亡，成为历史尘封的记忆。在这个大的历史图景下，第三波民主化浪潮就显得格外突兀。

民主衰退的表现之一：民主崩溃

理解了这种突兀，或许就比较容易理解当今的民主衰退。简单来说，任何突然而剧烈的变化，都可能出现"消化不良"问题。我们今天讨论的民主衰退现象，可以说就是一场巨型的"消化不良"反应。

我们知道，民主是一种制度，制度的变化相对容易，但文化、社会、经济的变化则相对缓慢。组织一场选举，可能只需要几个月的时间，但是文化观念、社会习俗和经济结构的变迁则往往需要好几代人。结果就是，当许多国家热情洋溢地拥抱民主，却出现了制度和习俗的脱节。这就好像医学上的器官移植，移植一个新的器官到人体，这本身或许没有那么难，难的是你的身体真正接受它，不发生排异反应。

遗憾的是，在第三波浪潮中，排异反应的确常常发生。这种排异反应常常以两种方式出现：一种是民主崩溃，一种是民主质量上的伪劣化。

首先来看民主崩溃。民主崩溃，顾名思义，就是一些国家刚刚步入民主转型历程，就因为政治斗争而政体崩溃。对此，中国人其实并不陌生，1911年辛亥革命后的北洋军阀时期，中国就经历了这个过程。辛亥革命前，仁人志士发起数次"请开国会运动"，最后干脆以革命的方式推翻了清政府，并且模仿西方的宪法制定临时约法，进行了选举。这就是中国历史上第一次民主转型的尝试，如果用亨廷顿的时间分类标准，中国也进入过第一波民主化浪潮。但是，结果大家都知道：由于国民党和袁世凯之间的政治斗争，以及后来各路军阀势力之间的斗争，新生民主很快崩溃，之后是长达数年的军阀混战。

在第三波民主化浪潮中，转型后民主迅速崩溃的情形，可以说比比皆是。我自己做过一个统计，发现在第三波浪潮后出现的新兴民主中，每五个就有两个经历过民主崩溃。崩溃的"死法"各有不同——有的是急性心肌梗死而死，比如苏联的一些成员国，白俄罗斯，还有各种斯坦，土库曼斯坦、乌兹别克斯坦等，都是刚转型立刻就民主崩溃，一点都不拖泥带水。有的则是慢性病而死，比如委内瑞拉这样的国家，查韦斯通过民主选举上台，很长一段时间，委内瑞拉甚至被视为改善民生的楷模，但是随着经济政策的激进化，民主慢慢呼吸衰竭而死。有的则是过山车式死法，今天死，明天救活，后天又死，大后天又救活，比如泰国、海地、巴基斯坦这样的国家，一直在民主和威权之间反复震荡。

这其实也不难理解，民主化本质上是从权力垄断走向权力竞争。这意味着，权力不再是代代相传的私有财产，而变成了一个抛向空中的绣球，在抢这个"绣球"的过程中，很容易发生争斗，你说你抢到了，他说他抢到了，

63

你说他作弊了，他说你作弊了，结果就是爆发冲突，甚至大打出手，乃至游戏终结。要避免这种局面的出现，需要透明公正的规则，需要可信的法治，需要各方势力之间的信任和妥协，而所有这些机制的培育都需要时间。在这个过程中，往往只要有一方破坏游戏规则，就会引发旋涡状的恶性循环，劣币驱逐良币，直到整个棋盘被掀翻。

威权体制的文化遗产也是一个重要因素。我们知道，威权制度下的权力分配，往往是一次性的，一朝得势，长期得势，比如，苏哈托1965年成了印尼的老大，1975年他还是老大，1985年还是老大，1995年也还是老大，直到1998年他被民众推翻。在这种一次性的游戏中，政治行为很容易形成什么样的规则？你死我活。因为我不把握这次机会，我就没有机会了。事实上，就印尼而言，也的确是你死我活。据估算，苏哈托上台后，清洗了50万左翼反对派。他的政治生命，的确是建立在无数政敌的尸骨之上的。

而民主政治作为一种"可重复博弈"，理论上本不必你死我活。但问题在于，由于威权体制下的文化遗产，转型国家中的很多政治力量，都愣是把一个"可重复游戏"玩成了"一次性游戏"。这次我赢了？太好了，我得把这次的胜利果实转化为永久的胜利果实，这就是袁世凯的做法。这次我输了？不可能，这不是真的，我要二次革命。这就是国民党的做法。于是，一个本可以是"风水轮流转"的故事，又变成了一个"你死我活"的故事。今天很多发展中国家的民主崩溃历程，尽管细节不同，逻辑却往往相似，它们往往都有自己的袁世凯和国民党，自己走向脱轨的辛亥革命。

值得关注的一点是，民主崩溃在第三波浪潮后，并不是匀速发生的，而是加速度发生的。我做过一个计算，1974—1996年，也就是第三波的前半场，民主崩溃发生过18次，但是1996—2018年却发生过35次，可见越到后面，民主崩溃的发生就越频繁。

这其实也不难理解，第三波民主化最早是发生在南欧、拉美这种相对发达的地方，它的政治文明离西方传统也比较近，相当于西方的表亲国家。英语里有个词叫作"low-hanging fruit"，"挂得比较低的果实"，意思就是比较好摘的果实，这些西方的表亲国就相当于"挂得比较低的果实"。但是后来，第三波浪潮逐渐扩散到东亚、东欧，然后是东南亚，这个时候虽然风浪渐起，但也大致平稳。不过，当第三波浪潮抵达非洲，尤其是最后抵达中东时，就常常是刀光剑影了。每一步进展之后，果实都挂得更高了，变得更加难以采摘。

民主衰退的表现之二：民主的伪劣化

再来看民主衰退的另一个表现：民主的伪劣化。这是什么意思呢？就是一些新兴民主虽然不至于民主崩溃，但是它的民主质量节节倒退，退到了一个"既够不到民主也不能算是专制"的灰色状态。其主要表现，就是虽然这些国家还有周期性选举的形式，但是它的言论自由、新闻自由、结社自由都往往严重倒退，以致它的选举成了一种极其不公平的政治竞争，相当于一个自由奔跑的人和一群戴着镣铐的人进行跑步比赛。

这种"民主的伪劣化"现象，在新兴民主中非常普遍。从委内瑞拉到巴西，从匈牙利到菲律宾，从南非到尼加拉瓜，都有它的踪迹。有一个叫作Freedom House的机构长期对各国的政治自由度进行评估打分，我曾经根据它的数据，对新兴民主中十个人口大国的政治自由度进行过分析，发现在这十个国家里面，有九个政治自由度从它们转型后所到达过的最高分值跌落。十个里面有九个经历了政治自由度的倒退，这就是民主质量的伪劣化表现。

不妨以土耳其为例做一个说明。自1983年民主转型以来，土耳其在很长一段时间里被视为伊斯兰世界的民主之星。历史上，土耳其长期在民主转型和军事政变的怪圈中打转，往往是刚刚民主化，没过几年就又被军事政变打断，重新民主化，又被打断。但是，1983年这次民主转型，它似乎终于打破了这个历史怪圈，走向了民主稳固。1997年土耳其再次发生政变时，人们吃惊地发现，此政变非彼政变了，没有杀人流血，没有街头对抗，甚至没有解散议会，就是总理被迫辞职而已。于是，这场堪称文质彬彬的政变被称为

"后现代政变"。到21世纪初，土耳其的民主前景看起来如此确定，以至土耳其政府已经开始和欧盟进行积极谈判，土耳其已经一只脚踏入欧盟了。

可是，正当人们开始庆祝中东地区终于有了一个相对稳固的民主政体时，土耳其民主却开始节节倒退。埃尔多安2003年上台之后，的确压制了军方势力，但是却唤醒了土耳其的伊斯兰保守势力。可以说，前门赶走了狼，后门又进来了虎。为打压反对派，埃尔多安政府越来越打压媒体、打压司法独立、打压反对派……这种倒退到2016年到达了顶峰。大家可能知道，2016年夏天，土耳其发生了一场未遂政变。这场政变之后，埃尔多安趁机展开了大规模的政治清洗，数万公务员和法官被解雇，很多反对派人士包括议员被抓捕。我看到过一个报道，讲政变后因为抓的人太多了，抓了十几万人，一个一个审判效率太低了，于是土耳其这几年就开始搞集体审判，一次拉三百、五百个人去审判，就跟开运动会一样。大家想想这个画面，哪还像一个当代民主国家。

但是，另一方面，土耳其的民主完全崩溃了吗？也不完全是。2017年，埃尔多安为了稳固自己的权力，推动修宪公投，改议会制为总统制。尽管百般操纵，修宪的支持率也只达到51.4%，而反对率高达48.6%，两方势力如此接近，说明反对派还是有相当的动员空间。2019年伊斯坦布尔的市长选举，更是让埃尔多安政府狼狈不堪——3月份选举，执政党推出的候选人输了，他们不甘心，作废了选举结果，推动了第二次选举，结果第二次选举反对党以更大的优势再次当选。埃尔多安政府虽然恼怒不堪，但也无可奈何。所以，土耳其的民主也没有完全崩溃，它只是伪劣化了而已。

从民主浪漫主义到民主现实主义

土耳其绝不是民主倒退的孤例，还有很多发展中国家，比如菲律宾、匈牙利、巴西等，都有民主倒退的不同表现。时间关系，在这里不能一一讲解。我们需要知道的是，无论是民主崩溃，还是民主伪劣化，在21世纪初都的确频繁发生了，在这个意义上，民主衰退的确是一个不容否认的现象。有学者认为，正如历史上第一波民主化浪潮之后出现了第一波民主衰退，第二波民主化浪潮之后出现了第二波民主衰退，目前我们看到的，就是第三波民主化浪潮之后的第三波民主衰退。历史总是"进两步，退一步"，这次也不例外。

因此，广泛存在的民主悲观主义，显然有它的现实依据。以前人们可能觉得，民主转型有一个目的地，道路虽然曲折，前途必然光明，所有的动荡都只是"转型的阵痛"而已。现在看来，这种目的论本身就存在问题，阵痛有可能成为长痛，成为慢性病，甚至成为癌症。道路必然曲折，前途却未必光明。这也是为什么在很多人眼中，福山的"历史终结论"破产了：自由式民主不但没能终结历史，自己却似乎被历史给终结了。民主乐观主义被民主悲观主义取代。某种意义上，越是极端的乐观主义者，越有可能转化为极端的悲观主义者，因为最强烈的乐观容易陷入最深的失望，而最深的失望通向最强烈的悲观。

无论历史走向何方，有一点可以肯定，当下的民主衰退让很多人重新审视民主转型的难度。20多年前，很多人低估了这个难度，以为"扔到水里自然会游泳"。事实是，扔到水里，如果没有正确的泳姿、没有体力和耐力，如果碰到激流和风浪，一个人可能是淹死而不是学会游泳。现在的问题只是，这种悲观是历史对自由式民主的终审判决，还是和之前的乐观一样，只是历史循环的一个驿站？历史如此神秘莫测，或许我们只能无限接近却永远不可能抵达它的谜底。

7. "历史终结论"的终结？（2）

上次课我们讨论了"民主衰退"现象，讲到福山的"历史终结论"受到了广泛的质疑。那么，"历史终结论"真的被终结了吗？其实，这个问题的答案，很大程度上取决于你用什么尺度去衡量。如果你的尺度是理想，根据这个理想，民主转型的过程应该风平浪静，民主转型的结果应该是处处莺歌燕舞，那么第三波转型显然是个巨大的失败。但是，如果你的尺度是真实的历史，那么，称之为失败则或许为时过早。

转型是所有国家的历史峡谷

我经常看到这样一类困惑：为什么自由式民主在西方社会发展得风调雨顺，但是一旦离开西方，就到处带来动荡和冲突？这个看法虽然很常见，却遗忘了一个重要的视角——历史。如果我们留心西方的民主转型史，就会发现，不仅是在今天的发展中国家，民主转型过程常常伴随着冲突，其实在西方历史上也同样如此。也就是说，民主转型的过程几乎在任何国家都伴随着混乱和冲突。

其实，不但民主转型如此，威权转型也一样，当民主向威权政体倒退，或者一种威权政体向另一种威权政体转型，也往往伴随着巨大的混战和冲突。大家想想中国历史上的改朝换代，想想西班牙内战、魏玛共和国的崩溃、伊朗1979年革命，哪个国家的政体转型不是伴随着巨大的动荡？原因很简单，政体转型根据定义就意味着权力结构的重组，这种抢人饭碗、砸人饭桌的事情，怎么可能一片祥和？

不妨以法国为例来看看西方的民主转型历程。今天，法国被视为一个发达的民主国家。但是，它的民主转型顺利吗？当然并非如此。法国大革命可以说是法国的第一次转型努力，但是众所周知，它一点都不风平浪静，引发了长达几十年的内战、外战、"大恐怖"，断头台几乎成了法国革命的一个象征。最后结果是什么？王权复辟，也就是我们今天说的民主崩溃。之后的事情，我们的中学历史书里也都有，法国又经历了1830年革命、1848年革命、

1871年巴黎公社革命、"一战""二战"，都充满了动荡，直到1958年法兰西第五共和国建立，法国的民主转型才能说是尘埃落定，而这时候距离法国革命已经过去了一个半世纪。

法国转型的艰难不是孤例。德国、日本转型的法西斯道路，美国建设民主过程中的独立战争和内战，西班牙1936年的民主崩溃及其引发的西班牙内战……所有这些国家的历史，都显示民主转型的艰难。即使是被视为"和平转型"典范的英国，也并不真正是和平转型。1689年的光荣革命被视为"不流血的革命"，但是这场革命之所以能够做到不流血，恰恰是因为之前的英国内战流血太多了，到了1689年各方都实在是打不动了，才顺水推舟地接受了君主立宪。根据历史学家的估算，英国内战中大概有8.5万人死亡，加上战争带动的瘟疫流行，又死了10万人，有近20万人在战争中死亡，不要说占当时的人口比例，即使是按照今天的标准，这个绝对数值也是非常惊人。

所以，当很多人对当代民主转型的艰难表示吃惊时，我倒是觉得，更令人吃惊的，可能不是转型的艰难，而是居然这么多人认为它不应该如此艰难。从历史的角度来看，民主转型从来没有一帆风顺过，它往往是风风雨雨、跌宕起伏，进两步，退一步，有时候甚至是进两步、退三步。在历史上，它也很少有一次闯关成功的，常常像是运动场上的撑杆跳，一次跳不过去，两次、三次甚至数次才跳过杆去。

历史坐标系下的第三波转型

所以，把历史作为坐标系，我们发现，第三波转型浪潮未必那么失败。上次课讲到的民主衰退只是故事的一面，而故事的另一面则是民主的韧性。这种韧性体现在很多方面，不妨指出其中三点。

第一，就转型过程而言，与历史相比，第三波转型其实反而是相对平稳的，或者说，"水花"相对较小。和法国大革命所激起的狂热战争相比，苏联这样一个庞大帝国的解体几乎无声无息；和20世纪30年代惨烈的西班牙内战相比，西班牙70年代末的这次民主转型也是相当平静；和日本历史上脱轨的民主化道路相比，东亚地区80年代的民主转型也算是和平过渡；相比美国的独立战争和内战，巴西、智利、阿根廷等拉美国家80年代的转型都没有引发战争……当然，第三波民主化浪潮中也有战火，像伊拉克、阿富汗的战火，这些我们后面的课程还会再讲到，但是，经历战火的毕竟是少数，而且基本上都是内战或地区性战争，其杀伤力波及范围有限。所以，站在历史的长河上空往下俯瞰，与历史上的政治转型相比，第三波民主化浪潮的动荡程度可以说是小巫见大巫了。

如果和历史上的各种威权转型或改朝换代相比，就更是如此了。我们之前的课讲到，苏哈托1965年开启他的独裁统治，代价是50万人的生命；柬埔寨的红色高棉1975年上台，带来200万人的死亡；沙皇倒台后的苏联内战，至少150万人死亡，如果加上后面的饥荒、疾病而死的人数，则可能高达800万人。我们中国历史上改朝换代的生命代价就更不用说了，什么黄巢起义、张献忠起义，那真的是血流成河。

第二，就转型成果而言，与历史相比，第三波民主化浪潮呈现出相当程度的"民主沉淀"现象。这是什么意思呢？就是第一波、第二波民主化浪潮退潮之后，真正留下来的民主成果很有限，许多重大的转型成果都很快崩塌，并且在这个崩塌的过程中引起国际秩序地震式的变化。但是，第三波民主衰退虽然存在，它留下来的成果也更多更稳定。用更简单的话来说，它的"夭折率"更低。并且，那些夭折的新兴民主也并不像当年大革命后的法国或者魏玛崩溃后的德国那样，构成对国际秩序的根本性冲击。

上次课我说到过，在当代的转型国家中，有2/5左右经历过民主崩溃，这说明当代的民主转型绝对不是一帆风顺，但同时它也意味着，3/5的国家并没有经历民主崩溃。即使是那2/5经历民主崩溃的国家，不少也重新民主化。站在历史的角度来看，如此之多的国家在如此短的时期内，走向民主的沉淀，这是非同寻常的。

一个有趣的标志是，政变现象在世界各地的急剧减少。大家可以看看上图（图2-2），这是两个比较政治学者制作的一个图，展示20世纪50年代以来全球政变数量的变化。灰色的柱形是不成功的政变，黑色的柱形是成功的政变，大家可以看出来，从20世纪70年代中期开始，全球政变数量，无论是成功的还是未遂的，都在显著下降，直到今天，政变已经是非常罕见的现象了。这说明什么？说明越来越多的权力角逐者是在放弃"武装夺权"的观念，转向了政治的战场。

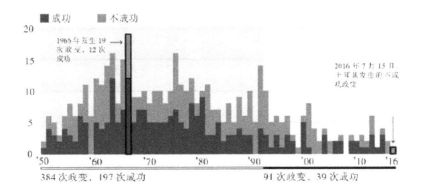

图2-2 20世纪50年代以来全球政变数量变化图

（图片来源：Adam Taylor, "Map: The world of coups since 1950s," *The Washington Post*, Jul. 22, 2016）

阿根廷是这种变化的一个典型。历史上，它的民主转型不断被政变打断，从20世纪30年代到20世纪70年代，阿根廷曾发生过七次政变，平均每七年左右就发生一次政变，但是1983年最近一次民主化以来，近40年再也没有发生过政变。当然，阿根廷至今也充满了政治斗争和冲突，但是，确实没有发生政变了，这和它自己的历史形成鲜明对比。这是值得深思的现象。还有韩国，从1948年建立第一共和国开始，韩国政治就进入了过山车模式，在民主、威权之间不断摇摆、动荡，第一共和国、第二共和国、第三共和国……40年里，一口气建立过六个共和国，但是，1988年这次转型之后，尽管韩国政治也是风波不断，但是它的政体形式却沉淀了下来。

阿根廷、韩国的情况并非例外。相当一批拉美、东亚、中东欧国家或地区，在过去40多年里走向了民主稳固。连撒哈拉以南非洲也趋势类似。有研究显示，20世纪60年代，撒哈拉以南非洲各国大约一半权力更替是通过政变发生的，到90年代降到四分之一，到21世纪则进一步下降到13%。对于我们比较政治学者来说，不但"发生了什么"值得研究，"没有发生什么"也值得研究，甚至有时候，"没有发生"的事情比"发生"的事情更重要。

民主韧性的第三个表现，或许可以被称为"民主反弹现象"。就是我刚才提到的，尽管不少国家存在着民主崩溃现象，但是它们中很多在民主崩溃后重新民主化。这也是历史上少见的。历史上，一旦民主崩溃发生，篡权者往往是赖在台上不走，就算其中的相对开明者最终决定还政于民，也往往是磨磨蹭蹭、拖泥带水，比如智利的皮诺切特，1973年发动政变，到1989年才还政于民，中间是16年；巴西1964年发生政变，到1985年才回归民主，中间是21年。

但是在新的民主化浪潮中，越来越多的民主崩溃都指向较为快速的民主反弹。比如马里2012年政变，2013年民主回归；洪都拉斯2009年政变，当年就重新组织选举。用学者伯米欧（Nancy Bermeo）的话来说，在21世纪，连政变都常常成了所谓"约定式政变"，也就是一边政变一边承诺将重新引入民主选举，显示了政治合法性观念的转变。

因为上述三个现象的存在，"民主衰退"这个说法也受到一些学者的异议。有学者指出，从民主政体的数量而言，21世纪以来并没有发生明显的变化。这一点，无论用哪个政体评估数据库来衡量，结论类似。民主政体数量的变化曲线，只是从一条显著上升的曲线，变成了一条比较平的线，但是并没有出现明显的下滑趋势。还有学者认为，一些人之所以认为出现了显著的民主衰退，是因为他们之前把一些根本没有民主化、只进行了一些"民主化妆术"的国家当作了民主化国家，甚至有时候直接把威权崩溃当作了民主转型——这就像一个人穿上了高跟鞋，我们就说他长高了，当他脱去高跟鞋，我们又说他变矮了，而事实是，他从来没有真正地长高过，又谈何"身高倒退"？根据这类学者的观点，对于描述当代的转型状态，比民主衰退更合适的说法，可能是"民主拉锯"——转型从扩张期进入了平台期，从吸收期进入了消化期。

民主韧性从何而来？

一个显然的问题是，为什么当代民主会展示出这种韧性？历史上的民主化成果往往很快被倾覆，那么当代的民主化过程为什么"水花"更小、更具有顽强的沉淀性和反弹力？

原因当然很多。经济发展是一个原因。当代的经济水平和历史相比当然不可同日而语，当一个社会僧多粥少的时候，权力格局的变动显然更可能引发巨大的动荡，十个人分一碗粥，很容易你死我活，但是如果经济发展了，十个人分五碗粥、六碗粥、八碗粥，大家就更容易心平气和了。国际格局是另一个原因。我们之前讨论过，"二战"后尤其是冷战后，全球进入了一个自由主义处于优势地位的时代，而这个罕见的国际格局对于第三波转型浪潮也是一个根本性的因素。除此之外，还有技术发展的原因。互联网、社交媒体的兴起，大大降低了社会动员的成本，以前你用鸡毛信闹革命，信还没送到，人可能就先被杀了，现在你发个twitter、发个facebook，可能立刻万众响应。

所以，在当代，有各种经济的、国际秩序的、技术发展的原因在支撑民主的韧性。但是今天，我想格外强调一个因素——观念的因素。一定的制度能够得以存活，往往需要一定的观念去支撑。当代世界民主的制度韧性，很大程度上是因为当代世界各国人民在观念上更认同民主。

在2014年的世界观念调查当中，有一个问题是："生活在一个民主国家，对你来说有多重要？"答案从1到10分布，数值越大就意味着越重要，如果我们把分布在7—10的回答归纳为"很重要"，那么美国人回答"很重要"的比例是78%，德国是88%，阿根廷是85%，土耳其是88%，伊拉克有77%，连卢旺达都有73%，其他国家也大同小异。所以，非常清晰的是，在当代几乎所有国家，而不仅仅是发达国家，大多数人都认为民主是一种很重要的价值。

可能有朋友会说，各个国家的民众都认同民主，但是大家对民主的理解不一样，土耳其人、伊拉克人、卢旺达人想要的民主，未必是英国人、德国人或者美国人想要的民主，不是选举民主、竞争民主、程序民主，而更可能是绩效民主，是政府解决民众就业、是安全、是水电供应。这种说法虽然有一定道理，但缺乏实证依据，因为观念调查显示，世界各地的绝大多数民众并没有把"程序性民主"和"绩效性民主"对立起来，他们这两种东西都想要，并不是说想要这个就不想要那个。

事实上，如果一定要做个比较，大部分新兴民主国家的民众，对民主的理解更多的是程序性的，而不是绩效性的。在世界观念调查2010—2014年的问卷中，也就是最新一轮公布的问卷中，有一组问题的设计恰恰用来检测人们对民主的理解，这组问题是这样的："很多事物都是令人向往的，但不是所有这些事物都是民主的本质特征。针对下述事物，请告诉我你认为它对于民主来说有多重要。"然后问卷分别询问了人们对民主的不同理解，其中包括对民主的程序性理解，也包括对民主的绩效性理解。

时间关系，我不可能详述问卷的内容和答案分布，但是这个调查中反映出来的结论是，对于新兴民主国家，尽管民众对民主的"程序性理解"和"绩效性理解"都高度认可，但是在其中多数，民众认同"程序性理解"的比例仍然清晰而显著地高于"绩效性理解"。可以说，程序性民主观念，已经不仅仅是发达国家的独特观念，而是一种在诸多发展中国家也深入人心的大众观念。这其实也不难理解。绩效是绩效，程序是程序，二者未必是一码事，就像我们会把文景之治或者贞观之治称为开明皇权时代，但不会说它们是民主时代。

所以，第三波转型浪潮的动力来自哪儿？归根结底，来自观念的变迁。过去两三百年，启蒙运动所创造的"主权在民"观念，像一匹巨大的马，把世界从走了几千年的既有道路上拽出来，往另一个方向拉去。起先可能举步维艰，因为任何新制度的启动都非常艰难，所以第一波、第二波民主化都更加缓慢、更加颠簸，但是，随着全球化的加速，随着观念传播的加速，尤其是随着早发民主国家的民主稳固，这匹马越跑越快，最终出现了壮观的第三波民主化浪潮。

"人心之变"不但是理解制度变迁的一把钥匙，也是理解制度沉淀的入口。当政体缺乏观念的支撑，它就像是空中楼阁，很容易倒塌。比如辛亥革命后的中国，哪有什么支撑民主运行的文化土壤？上面或许有孙中山、宋教仁在为民主而斗争，下面却是赵太爷和阿Q们的等级世界，因此辛亥革命脱轨成军阀混战一点都不奇怪。但是，当民主的观念深入人心，它往往为民主的存活提供源源不断的养分。甚至，哪怕在经济水平、国际秩序或者技术变迁都存在着不足时，它也可能作为一个代偿性的力量在支撑民主的运转。1789年美国建立第一个现代"准民主政体"时，经济水平可能还不如今天的肯尼亚；印度在1947年建立民主政体时，哪有什么中产阶级？但是，在某些情境下，观念的"顽固"可以弥补经济社会条件的"赤字"，进而助推民主的落地生根。

尤其是在今天这个时代，与历史上的第一波、第二波转型时期相比，滋养民主观念的经济、社会和国际条件更加丰富。经济发展让权利不再奢侈，技术让观念传播更加高效，城市化让社会动员成本降低，而中产阶级往往成为政治动荡的缓冲剂。在这些因素的加持下，现代人越来越相信政治道义与社会自主性相联系，民主话语越来越成为政治合法性话语的"缺省设置"。毫无疑问，在许多国家，人们的耐心尚未匹配其愿望，民主的"技艺"抵达不了其决心，理想主义激情常常淹没现实主义策略，因此出现了广泛的民主衰退现象。但是，那种对"制度化的承认"之渴望会被一时一地的政治潮流终结吗？尽管历史的风向永远在变化，对此我还是感到怀疑。

8. 法国往事：转型浪潮中的第一艘泰坦尼克号

在前面两讲中，我们谈到当代新兴民主遭遇了各种转型困境，历史不但没有在冷战结束后终结，"历史终结论"反而被现实的变迁给终结了。不过，人类常常有一种倾向，就是把自己这一代人所遭遇的困境，当作历史上前所未有的挑战，因而每每夸大它的重量与高度。事实是，民主稳固的困境不是当代现象，自启蒙运动开始播散人民主权观念后，在政治近代化过程中，几乎所有老牌民主国家都遭遇过今天新兴民主国家所遭遇的"稳固困境"。比较政治学不仅仅是比较不同的国家，也是比较历史与当下，从中获得一个更辽阔的认知尺度。为了抵达这一视野，或许可以从第一波转型中第一艘"泰坦尼克号"的沉没说起。

什么是第一波民主转型浪潮中的"泰坦尼克号"？那就是"法国大革命"。众所周知，法国革命与美国革命等并驾齐驱，构成近代史上第一波民主化浪潮的起点。就民主化的深度而言，法国革命其实比美国革命走得更远，但是，其结局却比美国革命要惨烈得多。革命后的美国，虽然也充满党派斗争，奴隶制问题更是在后来引发了内战，但总体而言，其民主走向了稳固和深化，美国宪法穿越200多年的时空，至今仍然有效，并护佑美国崛起为世界上最强大的国家。相比之下，法国革命经历了君主制到君主立宪、共和国、帝国再到复辟的过山车历程——讽刺的是，到了19世纪，类似的过程又循环了一遍。于是，从1791年到1852年，法国产生了七部宪法、两部宪章和一个补充条例。托克维尔曾讽刺道，法国60年里制定了九部或十部"永久性的"宪法。

更重要的是，法国革命付出了巨大的人道主义代价。在1793年《惩治嫌疑犯条例》下，抓捕的政治犯可能高达50万人，占男性人口的5%，死于恐怖统治时期的人数大约在3.5万~4万之间——作为一个注脚，在290个著名革命家中，43%死于暴力，29%被执行死刑，其中大部分被送上断头台。[1]受难的也绝不仅仅是"反动贵族和教士"，研究显示，在巴黎革命法庭上被判死刑的人中，71%来自第三等级。革命引发的欧洲战争更是伤亡惨重，据估计，1792—1814年，由法国革命引发的战争导致欧洲大约300万人死亡，其中包括大约140万法国人。[2]不但民主覆灭，它所引发的政治海啸可以说是遮天蔽日。相比之下，今天新兴民主转型的失败在"震级"上反而是小巫见大巫了。

更彻底的民主革命

法国革命是近代史上的第一场真正的"民主革命"。英国革命虽然比法国革命早100多年，但它在很大程度上是贵族和国王之间分权的一场斗争，直到1832年选举改革后，英国还存在选举权的各种财产门槛，著名的宪章运动正是英国工人争取普选权的抗争。美国革命虽然和法国革命几乎是同时爆发，并将大规模代议选举写进了宪法，但民主并不是美国宪法的最核心原则——最核心原则是自由。美国宪法中从来没有出现过"民主"二字，在阐释美国宪法的《联邦党人文集》中，多处出现警惕"多数暴政"的观点。法国革命的"人民主权"精神则非常清晰。1789年的《人权宣言》明确规定，"主权归属于人民，任何机构或者团体不得行使人民所未授予的权力"，"法律是公共意志的表现。每一个公民都有权参与法律的制定"，此类表述是英美《权利法案》中完全没有的。

作为这种人民主权观的体现，法国革命在民主实践方面比同时期的美国革命要激进得多。美国一直到19世纪30年代之后——也就是革命半个世纪之后，才实现了成年男子的普选权，而且仅仅限于白人，但在法国革命的1793年宪法中，成年男子投票权的财产限制已经被彻底废除，甚至，在这一版的宪法中，出现了一些其他同时期革命都没有的崭新原则——公共救济原则、工作权、公共教育权等。这个宪法的通过方式本身——公投——也体现了法国革命的民主性。美国宪法虽然也由各州通过才得以确认，但毕竟是由各州的议会投票通过，和法国革命中的全民公投不可同日而语。

法国革命的民主性不仅体现在制度设计上，也体现在革命实践中。与英美革命相比，法国革命是更根本意义上的"群众运动"。尽管革命始终有精英主义色彩，从君主立宪派到吉伦特党、雅各宾派、督政府再到拿破仑，都可谓革命先锋，但是"群众"的身影，尤其是"无套裤汉"们的身影，却比同时期其他革命中要显著得多。从攻占巴士底狱到进攻凡尔赛宫，从冲击巴黎王宫到包围国民议会，街头运动的力量都功不可没。这种力量最经典的表现，莫过于1793年6月2日无套裤汉对国民公会的武装包围。当时，雅各宾势力和吉伦特党人的斗争进入了白热化阶段，为清除吉伦特党人势力，雅各宾派发动巴黎公社8万民众包围国民公会，要求驱逐并逮捕吉伦特党人。当国民公会主席传话出来要求结束这种武力威胁时，起义军的总指挥回话道："告诉你们的蠢货主席，他和他的议会去死吧，一个小时之内不交出那22个人（吉伦特党人），我们就炮轰他们。"[3]最后，"群众"当然胜利了。这个"群情激奋、万众一心"的画面可以说是法国革命的一个生动缩影。

此外，法国革命也更"彻底"。严格来说，英美革命本质上仅仅是一场政治革命，而法国革命则既是政治革命，也是经济革命、社会革命。美国革命改君主制为共和制，但基本的产权制度、经济关系、宗教体系、文化风俗却不是革命的目标，而法国革命却涉及对经济、社会和文化的一系列改造：废除贵族和教会特权，大量充公贵族和教会的财产，甚至采取发行"指券"、限制商品价格等计划经济措施。最能体现这种革命彻底性的，莫过于革命者对时间的"改写"了：为了取代"腐朽"的基督教日历，革命者把一个月改成三个星期，一个星期十天，一天十个小时……大家可能都注意到，提到法国革命的时候，我们经常能听到一些很美的月份名称：雾月、果月、芽月、牧月等，据说这是专门找了一个诗人来取的名字，表达法国摆脱宗教束缚、向"大自然"回归的革命精神。

或许正因为法国革命更民主、更彻底、更具颠覆性，它才获得"大革命"的尊称——我们没有听说过"英国大革命"或者"美国大革命"，但是法国革命却成为历史上绝无仅有的"大革命"。也正是因此，无数同时代的思想家、改革派曾对法国革命寄予厚望——杰斐逊曾参与法国《人权宣言》的起草，贝多芬曾给拿破仑写过交响曲，而福山"历史终结论"的说法，恰恰是来自黑格尔对法国革命的惊叹。

不自由的民主

然而，这样一场更民主、更彻底的革命却"沉船"了。固然，从民主理念、民族主义思潮、权利意识的觉醒和传播的角度而言，不能说法国革命失败了，但是就法国民主政体的稳固而言，法国革命显然失败了。如前所述，历经1789年革命、1830年革命、1848年革命、1871年革命，法国都没有建立可持续的民主政体，法国的民主稳固直到20世纪中叶才实现。

为什么这样一场轰轰烈烈的民主转型运动失败了？理解这个问题非常重要，因为在我看来，法国革命不但是现代革命的原型，其失败也是现代革命失败的原型。也就是说，理解法国民主革命的动力很大程度上可以帮助我们理解过去300年其他民主运动的源头，而理解其民主稳固的失败，也可以帮助我们理解过去300年——包括当下——很多国家民主稳固失败的机制。战场上讲"擒贼先擒王"，其实，做社会科学研究也差不多，抓住一些重量级的事件，观察它的变化轨迹，分析它的发展逻辑，或许有利于我们理解同类政治事件的发生发展机制。

法国革命何以"翻船"？几百年来，学者们已经对此进行了汗牛充栋的研究，我不可能一一介绍，但我觉得有一个概念，对其失败机制有相当的概括力，那就是"不自由的民主"。

什么叫"不自由的民主"？这个概念其实是当代记者法里德·扎卡利亚（Fareed Zakaria）提出的，从20世纪90年代中期开始，他就在新兴民主中发现了一个奇特的现象：一些明明是通过民主选举上台的政治家，却挣脱权力的制约机制，打压反对派的言论和行动自由，以此实现权力的巩固。1997年，扎卡利亚在《外交事务》杂志上发表了一篇著名的文章，名字就叫"不自由民主的崛起"。在这篇文章里，他写道："近一个世纪以来，在西方，民主意味着自由式民主，其特征不仅仅是自由公正的选举，而且是自由主义，也就是法治、分权、言论自由、宗教自由、财产保护等；今天，自由式民主的这两股力量，曾在西方政治传统中合二为一，却在世界上的其他地方一分为二。民主在崛起，宪政自由主义却没有与之同步。"

从这段话我们可以看出，扎卡利亚提出"不自由的民主"这个概念，是因为他发现，民主的发展和自由的发展未必同步。我们常常假定，民主必然带来言论自由、宗教自由、市场自由，但是扎卡利亚发现，在新兴民主中，民主的出现未必伴随着这些自由的出现。所以，"不自由的民主"是一条腿走路的民主。一方面，它具有民主的外壳：它承认普选权，追求政治平等，热衷于大规模的社会动员，这是它与传统威权体制不同的地方。但另一方面，通过民主途径产生的执政者又限制政治自由，以民主的名义打压反对派，压缩政治选项，从而取消民主政体的实验性特质。

注意，扎卡利亚这段话在涉及西方时有一个状语："近一个世纪以来"。也就是说，将民主和自由融合起来，对于西方来说，其实也是近一个世纪的事情，在此之前，即使是在西方世界，也是或者重自由而轻民主，或者重民主而轻自由。在一个启蒙理念已经相当普及的时代，"重民主而轻自由"的危险则格外清晰。为什么？因为以捍卫王权的名义打压自由已经失去道德魅惑力，但是民主理念中所包含的平等激情、集体激情、动员激情却可能为碾压自由提供道德合法性。

观察法国革命的高峰期，"不自由民主"的种种特性清晰可见。固然，法国革命比英美革命更民主、更彻底，但其民主的高歌雄进与自由的日渐凋零可以说如影随形。在革命的高峰期，《惩治嫌疑犯条例》呼吁逮捕"所有发表反动作品的专制和封建残余分子"，另一项法令则禁止发表挑战救国委员会的言论，《杜申老爹报》《老科德利埃报》等报纸被封，言论出版自由不复存在。集会结社自由也随着雅各宾派的集权化而消失——"群众"的力量曾经是雅各宾派清除异己的助推力，但是随着清洗的结束，罗伯斯庇尔下令关闭全国各地的辩论俱乐部，连无套裤汉们也失去了组织基础。

于是，解放运动成为人人自危的政治恐怖主义。遍布全国的"监察委员会"负责搜集所有人的言行情报，革命法庭则可以逮捕任何"自由之敌"。谁是"自由之敌"？标准模糊不清：阴谋反叛、价值观扭曲、意见不一致、发表不当作品，甚至拥有一幅耶稣被钉在十字架上的画作都可能入罪。"17

93年6月21日，在圣安托万郊区的工人阶级生活区，人们听到一个男人叫喊："以前，香皂只要12苏，现在香皂要40苏。共和国万岁！"他因此被捕。[4]在这个过程中，法治自然被抛之脑后，对吉伦特党人的审判没有出具任何文件，也没有任何辩护律师，甚至许多被指控的人被禁止发言。当丹东、德穆兰等相对宽容的雅各宾派对革命大开杀戒表示不满时，他们也被送上了断头台。

宗教自由远在大恐怖时期之前就已经被侵蚀。1789年国民议会决议将教会财产"交给国家支配"；1790年的《教士公民组织法》则要求牧师宣誓效忠新政权，并日常宣读议会的所有法令，成为革命政权的"宣讲代表"。到了革命的高峰期，针对教会的"破四旧"轰轰烈烈地展开，教堂里的十字架被砸掉，含有圣徒名字的街名地名被更换，巴黎圣母院则干脆改名"理性殿堂"。可以说，革命自身成为一种新的宗教。

财产权和经济自由的凋零也成为必然。尽管《人权宣言》中宣称了对财产权的保护，但是战争、叛乱、经济危机等一系列困境还是使得这些条款被束之高阁。逃亡贵族的土地和财产被没收，富人被强行"借款"，面对民众要求粮食限价的呼声，国民公会出台法令予以支持，对此罗伯斯庇尔表示："财产权并不等于让市民同胞们忍饥挨饿！大地的粮食，就像空气一样，属于每一个人。"[5]

所以，我们看到，一方面，法国革命中的民主原则更加激进，民主实践更加深入，但另一方面，革命的风暴卷走了政治自由、经济自由、宗教自由、法治精神等，正是在这个意义上，法国革命所确立的民主政体，是一种"不自由的民主"，或者用学者塔尔蒙（Jacob Talmon）更早发明的概念来说，是一种"极权主义民主"。

善与恶的"捆绑销售"

为什么一个如此高远的民主理想在实践中变形为"不自由的民主"，乃至最后民主自身也灰飞烟灭？显然，战争局势是一个重要原因，但美国革命也历经了战争，对自由的碾压却从未到达法国革命的程度。将法国革命的悲剧都推卸为雅各宾派乃至罗伯斯庇尔的个人专权也并不恰当——如前所述，雅各宾的崛起与巴黎无套裤汉们的热烈支持有关，否则它很难在国民公会中战胜吉伦特党人和其他中间派，成为权力垄断者。那么，为什么有那么多普通民众会支持这样一个压制自由的政治势力？毕竟，自由是法国革命"自由、平等、博爱"口号的首要原则。

　　或许这是因为，人们放弃自由的时候从来不是因为热爱专制这种"恶"，而是因为人们在热爱自由的同时相信有更高的善值得追求，比如平等，比如正义，比如认同，比如面包，比如救亡，以至自由作为次要的善可以"暂时"被舍弃，从而换取那个更高的善。甚至这种"交换"可以被表述为：牺牲暂时的自由来获得长远的自由，牺牲形式的自由来获得实质的自由。这或许可以被称为政治当中的"善恶捆绑销售"原则。我们知道，如果有人在街上向我们兜售一堆酸苹果，我们多半不会去买，但是，如果有人把一堆酸苹果和一堆甜樱桃放在一起，说买五斤苹果、送五斤樱桃，那我们可能就一个箭步冲过去买了。在任何国家，面对民众，恶都是很难被推销的。打压异己、剥夺自由是一种恶，直接推销它很难奏效，但是，当恶与善捆绑出现，人们却有可能为它慷慨解囊。

　　在法国革命的情境下，这种更高的善归根结底可以被概括为"公共意志"（general will）。众所周知，卢梭是法国革命的精神导师，革命中不管哪个派系都以援引卢梭为荣，"公共意志"理论正是他的学说。为什么说卢梭的"公意"学说通向"不自由的民主"？和美国的开国思想家们一样，卢梭在构建其社会契约论的时候就敏锐地意识到，人民主权观念最大的挑战之一，就是政治的派系化——如何防止民主堕落为不同政治势力追逐私利的竞技场，是两国革命者共同的难题。美国的开国思想家们的解决方案——正如《联邦党人文集》所揭示，是"以野心对抗野心"，以派系制衡派系，所以美国宪法的要旨在于各种政治制衡。但是，卢梭的方案则是诉诸"公共意志"，即每个派系依靠美德，超越各自的私利，抵达一个最合乎公共利益的"公共意志"。这种"公意"与私利和私利之间相加减形成的"众意"显然不同——

"众意关注的是私利，不过是各种特殊利益的加总而已"。受到卢梭的影响，法国革命的《人权宣言》明文表示："法律是公共意志之自由而庄严的表现"。

固然，卢梭的学说表达了对民主困境的清醒认识，但其方案却为"不自由的民主"埋下了伏笔。"公共意志"本质上假定了理性的"客观性"、"唯一性"和"真理性"，它以美德的名义否认了人性的局限，以"公共"的名义取消了社会的多元性。正如塔尔蒙所言："公意对于卢梭就像是一个数学事实……一个人不被邀请去表达个人偏好，也不被询问他是否赞同一个提议，而是被询问该提议是否合乎公意。"[6]可以说，法国革命中后来发生的雅各宾权力垄断乃至恐怖统治，都是这种"客观真理论"的展开形式而已。

不幸的是，自由注定是多元的、喧嚣的、混乱的、充满差异和冲突的，正是基于对自由的这一现实主义理解，美国的开国之父们构建了一种以接纳私利、接纳派系、接纳冲突为前提的民主体系，但对于法国的革命家而言，将各派思想统一到神秘而模糊的"公共意志"中则是当务之急。在革命走向失控之际，罗伯斯庇尔写道："我们必须拥有单一意志。这个意志只能是共和的意志或是保皇的意志……内部威胁来自资产阶级，要打败资产阶级，我们必须发动人民。一切已经准备就绪，要将人民置于资产阶级的统治之下，要让共和国的捍卫者在断头台上死亡。"[7]于是，革命的恐怖不但可以被接受，而且成为一种道德义务，"没有道德，恐怖统治会毁灭一切；没有恐怖统治，道德便毫无用处。恐怖统治就是正义"。

可见，在法国革命中，"不自由民主"的崛起，与其说完全是某个或者某些政治强人操控权力的结果，不如说它内置于革命者们如何理解政治、如何理解社会，乃至如何理解人性。这种民主模式的构建既是一个自上而下的过程，也是一个自下而上的过程。就"上"而言，统治者往往需要打压异己者来维护自己的统治，而就"下"而言，民众则往往渴望一种万众一心的"短平快"救世方案。这也是为什么不自由的民主本质上是一种威权—民粹主义，它的一头是威权，另一头则是民粹。

遗憾的是，不自由的民主绝不仅仅是"法国往事"。几百年来，在新兴民主当中，它是一种流行病。无论是第二波民主化中的德国或西班牙，或者第三波民主化中的诸多新兴国家，相似的模式不断浮现：民主在上升，自由却成为其牺牲品。一个运动型的政党在一个魅力型领袖的领导下，通过民意赢得权力，再通过打压自由来赢得更多选票，下次胜利后更加严厉地打压政治自由，由此形成一轮又一轮的恶性循环。民主不但没能约束权力的滥用，反而为滥用权力提供了合法性。

然而，失去自由的民主真的能够得以维系吗？这就像只有一个品牌的电脑市场会出现产品的升级换代吗？即使会出现，恐怕也不如竞争压力之下的产品改良那么有效率。民主的智慧来自演进的可能，而演进需要试错的空间。或许法国革命中的一个细节提供了暗示：1793年宪法——也是最民主的雅各宾宪法——6月份刚出台，10月份就被搁置了，公共安全委员会以情势紧急为由，宣布暂时搁置宪法，但为了表达对宪法的诚意，他们郑重其事地把宪法文本放到了雪松木箱子里以备后用——只是，这部宪法再也没有被拿出来过。

显然，扎卡利亚是对的：民主和自由有交叉之处，但它们并非同一事物。民主是关于如何产生执政者的规则的，而自由则是关于如何限制执政者的规则的。遗憾的是，学习民主可能比学习自由要容易得多，因为前者是一种制度，而后者是一种习俗。制度改写易，移风易俗难，这种不对称或许正是为什么新兴民主常常掉入"不自由民主"的陷阱。在任何国家，当政治制度迅速变革，它都可能与既有的政治习俗脱节，只能停下来等待文化缓慢的变迁。遗憾的是，人类政治文明的变迁没有捷径，它必须穿过千千万万人的心灵。

---

[1]伊恩·戴维森，《法国大革命：从启蒙到暴政》，鄢宏福、王瑶译，天地出版社，2019，第351—352页。

[2]Geoffrey Ellis, *The Napoleonic Empire*, New York: Palgrave Ma cmillan, 2003, pp. 121-122.

[3]Simon Schama, *Citizens: A Chronicle of the French Revolution*, New York: Alfred A. Knopf, 1990, p. 1286.

[4]伊恩·戴维森，《法国大革命：从启蒙到暴政》，2019，第180页。

[5]伊恩·戴维森，《法国大革命：从启蒙到暴政》，2019，第181页。

[6]Jacob Talmon, *The Origins of Totalitarian Democracy*, London: Mercury Books, 1961, p. 41.

[7]伊恩·戴维森，《法国大革命：从启蒙到暴政》，2019，第199页。

9. 埃及：从"阿拉伯之春"到"阿拉伯之冬"

"阿拉伯之春"，大家应该都知道。2011年初，突尼斯小贩布阿齐齐的死像一根火柴，点燃了一场席卷整个阿拉伯地区的革命，这场革命被称为"阿拉伯之春"。在这场风暴中，阿拉伯地区的威权政府像多米诺骨牌一样倒塌——先是突尼斯的本·阿里政权倒台，然后是埃及的穆巴拉克政权，然后是利比亚的卡扎菲，然后是也门危机、叙利亚危机，等等，连沙特阿拉伯这种常年昏昏欲睡的国家，街头也一度涌现出很多抗议民众。

一开始，无数人感到欢欣鼓舞。毕竟，第三波民主化浪潮席卷了全球，却迟迟没有触及阿拉伯地区，以至比较政治学界存在着一种"阿拉伯地区例外论"——注意，是"阿拉伯地区例外论"，不是"伊斯兰地区例外论"。为什么呢？因为信奉伊斯兰教的地区不仅仅是阿拉伯地区，还有印尼、印度的相当一部分人口、土耳其、南欧部分地区、中亚各国等，而这些国家中有一些也进入了民主化浪潮。"阿拉伯地区例外论"认为，由于阿拉伯地区的石油经济，它特殊的地缘政治环境，加上对伊斯兰教的保守主义诠释等因素，阿拉伯地区走向民主的可能性不但低于世界平均水平，而且低于伊斯兰文明的其他地区。

但是，"阿拉伯之春"猝不及防地出现了，一个个看起来坚不可摧的威权政体居然倒塌了。穆巴拉克在位已经30年，本·阿里在位25年，卡扎菲在位42年，但是，一个小贩之死就唤醒了民众，人们发现，原来这些铁腕强人不过是"纸老虎"，大多不堪一击、在抗议声中丢盔弃甲。所以，一些人认为，原来阿拉伯地区也并不是什么例外，只不过解冻得比较晚而已。

威权倒台≠民主转型

显然，今天回头看，这种看法过于乐观。虽然第三波民主化在所有地区都充满了挑战，但是像阿拉伯地区这样几乎可以说是全军覆没的，却是绝无仅有。为什么说"几乎全军覆没"？我们看一看阿拉伯各国的政治现状即知：在埃及，短暂的民主实验之后很快发生政变，新的军人政体甚至比穆巴拉克时代更加高压；在利比亚，卡扎菲倒台后，出现了多个政府，陷入内战；在也门，陷入逊尼派和什叶派的内战，成为伊朗和沙特两个地区性大国的代理战场；在叙利亚，根本没有来得及转型，就陷入一团乱麻的内战……唯一的例外是突尼斯，在最初几年的挣扎之后，它的民主政体终于站稳了脚跟，但它的治理绩效也乏善可陈。所以，纵观整个阿拉伯地区，短短十年，"阿拉伯之春"已经变成了不折不扣的"阿拉伯之冬"。

看来，正如人们对"阿拉伯之春"的出现没有心理准备，它流星般的坠落同样令人错愕。为什么会错愕？或许是因为，在当代世界，人们倾向于直接把威权倒台等同于民主转型，把民众反叛等同于民主革命。这是一个常见的认知陷阱。当我们看到一个专制政府被推翻，我们往往直接假定之后会是民主崛起。但是，历史告诉我们，一个威权政府的倒台更普遍和常见的后果是另一个威权体制的建立，甚至是无政府状态或者战乱的出现，没有什么理由认为专制倒台之后会自然而然地出现民主政体。

历史上的王朝更替当然是这样，现代社会也常常如此。清王朝垮台之后，建立的不是民主政体，而是出现了军阀混战；伊朗1979年革命，巴列维王朝倒台后，出现的也不是自由式民主，而是神权政治；1989年苏联撤出阿富汗，最后迎来的更不是自由式民主，而是塔利班政权……从这个角度来看，"阿拉伯之春"变成"阿拉伯之冬"，并不是什么意外，它只是又重复了一遍常见的历史而已。娜拉出走之后，未必就获得了解放，很有可能她只是进入了一个更不幸的婚姻而已。

埃及短暂的转型实验

问题是：何以如此？既然威权政府已经被推翻，为什么民主转型会如此之难？原因当然很多，各国的转型困境也未必相同。今天，我们来分析一个常见困境，我把它叫作"裂痕动员"。关于这个困境，最恰当的例子可能就是埃及。

讨论埃及转型，我想从一个人的死说起。2019年的6月，有一条关于埃及的新闻，并没有引起太多人的关注，但是我读到后心里一沉。这条新闻是埃及前总统穆尔西的死讯。据报道，已被关押6年的穆尔西在庭审过程中突然倒地，经抢救无效去世，终年67岁。报道还说，穆尔西有糖尿病、高血压，但是政府对他的关押方式极不人道，很大程度上穆尔西是被虐待而死。

为什么读到这个消息，我会心里一沉？因为穆尔西的死，可以说象征着一个时代结束了。在许多方面，穆尔西都是"阿拉伯之春"的象征，他象征着"阿拉伯之春"昙花一现时的光芒，也象征着它速朽后的凋零。如果他还活着，不管政府怎么关押审判他，剧情或许还有反转的机会，但是，他的去世意味着一个政治篇章真的被画上了句号。埃及的下一次转型机会，如果有的话，也将是遥不可期。

为什么说穆尔西是"阿拉伯之春"的象征？因为他是"阿拉伯之春"爆发后，整个阿拉伯地区第一个民选产生的总统。加上埃及这个国家的分量，它在整个阿拉伯地区的重大战略地位，所以穆尔西的象征意义非常重大。然而，他2012年夏天当选，仅仅在位一年，对他来说也是漫长而痛苦的一年，2013年就被推翻了。

谁推翻了穆尔西政府？表面上看，是军方。2013年7月3日，埃及军方首领塞西下令逮捕穆尔西。当这个举动激起了穆尔西支持者声势浩大的抗议之后，暴力镇压开始了。镇压的高峰期，一天之内就射杀了800多人，之后，军政府更是发起了大规模抓捕，穆斯林兄弟会（简称"穆兄会"）几乎所有的活动家都被捕入狱，有些甚至直接被判死刑。然后，2014年，通过一场举世公认的伪选举，塞西以96%的高票当选总统。

但是，军方政变只是表象。事实上，在推翻穆尔西的过程中，军方几乎是最后上场的。在军方出动之前，街头针对穆尔西的抗议已经持续数月，到2013年6月份，也就是穆尔西下台前，据报道，整个埃及的抗议人数高达1400万，是埃及历史上最大的抗议，比两年前赶跑穆巴拉克的声势还要浩大。

所以，某种意义上，不是军方主动出来推翻穆尔西，而是军方在抗议民众的邀请下出面推翻穆尔西。到他们出来收拾残局时，简直可以说受到民众的夹道欢迎。当时很多人高喊的口号就是："军队人民手牵手！""军队人民在一起！"政变的消息传出来后，很多公众人物对军队表示感谢，无数人自发地把社交媒体头像换成塞西。所以，2013年的夏天，是军队和民众合谋、而不是军方一意孤行地推翻了穆尔西。

大家可能会奇怪，等等，为什么民众要和军队合谋推翻穆尔西？不是他们自己一年前刚用选票把穆尔西给选上台去的吗？答案很简单：此民众非彼民众。选举穆尔西上台的那批民众和推翻穆尔西政府的那批民众，不是同一批人，而最戏剧化的是，他们在人数上，几乎旗鼓相当。这一点从选举结果就可以看出来，在2012年总统选举的最后一轮投票中，穆尔西的票数是51.7%，而其对手的票数是48.7%。两个数字的接近程度，正说明埃及社会的巨大裂痕。

民主转型的常见困境：裂痕动员

现在，我们终于抵达了这一讲的核心概念——裂痕动员。这是什么意思？我们知道，民主必然意味着政治动员，因为每个政党都需要"发动群众"才能吸引选票，对不对？但是，当"发动群众"发生在一个社会裂痕清晰而深刻的社会，政治动员就可能意味着社会裂痕的扩大甚至撕裂。

我们经常使用一个概念，叫作"人民"。使用这个概念的时候，我们似乎假定了所有的民众构成一个整体，似乎只要推翻了独裁者，民众就会手牵着手建设民主。遗憾的是，民众从来不是一个整体，他们是多元的，甚至是两极化的。在政治动员的过程中，这种多元性可能反而会变得清晰，甚至可能强化，而当社会撕裂到达一个水火不容的程度，民主就走向崩溃。这正是2013年埃及所发生的事情。

在不同的国家，社会裂痕的分界线有所不同，有的是所谓左右之争，有的是民族之争，有的是地区之争。在埃及，这个裂痕沿着宗教的政治角色展开。

我们知道，埃及是个穆斯林国家，90%的人口都是穆斯林，所以矛盾的焦点并不是是否应该信奉伊斯兰教本身，而是伊斯兰教在政治当中的位置。根据人们如何看待这个问题，埃及社会大体可以分为"政治伊斯兰派"和"政治世俗派"。顾名思义，"政治伊斯兰派"强调政治与宗教的结合，更加保守，而"政治世俗派"更强调政教分离，更加世俗化。

在现代埃及，正如在许多其他的阿拉伯国家，一直存在着"政治伊斯兰派"和"政治世俗派"的斗争。不过，几十年来，"政治伊斯兰派"一直处于下风，因为政权一直被军方的强硬世俗派把持，从纳赛尔到萨达特再到穆巴拉克时代一直如此。一个标志就是穆兄会，一个相对保守的穆斯林组织，长期处于"半地下"状态。在埃及现代史上，它几度试图登上政坛，每次都被军方打回去，只能在非政治的领域——比如教育、社区服务等领域展开活动。

但是，2011年革命之后，潘多拉的盒子被打开了，这股长期被压制的政治力量被释放出来了。2012年埃及展开选举时，其他政治力量根本来不及组织起来，只有穆兄会是一个现成的全国性组织，一夜之间，它就完成了政治化过程，成立了自己的政党，推出了自己的候选人，也就是穆尔西。于是，通过选举，穆兄会的力量一口气成了议会多数、制宪会议多数，最后拿下了总统选举。

对于"政治伊斯兰派"来说，被压抑了几十年之后，他们终于从地下走到地上，扬眉吐气了。但是，在裂痕的另一边，"政治世俗派"却觉得，是他们的广场斗争推翻了穆巴拉克的独裁，现在，革命成果居然被穆兄会给窃取了，宗教势力成了"上山摘桃子"的人。于是，有了2012年到2013年长达一年的政治对峙。无论是街头，还是议会，"政治伊斯兰派"和"政治世俗派"的对抗愈演愈烈。

从穆尔西的角度来说，他通过公正自由的选举上台，当然有权决定国家前进的方向，于是他在政府部门安插了很多穆兄会的成员，推动制定新宪法，在遇到巨大阻力时，宣布制宪会议不受宪法法院裁决影响。从"政治世俗派"的角度来说，他们担心埃及的世俗政治传统被推翻，担心埃及会像伊朗、沙特那样政教合一化，因此，对于穆尔西的一举一动，他们都从这个有色眼镜出发去诠释。哪怕穆尔西在很多方面其实已经做出了妥协，他们也不依不饶，开始是推动军队、解散下议院，后来是退出制宪会议，最后是坚持要刚上台不到一年的穆尔西下台。某种意义上，穆尔西做了什么已经不重要，"当选"就是他的原罪，他只有下台才能"谢罪"。

在这个对峙过程中，军方是那个打破平衡的力量。不过，埃及军队从来不是一个中立的力量，它显然是"拉偏架"的，因为长期以来，军队是埃及政治世俗化的中流砥柱。2011年革命推翻了穆巴拉克政府，但是并没有推翻他手下的军队，所以有人说，革命只是吹走了埃及政治的表层纹理，从来没有动摇过所谓的"deep state"（就是所谓的"深层国家"），而这个deep state的代表就是军方。起初，军方"拉偏架"还比较含蓄，比如通过法院去解散穆兄会掌控的议院，但是，当街头对抗愈演愈烈，它就有了发动政变的最好借口。于是，就有了2013年7月的政变。

因此，纵观埃及短暂的民主历程，我们发现，所谓军民对抗的背后，是社会本身的裂痕。我们常常听说一句话，当鸡蛋和高墙对峙的时候，要站在鸡蛋的一方，因为鸡蛋是弱者，对不对？但问题是，在很多民主国家，最根本的政治对峙不是鸡蛋和高墙的对峙，而是鸡蛋和鸡蛋的对峙。一半鸡蛋要左转，另一半鸡蛋要右转；一半鸡蛋要民族主义，另一半鸡蛋要普世主义。在埃及的背景下，一半鸡蛋要政治伊斯兰化，另一半鸡蛋要政治世俗化。这种多元社会结构下的"诸善之争"，才是自由社会最大的困境。

裂痕动员造成的转型困境，显然不是埃及独有。在整个中东，土耳其、伊朗、阿尔及利亚等国家的情形和埃及相似，而在也门、伊拉克这样的地方，战线在逊尼派和什叶派之间展开。如果放眼全世界，五花八门的裂痕动员就更多了，什么黄衫军和红衫军的对立、亲俄派和亲欧派的对立、蓝营和绿营的对立、黑衣人和白衣人的对立……冲突太多，我感觉颜色都快不够用了。哪怕在欧美，我们都知道，也存在所谓留欧派和退欧派的对立、民主党和共和党的对立、反移民和支持移民的对立，等等等等。

民主政体自我颠覆的潜质

可能有人会说，既然政治动员容易暴露甚至深化裂痕，靠政府保持社会团结，把整个社会拧成一股绳子，问题不就解决了？这是不是一个好的解决办法呢？在很多情形下也未必。比如，纳粹德国一度万众一心、同仇敌忾，但是，我们会把它当作理想的政治模式吗？多半不会。为什么？因为我们珍视社会团结，但我们也珍视自由，而自由必然包含着多元性，正如麦迪逊（James Madison）所说，"自由之于派系，如同空气于火……只要人们可以自由地运用理智，就会形成不同意见。"并不存在作为整体的人民，只有形形色色的群体。

大家想想看，是不是这样？有房子的人希望房价涨，没房子的人希望房价跌，那有房子的人和没房子的人，谁不是人民？农民希望粮价上涨，城里人希望粮价下跌，那农民和城里人，谁不是人民？环保人士希望关闭化工厂，化工厂工人希望继续开工；有人相信上帝，有人相信安拉；有人热爱中医，有人鄙视中医……所有这些对立阵营里，谁不是人民？所以，只要一个社会存在着阶层之分、存在着观念之分，就不可能存在着万众一心的"人民"。一个社会的自然状态一定是多元的、矛盾的、吵闹的。如果你觉得"万众一心"是好事，一定是因为你不是那第10,001个声音。

现在，问题来了。一方面，自由的社会一定是多元的、有裂痕的；另一方面，民主意味着政治动员，而政治动员可能暴露社会裂痕。这两个现象结合起来，是否意味着民主制度天然具有自我倾覆的危险性？不幸的是，确实如此。这就是为什么历史上的民主常常非常脆弱。德国魏玛共和国的灭亡，很大程度上就是因为极左和极右的社会裂痕；西班牙第二共和国的灭亡，同样是因为左右之争；土耳其历史上的数次民主崩溃，都是因为"政治伊斯兰派"和"政治世俗派"之间的斗争。埃及的民主崩溃，则是类似悲剧的又一次重演。我们观察历史，不得不承认，民主制度是脆弱的，而且它常常是亡于内爆，也就是被社会内部的撕裂倾覆。

但是，这是否意味着民主必然摧毁它自身？当然也未必。至少就过去100多年而言，我们的确看到，相当一批民主国家走向了政体稳固，并且，总体而言，民主的国家经济也相对发达。那么，为什么有时候民主政体会被"裂痕动员"颠覆，而另一些时候能够突破"裂痕动员"的诅咒？这个问题，下一次课我们继续探讨。在这一次课，我们需要理解的是，对于民主转型，推翻威权政府只是民主革命的上半场，克服社会撕裂则是民主转型的下半场。对于很多国家，下半场比上半场还要艰难。这或许是因为，推翻威权政府只需要推翻一个统治集团，而克服社会撕裂则需要所有阵营同时保持克制。某种意义上，这是一场只有起点但没有终点的马拉松，每一代人接过接力棒时，都需要以其勇气但尤其是以其宽容，重新证明自己能够承受自由的重负。

10. 南非：转型何以软着陆？

上次课我们讲到"裂痕动员"，讲到埃及转型仅仅两年，新生民主就因为巨大的社会撕裂而崩溃。这次课我想讨论另外一个例子，一个也是社会裂痕极其清晰的国家，但是它的民主转型却出人意料地实现了软着陆。这个国家，就是南非。通过这两次课，我希望大家和我一起来思考：为什么同样是社会裂痕清晰的国家，有些能够实现转型的软着陆，而另一些却走向了民主崩溃？

南非民主转型的软着陆

今天的南非，绝不是一个理想国家，它贫富悬殊严重、失业率居高不下、社会治安堪忧，但是在一点上却构成了一个奇迹：1994年转型以来，它建立并维系了民主政体，没有发生埃及式的民主崩溃，更没有发生利比亚、叙利亚式的内战。事实上，相比转型前四处开花式的暴力冲突，今天南非的暴力冲突也显著下降了。比如，以开普敦市而言，整个20世纪80年代的10年间发生了30起大规模抗议或骚乱事件，但是2000—2010年的10年间只有9起此类事件。

我常常看到一种说法，说南非黑人当政后，经济就一落千丈。这也并非事实。根据世界银行的数据，1994年南非的人均GDP是3445美元，2019年是6 001美元，如果看人均购买力GDP，则从6328美元增至13,000美元。如果看GDP年增长率，1970—1993年种族隔离阶段平均是2.2%，1994—2018年则是2.8%，虽然都不算高，但是转型后实际上平均增长率还略有提高，也不存在一些人印象中的"白人治下经济蒸蒸日上，黑人治下一落千丈"的情形。所以总体而言，南非的转型实现了软着陆。

之所以说这是一个奇迹，是因为南非的所有社会条件似乎都诅咒了它的转型。我们知道，转型之前，南非实施了长达40多年的种族隔离政策，这种制度性羞辱的恶果，就是南非社会充满了弥漫性的暴力。尤其是20世纪80年代以后，面对持续上升的国内外抗议，四面楚歌的南非白人政权越来越诉诸暴力镇压来维持秩序，各种绑架、暗杀也层出不穷。

大家可以看一下下页第一张图（图2-3），这是种族隔离时期警民冲突的画面，可以想象当时的政治气氛。变本加厉的白人暴力，也反过来激发了黑人民众的暴力复仇主义。当时南非非常惊悚的一种私刑，是所谓的"项链审判"，就是把轮胎挂在对方的脖子上，浇上汽油点燃。而且，矛盾不仅仅是在黑人和白人之间，白人内部也有极右派和温和派的斗争，黑人内部也有激烈冲突，尤其是祖鲁族聚居地的分离主义，一度发展为激烈的武装冲突。下一页的第二张图片（图2-4），就是祖鲁地区因卡塔党的武装战士。

图2-3 南非种族隔离时期的警民冲突

（图片来源：Emma Clancy, "Sharpeville: Brutal Massacre that galva nisedanti-apartheid movement," *Anphoblacht*, Mar. 25, 2010）

图2-4 南非祖鲁族聚居地因卡塔自由党的武装战士

（图片来源：Suzanne Daley, "The Day Apartheid Died," *New York Times*, May 8, 2019）

所以，南非转型的背景就是几十年的仇恨以及逐渐失控的暴力冲突。20世纪90年代初，曼德拉带领非国大和德克勒克政府谈判期间，经常是屋里在谈判，外面是各种怒吼和燃烧弹。有一次，一个极右组织干脆开着一辆全副武装的车冲进了谈判现场。

让种族冲突雪上加霜的，是经济裂痕。我们知道，基尼指数是衡量经济不平等程度的，世界上基尼指数最高的地方是哪里呢？无论是1994年还是现在，都是南非，而且是甩第二名很远的那种独孤求败式冠军。所以，种族仇恨加上贫富悬殊，南非的社会裂痕不是一道缝隙，而是一个深渊。

如果裂痕动员能够颠覆埃及的新兴民主，那么基于同样的逻辑，它就更应该颠覆南非的转型了。这一点，其他转型条件类似的国家也可以构成一个参照系。比如南非的邻居津巴布韦，也是脱胎于白人政权，权力移交给黑人多数，也是族群裂痕深刻，转型的结果是什么？内战、族群屠杀、逆向种族主义、经济崩溃、超级通货膨胀。又比如卢旺达，和南非一样，也是20世纪90年代初开始和谈进程，但是，就在南非举行大选的同一年，卢旺达发生了举世闻名的大屠杀，近百万人被屠杀。所以，南非的和平转型绝非"必然如此"。

共同的底线：胜利者的宽容

为什么南非能够突破社会裂痕的诅咒走向转型软着陆？或者说，为什么任何国家能够突破社会裂痕的诅咒，实现平稳转型？我把答案总结为一个词——共同的底线。民主运转起来并不需要全社会就所有重大问题达成共识，不需要"万众一心"，但是它需要人们就"如何对待分歧"达成共识。这就像足球赛，比赛双方可以对抗，甚至激烈对抗，但是他们需要遵守共同的游戏规则，否则一场足球赛迅速会演变成大型斗殴。对于民主运行来说，这个"共同的底线"是什么？可以用两句话来概括：胜利者保持宽容，失败者保持耐心。

首先我们来看"胜利者的宽容"。如果胜利者上台之后，开始追求赢者通吃，走向"多数暴政"，那么结果是什么？重则民主直接崩溃，轻则走向我们之前谈到过的民主伪劣化。这正是津巴布韦所发生的事情。津巴布韦的穆加贝上台之后，首先是打压曾经和他在反殖民主义斗争中并肩作战的战友恩科莫，为了清洗恩科莫的政治势力，在其家乡展开屠杀。然后是打击白人，推动所谓"快速土改"，其实就是鼓励黑人"打土豪，分田地"，结果可以想象：白人纷纷逃亡，占人口比例从5%左右一路降到今天的"可以忽略不计"。之后，穆加贝政府又对反对党"民主变革运动"进行各种打压和骚扰。这一切打压完成之后，津巴布韦实现了所谓的"威权式增长"吗？没有。政治专制并没有给津巴布韦带来经济增长，而是带来了经济崩溃，通货膨胀则一跃成为银河系第一。

但在南非，胜利者却保持了宽容的底线。我们都知道，南非转型，胜利者是曼德拉、非国大和黑人民众。1994年大选，非国大赢得了63%的选票，而前执政党南非国民党只赢得了20%的选票。事实上，选举对于白人来说，是一个令人绝望的游戏，因为1994年他们只占全国人口大约14%，之后，由于出生率的差异，这个比例只会越来越小。所以，只要政党按族群划分，白人无论如何也不可能通过"下次选举"掰回来。

在这种情况下，胜利者的姿态就非常重要，他们是以一种"痛打落水狗"的姿态秋后算账，还是以一种宽容的姿态给少数群体营造政治安全感，直接决定了社会裂痕会走向扩大还是弥合。在这个问题上，曼德拉政府的做法堪称表率。

他的做法首先是权力共享。既然白人少数很难再通过选举成为赢家，那么通过制度设计给他们划出一定的"权力保留地"就非常重要。比如联邦制，虽然非国大在全国层面上拥有绝对人数优势，但由于联邦制的安排，在个别省份，比如白人聚居度比较高的西开普省，第一次大选后南非国民党仍然是最大党，而祖鲁人聚居的夸祖鲁——纳塔尔省，因卡塔党获得优势地位。

又比如行政分权，在很多国家，行政权力是赢者通吃式的，比如美国，共和党总统一旦赢得大选，那么所有的部长职位都是共和党总统任命，不会因为民主党赢了一半大众选票而把职位分一半给民主党。但是南非采取了比例原则，这样，在新政府中，南非国民党就获得了副总统职位以及数个关键内阁成员的职位，从而给了他们在关键政策上的协商权甚至否决权。

其次是财产安全的保障。南非白人恐惧民主转型的一个重要理由，是担心杀鸡取卵式的财产再分配。毕竟，南非贫富悬殊极其严重，担心民众通过民主投票来"合法抢劫"可以理解。津巴布韦20世纪90年代末开始的"打土豪，分田地"运动，恰恰说明了这种担忧的合理性。为了安抚这种恐惧，非国大接受了在宪法中写入财产保护条款，即宪法第25条：只有出于公共目的才能征用私有财产，并且征用私有财产必须给予合理补偿。这也算是给南非的白人吃了一颗定心丸。

最后是情感上的和解。曼德拉非常重视通过一些象征性行为去消除敌意与仇恨。比如，他会去观看英式橄榄球比赛，为运动员欢呼，而传统上，英式橄榄球被视为是"白人的运动"。他还去看望维沃尔德的遗孀，维沃尔德是谁呢？他恰恰是南非种族隔离政策的缔造者。他甚至去学习阿非利卡语，也就是南非白人的语言……不要小看这些象征性的行为，看似平淡无奇，放在一个国家领导人身上，就可能因为他所拥有的巨大影响力而具有乘数效应。也不要觉得一个领导人作作秀还不简单，事实是，作秀会为他赢得很多人心，也会让他失去很多人心。到今天，还有很多南非人批评曼德拉过于讨好白人了。津巴布韦的穆加贝就批评曼德拉，说他"too saintly"。用今天很多人的话来说，就是太"圣母婊"了。

宽容的姿态，还体现在南非著名的"真相与和解委员会"上。转型之际，如何处理几十年来种族隔离政权中的压迫者？这是一个绕不过去的头疼问题。完全放过他们，有违正义原则；但一个一个去审判，则有可能让历史成为社会持续撕裂的伤口。非国大最后选择的方案是"真相与和解委员会"，让作恶者用"坦白换大赦"：不追究他的法律责任，但是要求他对公众交代清楚其罪行，用交代清楚让受害者受到一些心灵的抚慰。尤其难能可贵的是，"真相与和解委员会"不仅仅是针对迫害黑人的白人统治者，而且也讯问参与暴力活动的黑人，让这个和解的过程更加平衡。

正因为曼德拉政府的这一系列做法，南非的新生民主没有像很多国家一样滑向很多人担忧的"复仇政治"或者"多数暴政"。今天很多人怀念曼德拉，是因为他推动了南非的民主转型。其实，我一直认为，曼德拉真正的可贵之处，不是他启动了转型过程，而是他让这架飞机安全着陆了。因为要说启动转型，革命斗士其实很多，但是"斗士"的问题是，他们太有战斗性了，以致常常刹不住车，无法将"革命政治"转化为"常态政治"。用现在流行的一句话说，"手里举着个锤子，最后看什么都像是钉子"。1980年津巴布韦独立的时候，穆加贝也是一个反殖民主义的"非洲英雄"，当时他也号召和解、号召团结，如果他在1980年因病去世，可能就是历史上另一个曼德拉了，但是就是因为他太有战斗性了，太能"痛打落水狗了"，最终没能让津巴布韦的故事善始善终。

共同的底线：失败者的耐心

胜利者的宽容，只是南非转型故事的一面；另一面，则是失败者的耐心。很多时候，民主转型成功与否其实不取决于胜利者，而取决于失败者。失败者不接受失败，因为输棋而掀翻棋盘，成为无数转型走向失败的拐点。其实这也不难理解，破罐子破摔是一种很常见的心态，俗话来说就是，"我得不到的，你也休想得到"。埃及2013年的政治僵局，根本原因之一，就是政治世俗派愿赌不服输，本质上不接受穆兄会胜选。于是，他们通过各种方式使政府陷入瘫痪，直到最后干脆欢迎军事政变。

在南非，显然，转型的失败者是德克勒克及其领导的南非国民党。不过，正如曼德拉一方表现出宽容的底线，德克勒克一方则表现出耐心的底线。

众所周知，南非废除种族隔离政策，是从德克勒克1989年上台开始的。上台之后，他宣布停止南非的核武器项目，解除党禁，释放了包括曼德拉在内的一批政治犯，然后用4年时间去和曼德拉一方展开转型谈判。当然，我们可以说，德克勒克推动转型是万不得已，因为当时南非已经内外交困，但是，即使推动转型是迫不得已，能够成功驾驭这个过程却不容易。为什么？因为谈判是可以破裂的，历史上的谈判破裂、协议被撕毁司空见惯，大家都记得重庆谈判的结局，对不对？卢旺达屠杀的发生，一定程度上也是由和谈的失败引爆的。

德克勒克政府与曼德拉配合，小心翼翼地驾驭了这个谈判过程。为了压住白人阵营的极右声音，1992年，他在白人内部组织了一场公投，结果是69%的民众同意结束种族隔离制度，这个结果让他有了放手谈判的砝码。然后，在"大势已去"的形势下，德克勒克政府和非国大开始协商转型细节。我们前面提到的各种"权力保留地"条款，比如联邦制、行政分权安排、财产保护条款、大赦条款，还有军队和公务员的留置条款等，都是德克勒克推动的。

可以说，他把这些最有可能成为转型地雷的地方给预先"排雷"了，为后来的平稳转型开拓了一大片安全地带。

1994年后，南非国民党毫无悬念地从第一大党变成第二大党。此后两年，德克勒克以副总统的身份，带领国民党参与民族团结政府，辅佐非国大执政。可以想象，非国大作为长期的"革命党"，执政经验不足，这个时候，南非国民党作为前执政党的辅佐就特别重要。

尤其是在经济领域，国民党成为新内阁的核心力量，这为南非的平稳过渡创造了重要条件。所以，与很多转型国家经济一落千丈不同，南非在转型后的最初15年左右，恰恰是其经济增长态势最好的时候——GDP年均增长率4%左右，虽然不是那么高，但是对比苏东阵营20世纪90年代的经济大滑坡，对比转型之前以及最近10年，我们就知道，这是一个不错的成绩。

正如我们不能把曼德拉政府的包容视为理所当然，我们也不能把德克勒克一方的妥协视为理所当然。一个政党在被全世界道义唾弃的情况下，和对手协商自己的消亡，并不容易做到，其领导人完全可能心理失衡、破罐子破摔。德克勒克在回忆录中曾描述，他和曼德拉1993年同时获得诺贝尔和平奖，在领奖过程中，曼德拉如何受到英雄般的接待，而他如何被冷落，甚至被抗议人群诅咒。哪怕在竞选的过程中，他也直接被人用石头砸伤过。但是，最后，德克勒克超越个人恩怨，带领南非国民党，成为新生民主制度"忠诚的反对派"。虽然后来南非国民党陨落了，德克勒克也退出了政坛，但是在转型最关键也是最脆弱的时候，他成为转型极其重要的减震力量。

共同的底线让"可能性"成为"艺术"

南非的转型软着陆之所以被很多人视为奇迹，或许就在于胜利方和失败方同时守住了政治的底线。我们中国人说"一个巴掌拍不响"，对立阵营中只要有一方守不住底线，就可能出现劣币驱逐良币，开启恶性循环。

我后来看德克勒克的访谈，特别感动的一点，是他谈到他和曼德拉的私人友谊。尽管在权力交接过程中两个人曾经发生很多摩擦，但是退休后，他们反而成了好朋友，经常互相拜访、聚餐，生日相互问候。但凡两个人中有一个心胸狭窄，怎么可能跨越如此深刻的历史恩怨，成就这种传奇般的友谊？

当然，转型从来不可能一劳永逸。今天的南非，在很多方面，相比曼德拉和德克勒克的时代，不是进步了，而是倒退了。政治家的腐败丑闻不断，经济增长率相比转型初期不升反降。更糟的是，政治越来越被极端的声音劫持，穆加贝式的左翼民粹主义开始抬头，强征式土改被提上日程。不过，这是另外一个话题了，今天我们关注的重心，是转型初期的过渡问题。

南非转型初期的故事，说明了社会深刻裂痕下转型软着陆的可能，而很多国家，像埃及、津巴布韦、叙利亚、伊拉克等，却没能跨越这种裂痕，都是车一拐弯就掉悬崖底下去了。社会裂痕可能诅咒转型，但是，如果胜利方保持谦卑，失败方保持耐心，再深刻的裂痕也可能被跨越。

所以，政治是什么？回到我们这门课的标题——政治是可能性的艺术。在这里，关键词是"艺术"，从不可能中拯救可能的"艺术"。从这个角度来说，曼德拉、德克勒克这样的人，是真正的政治家，而不仅仅是政客或者官僚。他们头顶一堆盘子，脚踩滑轮，小心翼翼地去穿越一条细细的钢丝。当然，转型的软着陆不可能只靠政治家，它需要所有重要的政治力量保持宽容和耐心。有一句话我印象深刻，我想它是对的，它说：自由从不降临于人类，人类必须上升至其高度。

11. 印度：民主为什么"不管用"？ （1）

对于比较政治学的研究者来说，印度是一个神奇的国家。神奇在哪儿呢？神奇在它的民主制。大家可能都知道，印度在1947年独立之后，就选择了选举式民主制。这也是很多发展中国家在"二战"以后的制度选择。不过，到20世纪六七十年代，大量发展中国家的新兴民主纷纷垮台，拉美、非洲、东南亚都是这种情况，也包括和印度同时独立的巴基斯坦，这也就是我们前面课程提到过的"第二波民主衰退"浪潮。

但是，在这个民主衰退浪潮中，印度的民主制居然稳固了下来。除了1975—1977年有过21个月的所谓"紧急状态"，70多年来，印度的民主从来没有中断过。这就好像同时出发的一个车队，其他的车纷纷爆胎、翻车、重启好几轮了，印度民主的这辆车，虽然性能不怎么样，却非常憨态可掬地开到了今天。

我们社会科学工作者，喜欢分析事物存在的条件。关于民主维系的条件，学者们进行了各种研究，有的说主要是经济发展，有的说是社会平等，有的说是特定的宗教文明底色，有的说是同质性的社会结构，等等。但是，印度有什么呢？学者们找来找去，找不到任何这些条件。它经济落后、社会不平等，也没有同质性的社会结构——事实上，它有二三十种语言、六大宗教、成千上万种神灵，陆陆续续有六个地区在闹分裂——也就是说，它的社会结构是一盘散沙。民主化之初，它也几乎完全没有中产阶级，90%的人口是文盲……总之是一手烂牌。

但是，就是这样一个国家，始终维系着民主制度。所以说，印度是个非常神奇的国家，简直可以说超越了地球引力。

民主没有解决印度的治理问题

然而，民主的维系是一码事，它是否带来良性的治理绩效则是另一码事。在这方面，印度可以让人"吐槽"的地方就太多了。比如印度的经济水平。其实，直到20世纪80年代左右，中国和印度的人均GDP都相差无几，但是到2

018年，中国是印度的4.8倍，即使是看人均购买力GDP，中国也是印度的2.4倍。印度的公共服务水平也方方面面都严重落后于中国。以健康领域来说，中国的婴儿夭折率是每1000人7人，印度则是30人；每1000人的医院床位数，我能查到的最新数据，中国是4.2张，印度是0.7张；2018年中国的人均预期寿命是77岁，印度则是69岁。

但是印度最令人诟病的，恐怕还是它基础设施的落后。大家可能都从媒体上看到过印度人坐火车的照片，那简直是一场大型杂技表演，非常惊心动魄。我们中国的高铁与之相比，可谓天上人间。还有印度人的"厕所问题"，大家可能也从媒体上看到过报道。由于缺乏抽水马桶系统，长期以来，印度很多人是露天上厕所的。不过，据说过去五年左右，莫迪政府发起的"厕所革命"大体上解决了这个问题，但是拖了70年才解决一个厕所问题，也可见印度政府能力之低下。

除了落后，还有腐败。在2019年国际透明度的腐败排名中，印度在180个国家中排在第80位，虽然不至于垫底，但是对于一个民主国家，实在也算不得一个好成绩。而且，印度还有一个非常具有印度特色的问题，就是它的议员存在着大量的犯罪指控。据报道，印度2019年当选的议会中，43%的议员处于被起诉状态。[二]似乎如果一个人没有被起诉，都不好意思去参加竞选了。当然，事实上他们有没有犯罪还不知道，因为印度法庭的效率太低，所以议员等到任期结束，审判结果都未必出来。但是，如此大量的政治家是潜在的罪犯，可以说是非常尴尬了。

由于上面所有这些问题——经济落后、基础设施落后，腐败、公共服务匮乏，人们当然会忍不住发问，印度怎么了？一个已经民主化70多年的国家，为什么民主"不管用"？

政体有限论

其实，这个问题本身问得可能就有问题。为什么？因为它包含了一个成问题的"假定"：似乎一个国家民主化，它就应该会带来经济发展、政治清廉、公共服务提升。为什么说这个假定"成问题"？因为它错误地理解了民主的功能。

民主的功能是什么？可能每个人的理解不同，我的理解是，民主最重要的功能，就是通过给民众制度化的发言权，来解决统治者任意妄为的问题。或者用现在的常见说法，是"把权力关进笼子里"。这是它的核心功能。它并不自动保证所有的公共问题会被解决，就像你难以要求一个治胃病的药包治百病一样。

因此，质问为什么民主没有带来经济发展、政治清廉、公共服务提升，几乎相当于质问，为什么老虎都关进笼子里了，猴子们还没有过上幸福的生活？的确，老虎被关进笼子，猴子们更安全了，但是，香蕉树不会因为老虎被关进笼子而结出更多的香蕉，老天爷也不会因为老虎被关进笼子而下更多的雨，隔壁树上的猴群更不会因为老虎被关进笼子而放弃争抢地盘。民主不是一个魔法按钮，一按下去就人间变天堂。

当然，这不是说，民主肯定无法带来治理绩效的提升，只是说，它能否带来治理绩效的提升，取决于很多条件，因为归根结底，民主是一种决策程序，而不是决策本身。虽然这个程序有其内在价值，也就是尊重民众的价值，但作为一个程序，它会产出什么，取决于你向这个程序输入什么。举个例子，假设一个学校非常开明，让学生们自己决定，午餐食堂应该提供什么，这是民主对不对？这当然体现了对学生的尊重，但是，如果学生们商量来商量去，决定每天午餐就吃薯条、炸鸡和可乐，最后学生们都吃成了不健康的大胖子，那么，民主当然"不管用"了。

所以，民主作为一种程序，体现对民意的尊重，但是民主的质量则取决于参与者的判断力和合作能力。一旦这种能力严重欠缺，没有什么理由认为民主一定会带来更好的治理绩效。我把这个观点称为"政体有限论"。民主是否重要？当然重要。因为我们每个人都希望受到尊重，希望统治者不能任意妄为。但是，一个球赛的规则再公平，也不可能保证球赛一定精彩好看。球赛好不好看，规则非常重要，但是最终而言，取决于球员会不会踢球。

为什么强调政体的有限性？因为我发现，人们解释一个国家的成功或者失败时，倾向于过分夸大政体的作用，而忽略人们往政体这个程序里输入什么。这种夸大，有时候表现为"民主浪漫主义"，似乎一旦民主化，一切问题迎刃而解；有时候则表现为"威权浪漫主义"，似乎一个国家只要采用威权政体，经济发展、公共服务就会手到擒来。

但事实上，政体只是影响一个国家治理绩效的各种因素之一而已。很多情况下，甚至可能是次要的因素。有些国家，无论是民主政体还是非民主政体，似乎都建设不好，比如阿富汗，过去几十年，从极权到威权，从神权到君权，从美式民主到苏式威权，各种政体神农尝百草一样全都试过了，但是没有一个模式"管用"。所以，政体不是万能药，当水质已被严重污染，无论什么鱼都很难在里面被养活。

印度的经济政策与民主绩效

具体到印度，民主之所以对于治理绩效"不管用"，很大程度上就是因为过去70年，尤其是前面40年左右，输入到民主程序的"原材料"出了问题。什么问题？一个是经济政策问题，一个是社会文化问题。时间关系，这次课我们分析第一个问题，下次课再分析第二个问题。

我们首先来看印度的经济政策。说到计划经济，我们很自然地想到苏联、东欧，想到改革开放前的中国，但是冷战阶段，对计划经济模式情有独钟的不仅仅是苏东国家。相当一批发展中国家也真心相信，苏联式社会主义代表了人类的未来，并或多或少地借鉴了它的经济模式。印度就是其中之一。印度宪法开篇就宣布：印度要建成一个"社会主义世俗国家"，其中，"社会主义"这个词相当醒目。

印度不但是这样说的，也是这样做的。20世纪90年代之前，印度经济具有高度计划经济的特点。和苏联体系一样，印度一直有"五年计划"。虽然计划的程度可能比苏联略逊一筹，但同样是官僚们和经济学家们坐在一起规划，每个行业应该发多少许可证、发给谁，每个工厂的产量应该是多少、价格多少。这种计划经济的痕迹，从印度很多"部委"的名称都能看出来，直到今天，印度还有"纺织部""煤炭部""铁道部""钢铁部"等以产业命名的部委。这些名称，中国40岁以上的人可能都会觉得似曾相识，而中国的计划委员会是1998年就转型了，但印度的计划委员会是到2014年才废除。

为了自上而下地规划经济，改革前的印度也和之前的中国一样，无数行业，尤其是影响国计民生的行业，被国有化，造成严重垄断。更著名的，是印度密密麻麻的审批制度，无论是投资、工业、贸易，处处都要政府审批。企业运转的首要目标不是争取获得市场，而是争取获得审批。我看到过一个报道，有一个印度企业家抱怨，在改革前，为了购买一台进口计算机，他花了一两年时间，跑了新德里50趟，才获得了批准。可以想象，这样的审批制度，除了经济效率的损失，还会带来什么？严重腐败。因为如果你不想跑50趟才买到一台计算机，你能怎么办？行贿可能会帮你抄个近道。

为了摆脱殖民主义的阴影，印度早期还追求所谓的"经济独立"，抗拒对外开放。改革前，印度工业产品的平均关税税率是113%，很多商品关税税率甚至高达400%。所以，不奇怪的是，1947年的时候，印度贸易额还占全世界贸易总量的2.2%，但是到了1985年，反而降到了0.45%。也就是说，印度在很长时间里都陷入"闭关锁国"的状态。

这样的经济模式，后果可想而知。1947年后的30多年里，印度的经济增长率年均只有3.5%左右，比同期的亚洲四小龙低一半。由于人口的暴涨，贫困率则几乎没有变化，一直停留在接近60%的水平。到20世纪90年代初，印度还出现了严重的债务危机。当时为了能够从国际货币基金组织贷款，印度不得不抵押自己的黄金储备，据说往英国央行运了一飞机黄金，又往瑞士央行运了一飞机黄金，才借到了救命钱。

值得注意的是，独立后的印度经济模式不但借鉴苏联模式，而且它借鉴苏联模式的时期比中国还长。我们知道，中国1978年就开始改革开放了，但是印度对苏联经济模式的模仿一直坚持到了20世纪90年代初。直到苏东阵营倒台，印度才一步三回头地离开。所以，印度的改革开放，其实比中国晚了十几年。别小看这十几年的时间，从人均GDP来看，世界银行的数据显示，印度2018年的人均GDP和中国2006年的人均GDP持平，刚好相差12年。

1991年后，印度终于也开始改革开放。虽然细节和中国不同，但是方向却大同小异，都是自由化、私有化和全球化等。就拿著名的审批制度来说，以前一个企业家要得到近80个部门的各种批准才能创办一个公司，现在获得四五个部门的审批就可以开工了。对外开放度明显增加了，平均关税税率一路从之前的100%降到了不到10%。

不奇怪的是，和中国一样，印度的经济发展速度也开始提升。1992年以来，印度的经济增长率年均达到6.4%，远远高于改革开放前。大家可以看看上面的印度人均GDP增长图（图2-5），20世纪90年代之前，这条线几乎是平的，但是之后，却呈现出了非常清晰的上升趋势。2014年莫迪政府上台后，经济改革进一步加速，2014—2018年的这五年间，印度经济的增速甚至略微超过中国。相应地，贫困率也大幅下降，2006—2016年，印度有2.7亿人脱离贫困，目前生活在绝对贫困线以下，也就是日消耗1.9美元以下的人口低于3%。照这个速度，以后印度可能也会像中国一样走向全面脱贫。

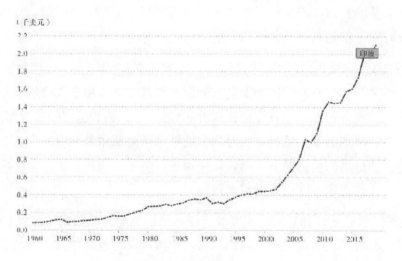

图2-5 印度人均GDP增长图

（数据来源：世界银行）

所以，每次听到人们大义凛然地批判新自由主义，我都觉得非常吃惊，因为中国和印度，两个世界上最大的发展中国家，制度不同、文化不同，但都通过自由化改革使数亿人摆脱贫穷，在这个过程中，技术上固然有种种可以改善之处，但是总体而言，这场改革的正面效应难以辩驳。

当然，改革是一个过程，不是一个开关。今天印度的经济还有无数问题，基础设施的瓶颈问题、公共服务的落后、垄断、各种利益集团对改革的阻挠等。但是有一点是明确的，当印度人开始往民主这个程序输入不同的政策时，它的产出也出现了不同。

抵制用政体解释一切的诱惑

所以，印度经济的落后，与其说是民主政体的问题，不如说是长期错误经济政策的后果。可能有人会说，印度错误的经济政策不就是民主的结果吗？那不还是怪民主？这个说法是有问题的，为什么？因为如果民主必然带来错误的经济政策，那如何解释印度的经济改革？如果威权主义必然带来正确的经济政策，又如何解释左翼威权主义？所以，回到本次课程的核心观点：政体有限论。一定要抵制用政体解释一切的诱惑，不要轻易在两点之间画一条直线。

"政体有限论"的另一个说明，是对比印度和巴基斯坦。我们前面讲到过印度的种种落后，但是，别忘了，我们的参照系是中国，而且是最近三四十年的中国。这三四十年的中国，不但是全世界发展最快的国家，而且处于中国自己历史上发展最快的时期。所以，你拿小明去和班上成绩最好的孩子比，而且是和那个孩子发挥最好的那几次考试去对比，当然小明成绩不行了。

但是，我们都知道，其实和印度最有可比性的不是中国，而是巴基斯坦，因为它们同时从英属印度独立出来，地理、历史因素都更接近，而中国的历史传统、文化、社会结构和印度相差非常远，应该说，和中国最有可比性的，其实是东亚其他国家或地区，而和印度最有可比性的，则是同属南亚地区的巴基斯坦。

如果把印度和巴基斯坦、孟加拉这样的南亚国家对比，我们能得出"因为民主，所以停滞"的结论吗？那就不一定了。过去70多年，巴基斯坦经历过四次政变，有一半的时间是处于威权统治之下。但是，它的经济发展更好吗？2018年，印度的人均GDP是大约2000美元，巴基斯坦不到1500美元；印度的婴儿夭折率是每1000人30人，巴基斯坦是57人；印度的人均预期寿命是69岁，巴基斯坦是67岁。所以，如果拿印度和巴基斯坦来对比，我们的问题可能不再是"为什么民主不管用"，反而变成"为什么威权不管用"了。

所以，社会现象不同于自然现象，它往往具有极其复杂的成因，仿佛10匹、20匹、100匹马在拉一辆车，不要轻易指着其中一匹马说，都是因为它。民主当然很重要，它通过将协商精神嵌入决策程序而体现出对普通人的尊重，它给权力套上缰绳，要求执政者平视而不是俯视民众。但是，民主不是从天而降、背着一大袋礼物的圣诞老人。事实上，我们知道，圣诞老人并不真的存在，一个圣诞老人的口袋里藏着什么，取决于千千万万个父母在圣诞节之前花费了多少心思。所以，不管是什么制度，种瓜得瓜、种豆得豆，是永恒的道理。民主没有那么神奇，甚至，它也不应该那么神奇，因为如果有一个制度按钮按下去可以一劳永逸，那真是对人性之复杂以及复杂之美的蔑视。

---

[1]Anand Patel, "Nearly 50 percent MPs in the new Lok Sobha have criminal records," *India Today*, May 25, 2019.

12. 印度：民主为什么"不管用"？（2）

上次课我们讨论了印度——为什么民主化70多年了，印度的治理绩效仍然千疮百孔？我试图传达的观念是，民主是一种公共决策程序，但不是公共政策本身。作为一个程序，它输出的结果是什么，要看人们向它输入什么原料。这就像做饭，锅具怎样固然重要，但是如果食材有问题，那无论是什么锅具都无法拯救这顿饭。我把这种观点称为"政体有限论"。

上次课我主要从经济政策的角度，去分析印度民主的"原料"出了什么问题，今天，我想切换一个角度，谈谈印度社会。在这个课程中，我始终强调一点——政治在社会中。政治就像是一条鱼，是养在经济、社会、文化的水池当中的，所以，要理解政治的健康程度，必须从理解这个水池的水质开始。在印度的案例中，不但是经济政策有问题，它的社会文化也存在重大问题。

"表亲的专制"

什么问题？我想借用人类学家盖尔纳（Ernest Geller）用过的一个词汇，叫作"表亲的专制"（"tyranny of cousins"）。什么叫"表亲的专制"？或许可以从一个小事说起。

2018年6月的一天，是印度的一个小伙子索兰奇结婚的日子。一大早，他带着亲友团和一个乐队，就坐车赶到了新娘的村子口，然后在路口换上了一匹马，新郎骑大马很气派，对不对？但是没走几步，突然村里窜出来十几个壮汉，愤怒地让他下来。为什么呢？原因是索兰奇是一个达利特人，而在印度的种姓制度中，达利特人是不配骑马的。于是，双方发生冲突，新郎不得不报警。警察赶到后，冲突才没有发展成一个流血事件。最后，警察留下来，给婚礼当保安，婚礼才得以安全进行。

大家注意一下，这件事发生在2018年，不是1958年、1978年或其至1998年。也就是说，民主化70多年之后，印度人居然还是被分为有资格骑马的和没有资格骑马的。但是，这样的故事，在印度社会司空见惯。甚至，某种意义上，索兰奇一家还是幸运的，因为他们没有在冲突中受伤，还办成了婚礼。

但不是所有的达利特人都同样幸运。当达利特人与所谓的高种姓族群发生冲突时，他们被围殴甚至被打死的情况都屡见不鲜。有因为穿了不该穿的衣服而被打的，有因为去了不该去的寺庙而被打的，有在错误的河里游泳而被打的，甚至有因为眼睛"直视"对方而被打的……据说在我们中国东北，人们打架的理由之一是"你瞅谁呢"，居然在万里之外的印度，"你瞅谁呢"也可以成为一个生死攸关的问题。

可能有人会问：达利特人是什么人？他们怎么这么悲惨？答案并不复杂，就是大家都听说过的"种姓制度"。在印度教中，根据职业身份，人被分为四大种姓。这四大类种姓之下，还有一类人，就是"达利特人"，也就是所谓的贱民。这些人占印度人口的15%～20%，也就是两亿人左右，规模相当庞大。这些人还有一个更形象的名字，叫作"不可接触的人"（untouchable）。为什么叫"不可接触的人"？因为自古以来，他们被规定做最肮脏的工作，比如扫厕所、屠宰牲畜、搬运尸体等。上面这张图片（图2-6）显示的，就是一个达利特人在做下水道的疏通工作。因为他们的工作与污秽有关，所以高种姓人群认为他们很脏，是一种类似于瘟疫的污染源。于是，凡是他们碰过的东西，高种姓人都不能碰。这就叫"不可接触原则"。

图2-6 一位达利特人正在疏通下水道

（图片来源：UNDARK，2019-09-20）

其实，很多国家历史上都有过类似的"职业世袭身份制"，像在英文世界里，叫Smith的就是铁匠出身，叫Miller的就是磨坊主出身。中国某些历史阶段也有过类似的制度安排，比如明朝就有军籍、匠籍、灶籍等职业身份。但是，在其他国家，随着社会流动性的增加，这种制度就慢慢瓦解了。可是在印度，这种"职业身份制"却非常顽固。为什么呢？因为它被写进了宗教文本，内嵌于印度教，被神圣化了，所以打破它格外困难。我读到过一个报道，说一个新德里大学教授去喝茶，服务员还是会问他："你是什么种姓？"当他说出自己是达利特人时，对方告诉他："那麻烦你喝完茶自己洗杯子。"所以，即使这个人已经身为教授了，在高种姓的人看来，你碰过的东西，我还是不能碰。

其实，对达利特人的歧视，只是种姓歧视里比较极端的一种形式而已。种姓制度里的层级非常复杂，所谓四大种姓，里面还有无数细分，达利特人内部也还有很多细分，所以这是一个非常漫长、复杂甚至堪称精致的鄙视链。这个鄙视链，就是我这一讲所说的"表亲的专制"。

为什么叫"表亲的专制"？众所周知，当我们使用"专制"这个词的时候，通常它的主语是"政府"，某某政府的专制、某某皇帝的专制，但是实际上，压迫一个人的可能不仅仅是政府，也可以是他的老板、他的家长、他的导师、她的丈夫等。"表亲的专制"，就是用一种形象的方式，概括这种非官方的压迫。

如果说政府的专制是一种自上而下的政治关系，"表亲的专制"则用来形容来自水平方向的社会压迫。如果说政府的专制，它的后盾是国家的暴力机器，而"表亲的专制"，其后盾则往往是社会习俗，或者用经济学家达隆·阿齐默鲁（Daron Acemoglu）的话来说，叫作"规范的牢笼"（cage of norms）。

为什么说印度的社会问题是"表亲的专制"？在刚才我讲到的那个"新郎骑马"的故事里，大家可能注意到一个细节：在这件事中，警察不是站在那些围攻者一边的，他们是站在达利特人这一边的。他们赶到现场，制止了村民对新郎一家的围攻，甚至给这个婚礼当上了保安。这种关系格局非常说明问题。它显示，在当代印度，种姓歧视的主导者已经是社会，而非政府。当然，警察在执法过程中肯定也还有选择性的歧视，但是，至少这种做法是无法可依的。

社会压迫常常比政府压迫走得更远

事实上，印度从建国开始，就明确了政治世俗化原则。也就是说，印度并不把印度教作为国家宗教。法律上，印度也早就将所谓"不可接触原则"明确列为非法行为。甚至，为了纠正历史上的歧视，政府还出台了各种平权法案，也就是在大学录取、公共部门录用等领域刻意给低种姓群体留下一定的配额。到今天，印度已经有一半左右的联邦政府或公立大学的位置，专门保留给各种"低种姓阶层"。所以，印度政府"扶弱济贫"的决心还是很大的，以至已经有很多人开始批评、抗议政府走得太远、矫枉过正了。

但是，法律是法律，习俗是习俗。习俗甚至比法律更难改变，因为当压迫来自政府时，民众可以聚集到政府门口，去抗议示威，去推动立法改革，但是，当这种压迫来自几百万、几千万甚至几亿分散的人群时，你向谁去抗议？你不可能到几千万个家庭门口、挨家挨户去敲门抗议对不对？所以，当制度的发展超前于文化，文化必然会以暗度陈仓的方式去把规则悄悄地扭曲为潜规则。

其实，种姓歧视只是印度社会歧视的一种。在印度，印度教徒对穆斯林的宗教歧视也很严重。尤其是莫迪政府上台后，或明或暗地推行印度教沙文主义。比如2019年印度政府新颁布的"公民资格法"，提出给周边国家的被迫害宗教群体提供公民权。这本来是一件好事，但是这个法律又规定，只给基督徒、佛教徒、锡克族等提供避难，不给穆斯林提供，结果引起轩然大波，因为印度有1.7亿穆斯林，这种公然歧视穆斯林的政策进一步激化了印度宗教族群的对立。莫迪政府之所以敢于这么做，显然是因为印度教徒对穆斯林的歧视在民间非常有市场。

还有印度的"牛肉战争"。大家都知道，印度教把牛视为圣物，他们是不吃牛肉的。你们不吃就不吃好了，但是，近年在印度，越来越多的地方也不让穆斯林吃牛肉或者做牛肉生意。民间出现大量自发的"护牛纠察队"，到处去查谁家吃牛肉了，谁家杀牛了，哪里卖牛肉了，并对有吃牛肉嫌疑的人大量展开私刑，有时候甚至直接打死。这就又成了"表亲的专制"了。

"表亲的专制"绝不仅仅是印度现象，它普遍存在于很多国家，只不过在不同国家，形式和程度不同而已。比如在印度的邻国巴基斯坦，"表亲的专制"很大程度上表现为穆斯林极端分子对非穆斯林乃至温和穆斯林的压迫；在缅甸，则表现为佛教徒压制穆斯林罗兴亚人的歧视；在东南亚，民间排华则是一种常见势力……总之，在发明鄙视链方面，不同社会可以说是争奇斗艳、百舸争流。尽管政府常常在这种社会性歧视中扮演着相当的角色，但是在很多案例中，社会歧视比政治歧视往往走得更远，常常是政府迈出一步，社会就已经冲出去十步，以至在很多时候，政府常常不得不像印度政府一样，充当一个缰绳的作用，把社会给拉住。

从"表亲的专制"到民主失灵

可能有朋友会说，OK，我知道了，很多国家都存在着严重的"表亲的专制"，存在着社会性压迫，但是，这和"民主不管用"有什么关系呢？社会性压迫为什么会导致民主机制的失灵？

当然有关系。首先，也是最显然的，"表亲的专制"会带来政治冲突的加剧。你欺负我，我不服，对不对？在古代社会，你还可能以宗教、宿命、轮回等观念来告诉我，我做牛做马是应该的，但是在平等观念已经深入人心的现代世界里，你告诉我你能骑马而我不能，这怎么能被接受？

就印度而言，种姓之间的鄙视链，早已成为政治冲突永不枯竭的源泉。今天达利特人抗议被歧视，明天高种姓的人抗议达利特人的抗议——你们能够得到平权法案的照顾，那我们呢？后天另外一些低种姓的人抗议，为什么达利特人能够得到照顾，而我们却得不到照顾？……如此循环往复，冲突永不枯竭。所以，"表亲的专制"加剧政治冲突，这是第一点。

第二点，"表亲的专制"抵消选举的意义。"民主是个好东西"，很大程度上是因为它允许政治竞争。在市场经济中，我们通常把竞争当作一件好事，对不对？因为竞争带来优胜劣汰。如果全世界只有一个计算机厂商，那全世界的计算机可能就永远停留在386了。所以在经济世界中，竞争是好事。那么，为什么在政治当中，竞争却常常不管用、未必带来优胜劣汰？大家可能还记得我上次提到的，印度的政治家中潜在罪犯的比例非常高，如果优胜劣汰机制管用，这些人就不应该被选上。但是，他们偏偏上台了。

原因何在？这和"表亲的专制"大有关系。简单来说，我称之为"认同逻辑对理性逻辑的碾压"。什么是"理性逻辑"？谁能干、谁清廉，我选谁，这就是理性逻辑。什么是"认同逻辑"？只要是"我们的人"，管他好不好呢，不好也好；只要是"他们的人"，管他坏不坏呢，不坏也坏，这就是"认同逻辑"。

所以，一旦"认同逻辑"碾压"理性逻辑"，民主的竞争机制就会失灵。这就像我们有些粉圈女孩，她喜欢某个歌手不是因为他唱得好，而是因为他长得帅，他很可爱，"他的眼神很迷人"——如果很多粉丝都是根据这个逻辑选择偶像，音乐市场怎么可能优胜劣汰？所以，"表亲的专制"削弱选举的意义，这是第二点。

因为同样的逻辑，"表亲的专制"还会将公民社会瓦解为"部落社会"，这是第三点。这里，我说的"部落社会"，不是指古代那种部落，而是指民众视野的狭隘化。我们知道，民主的运转需要公民社会的监督，需要民众对政治家虎视眈眈。但是，一旦存在着四分五裂的身份认同，民众的监督能力就可能会大大下降，为什么？还是因为"认同逻辑碾压理性逻辑"，只不过这一轮碾压不是发生在选举过程，而是发生在选举之后。理性逻辑是：这个政治家太腐败了，我们一定要把他拉下马。认同逻辑则是：呃，虽然他不对，但他毕竟是我们的人，为我们说话，那无论如何得把他给留下。

所以，"表亲的专制"当然影响民主的质量。它可能加剧政治冲突，磨损政治竞争的意义，还瓦解公民社会。把这一节和上一节的内容结合起来，我们大致就能解释最开始提出的那个问题了：为什么印度的民主"不管用"？或者说，为什么"不那么管用"？当一个国家选择错误的经济政策又充满了"表亲的专制"，民主很难带来良性的治理绩效。

民主是一个试错过程

因此，民主绝不是一颗只要往那一撒就能茁壮成长的种子，它需要浇水，需要施肥，需要好的经济政策，需要超越"部落主义"的公民群体，还需要很多我们这里来不及分析的条件。世界上的某些制度可能比另一些制度更体现人的尊严，但是没有任何一种制度可以让一个社会偷懒。并不存在着一个"制度键"，一键按下去就可以高枕无忧地坐等天上掉馅饼。

所幸的是，印度的经济政策和社会习俗也在慢慢地掉头。上次我们讲到，从20世纪90年代初开始，印度开始推行经济改革，它的经济表现也因此显著提升。随着市场经济的发展，印度社会的种姓观念也开始有了明显的松动。市场经济有其解放性的社会后果，这一点并不奇怪，毕竟，大家都生活在一个村庄里的时候，谁是什么种姓，一目了然。现在，你去孟买的麦当劳买一个汉堡，总不能先把后厨的揉面师傅叫出来，先问问他的种姓再下单吧？"不可接触原则"就这样无形地被解构了。

所以，我们经常听到一个说法，说资本主义经济体系多么邪恶，其实，虽然资本主义在财富方面制造不平等，但在消除传统社会等级方面，它又恰恰是一种平等化的力量，因为它根据你为市场所提供的价值，而不是你的种姓、宗教来决定你的位置。你如果是个吃苦耐劳的达利特人，资本家多半不会去雇用一个好吃懒做的婆罗门种姓；你家超市物美价廉，我多半也不会因为他家超市的主人姓什么而去他家购物。

而且，市场经济消除种姓歧视的效率，似乎远高于政府的法律条文。根据一个调查，到2015年只有27%的印度人还在使用"不可接触原则"，城市里则显著更低。从1991年到2016年，要求达利特人单独就座的婚礼，比例从77.3%降到了8.9%，经营自己小生意的达利特人比例从6%上升到了37%。目前，大量的达利特人开始成为商界、政界精英。2018年，在印度下议院中，15%的议员是达利特人，这已经接近他们在人口中的实际比例了。

当然，印度花了几十年来实现这个转向，这个速度令很多人失望。不过，慢，或许就是民主制的特点，因为它依靠试错而不是强制来实现进步，而试错需要时间。根本而言，试错依靠人心之变来实现变革，而人心很少一夜之间180度转弯。相比之下，威权政体的特点则是快，它的好处和坏处都立竿见影，因为它靠自上而下的动员来实现目标，只要统治集团下定了决心，整个社会就破釜沉舟、"all in"了。所有的力量投入到一个方向，所有的鸡蛋放到一个篮子里，它的结果往往要么是大治，要么是大乱。

当然，"政体有限论"不等于"政体无用论"，它的用处就在于给我们提供一个选择：我们希望用什么样的方式实现社会进步？我们愿意把命运交给谁？很多时候，社会和政府同样不可信任，"表亲的专制"和政府的专制同样残酷，但是，区别在于，作为社会的一员，我们有机会去改变社会，而当权力被垄断，我们却很难改变政府。

其实，在70多年的历史中，印度不是完全没有试过威权统治。1975—1977年，印度有过21个月的"紧急状态"，那是英迪拉·甘地总理的一次短暂的威权实验。当时，因为同时遭遇经济危机和政治危机，英迪拉·甘地决定实施紧急状态法，印度建国几十年来，第一次出现了新闻审查、禁止政治集会和强制性的计划生育等。但是很快，紧急状态遭遇到风起云涌的抗议。迫于压力，英迪拉·甘地不得不宣布提前举行大选，而在1977年这次大选中，印度国大党遭遇惨败，第一次失去议会第一大党的地位，英迪拉·甘地本人也失去了总理职位。也就是说，民众选择了回归民主，并以选票惩罚了不尊重规则的政治家。看来，至少就印度民众而言，他们选择了将命运交给自己，虽然这注定了是一场无尽的冒险之旅。

13. 伊拉克：铁腕强人是救星？

前面的课我们谈到过，由于一系列民主衰退的迹象，全球曾经的民主乐观主义已经逐渐转变为悲观主义。在这个转变的过程中，有一些国家可以说"贡献"最大，比如南斯拉夫、阿富汗、乌克兰、委内瑞拉，这些国家都以不同形式的转型失败给民主蒙上了一层阴影。但是，即使在这些转型失败的国家里，有一个国家仍然"脱颖而出"，成为各种失败的"集大成者"，给民主乐观主义造成难以弥补的重创。这个国家，就是我们这一讲要谈论的伊拉克。

说伊拉克迄今为止是个转型失败国家，大概很少有人会表示异议。2003年5月，当美国前总统布什宣布伊拉克战争取得胜利时，无论是国际社会还是伊拉克本身，都曾欢欣鼓舞。伊拉克终于摆脱了萨达姆的独裁，终于结束了国际孤立状态。作为一个产油大国，它也不应该缺钱，卖卖石油，应该就可以过上安逸的土豪生活。

然而，希望逐渐变成失望，失望逐渐变成绝望。首先出现的，是萨达姆残余势力对美军的报复性袭击。然后，是伊拉克内部什叶派和逊尼派斗争的兴起。同时，库尔德分离主义也开始抬头。最触目惊心的是，国内的权力真空加上叙利亚局势的恶化，造成了"伊斯兰国"的崛起。

2014年，"伊斯兰国"像沙尘暴一样来袭，伊拉克一度大片国土沦陷。我们都知道，"伊斯兰国"是一个中世纪式的神权怪胎，动不动就集体砍头，再把砍头录像放到网上去炫耀，连一些老牌恐怖组织都看不下去，因为"伊斯兰国"太残忍而与其划清界限。然而，就是这样一个文明的怪胎，一度在伊拉克落地生根。

为什么伊拉克的转型如此失败？原因当然很多，但是其根本逻辑，无外乎我们前面说到过的"裂痕动员"。只不过，在别的国家，裂痕可能沿着一条线展开，而在伊拉克，几条裂痕同时扩大；在别的国家，仇恨被升温到60度，而在伊拉克，由于宗教极端主义势力以及各种历史积怨，仇恨被升温到沸点。

所以，过去十几年，在伊拉克，逊尼派打什叶派，什叶派极端分子打温和分子，逊尼派极端分子打温和分子，库尔德人打阿拉伯人，土库曼人打库尔德人，美军打叛军，叛军打美军，土耳其人越过国界来打库尔德人，伊朗人暗中支持什叶派极端分子……可以说打成了一锅八宝粥，整个伊拉克成为"一切人反对一切人"的丛林世界。2003年以来，到2019年，伊拉克有30万左右的人在战乱中死去，[1]在一个整体而言走向和平的时代，这是一个触目惊心并且令人悲伤的数字。

萨达姆时代令人怀念？

正是在这个背景下，一种声音逐渐浮现：当初就不应该推翻萨达姆，像伊拉克这样的国家，就应该由一个铁腕人物来统治，只有一个铁腕人物，才能搞定这些派系斗争，维持稳定和发展。这样的声音越来越多，似乎怀念萨达姆已经成了一种潮流，似乎萨达姆统治时期的伊拉克虽然不民主，但是和平稳定、欣欣向荣。

讲到这里，我想起一个苏联笑话，它说：未来如何确定无疑，但是过去怎样，却难以预测。什么意思呢？就是说，未来早就写进了政治纲领，它不容置疑，但是过去到底发生了什么，却不好说了，因为人们不仅仅是在回忆过去，而且往往也根据当下的政治需要去想象过去。

无可否认，伊拉克的政治转型相当失败。但是，现在很糟糕，并不意味着过去很美好。萨达姆时代真的和平稳定、欣欣向荣吗？我们不妨一起稍微回忆一下伊拉克的萨达姆时代。

1979年，萨达姆以副总统身份逼迫当时的总统辞职，自己就任伊拉克总统。他正式就任后的第一件事是什么呢？是召开了一次复兴党高层会议。会上，他宣布在党内高层发现了叛国集团，并让人当场宣读这些叛国分子的名单。这些人一个一个被当场带走，而萨达姆则坐在台上抽着雪茄。可以想象，那些没有被读到名字但是可能被读到名字的人，当时是什么心情。一些求生欲特别强的官员，当场就站起来不断高呼"萨达姆万岁！"。最后，在三四百人中，有68人被带走。所有这些人都被定罪，其中22人被判死刑，而且是当天执行。这就是萨达姆上台后确立其权威的方式。

他上台后的第一个重大国际行动又是什么？这个大家可能都知道，发动两伊战争。1980年，出于对伊朗革命的恐惧，加上历史上的边境争端，萨达姆发动了两伊战争。他本以为几个月就可以结束战争，但是，实际上这场战争打了8年。过程极其惨烈，据估计，最后大约有75万伊朗人、50万伊拉克人死于这场战争。有个战争刚结束时访问巴格达的记者回忆道，当时的巴格达街头，到处是缺胳膊少腿的年轻男子，画面非常恐怖。100多万的生命换来了什么呢？什么也没有换来，最后基本上双方打成了平手。8年的血雨腥风之后，伊拉克从终点回到了起点。

两伊战争中，萨达姆有个举世震惊的"壮举"，就是使用化学武器。为了抵挡伊朗的人海战术，伊拉克1982年开始使用化学武器。据估算，有超过100万伊朗人暴露于毒气的侵害之下，直到今天，还有成百上千伊朗人在为此接受治疗。但是，萨达姆最令人诟病的，还不是对外敌使用化学武器，而是对自己的人民使用化学武器。1988年，为了镇压库尔德人起义，萨达姆再次使用了化学武器。其中最臭名昭著的事件，是1988年3月的哈拉布贾屠杀。在这场屠杀中，有5000个平民直接死于毒气，之后又有1万多人死于各种并发症。这是历史上针对平民规模最大的一次化学武器袭击，可谓前无古人、后无来者。

顺便说一句，除了化学武器，萨达姆政府在执政期间也大力发展核武器，只不过，它的核项目被以色列的军事行动和后来的国际制裁摧毁了。大家可能知道，美国2003年入侵伊拉克，核心理由之一就是萨达姆发展"大规模杀伤性武器"，但是，后来美军进入伊拉克后，没有发现伊拉克的大规模杀伤性武器，美国因此也被千夫所指。美国情报系统的误判和在误判基础上的草率入侵当然值得谴责，但是，萨达姆在武器使用上也的确是劣迹斑斑。

回到刚才的时间线，1988年，伊拉克、伊朗终于打累了，签订了停战条约。本来，任何国家经过如此漫长而徒劳的战争，要做的第一件事都是休养生息、恢复国力。但是萨达姆的选择是什么？众所周知，入侵科威特。1990
年，萨达姆再次误判形势，入侵科威特，又一次将伊拉克拖入了战火。这次
战争的结果大家都知道，我就不多说了。在付出4万人的生命代价之后，伊
拉克战败而退。

和两伊战争一样，对外战争伴随着对内的血腥镇压。1991年，南部什叶
派起义，萨达姆又采用了他常用的策略：为了镇压叛乱分子，展开对平民的
无差别袭击。这次镇压造成的死亡人数，有各种估算，从几千到十万不等，
其中最著名的事件就是对什叶派圣城卡尔巴拉的屠杀。直到最近，卡尔巴拉
在修路盖房子的过程中，还会时不时挖到当年被集体埋葬的尸骨。

第一次海湾战争之后，是极富争议的国际制裁。当时，在美国的带领下，
联合国发起了对伊拉克政府的经济制裁。经济制裁造成缺医少药、食品短缺，
让民众付出了巨大代价，引起很多争议。但是，即使国际社会需要对制裁负
相当责任，账不能只算一头，发起战争的是萨达姆，发展大规模杀伤性武器
的是萨达姆，将伊拉克陷入国际孤立状态的也是萨达姆，把所有这些链条省
略掉、只谈国际社会的责任，显然是不公平的。而且，后来还有研究显示，
其实制裁并没有引起大规模的人道主义灾难，之所以看上去如此，是因为萨
达姆又一次操控了人口数据和媒体信息。[2]

之后的事情大家就比较熟悉了。我刚才也讲到了，911、美国情报系统的
误判、2003年美军入侵伊拉克、伊拉克的各种派系斗争、"伊斯兰国"，伊
拉克进入"一切人反对一切人"的状态。直到今天，伊拉克仍然没有从战争
中恢复元气。

我之所以对萨达姆时代做一个速记式的回顾，是想说明，伊拉克在萨达
姆时代并不存在很多人想象中的欣欣向荣、国泰民安。自萨达姆正式上台以
来，伊拉克人从一场战争走向另一场战争、一个冲突走向另一个冲突，生活
在一场无法醒来的噩梦中。

需要注意的是，伊拉克发动的两次国际战争，都是它主动挑起的，并不是迫不得已的应战。至于对本国国民使用化学武器，更是难以洗刷的污点。从造成的战乱死亡人数来看，萨达姆在位期间的悲惨程度，其实远远超过他被推翻后。今天伊拉克人所面对的很多政治死结，很大程度上也是萨达姆时代打下的，库尔德问题、什叶派问题、和邻国的矛盾冲突问题，无一不因为他而大大恶化。

至于经济，1979年萨达姆上台时，伊拉克的人均GDP接近3000美元，但是2004年萨达姆倒台时，其人均GDP不到1500美元。顺便说一句，伊拉克现在的人均GDP是6000美元，显著高于萨达姆时代。人们倾向于因为当下的悲惨而美化过去，但是，伊拉克的过去并不美好，可以说血泪斑斑。

威权浪漫主义

当然，我想讨论的，不是萨达姆这个人有多坏，而是那种颇具诱惑的威权浪漫主义观念。在民主悲观主义盛行的当下，破解民主浪漫主义并不是那么困难，毕竟，几乎所有人都承认"民主不是万能药"，但是，对这一点矫枉过正，却可能产生另外一种浪漫主义，就是威权浪漫主义。那种"某某国家就适合铁腕人物统治"的说法，那种"萨达姆回来就好了"的期待，正是这种威权浪漫主义的表现。

之所以把这种看法称为"浪漫主义"，是因为它包含着对政治强人的两种想象：一种是对其道德智识水平的想象，一种是对其统治能力的想象。

我们先来看第一种想象。一说起政治强人，很多人都会想起李光耀这样的人物。大家都知道，李光耀是个政治强人的典范，他充满使命感，又具有卓越的判断力，带领着新加坡民众，把新加坡从一个名不见经传的小港口建设成一个举世闻名的大都市，的确是个了不起的人物。

遗憾的是，不是所有的铁腕人物都是李光耀。事实上，每一个李光耀可能都对应着一个或甚至多个萨达姆。威权强人里有李光耀，但是也有穆加贝，一个将津巴布韦的通货膨胀率送到天际线之外的领导人；还有蒙博托，在一贫如洗的扎伊尔，他个人却积聚了几十亿美元的个人财富；还有波尔布特，为了他的极左蓝图，抹去本国数百万的人口，等等等等。在这门课的开头，我就说过，比较政治分析，一个非常常见的认知陷阱就是"优胜者偏见"，聚焦于最成功的案例，然后从中得出普遍性结论。这一点，既适合于分析民主政体，也适合于分析威权政体。

很多学者都注意到威权体制下治理绩效的巨大方差问题，就是说，碰到明君，它可能是大治；碰到昏君，它可能是大乱。但是，我们不能用"平均值"来看待这种大起大落，因为从长线历史来看，治理的平均水平固然重要，治理表现的稳定性也相当重要。一个体重始终维持在150斤左右的人，和一个去年100斤、今年200斤，但是"平均150斤"的人相比，后者的健康显然更令人担忧。

而且，大乱和大治出现的概率并不是均等的。学者里齐奥（Stephanie Rizio）等人通过研究发现，虽然威权政体既擅长制造发展的明星，也擅长制造发展的噩梦，但是它制造"噩梦"的概率显著超过制造"明星"的概率。[3]这一点，其实我们看看古代中国的王朝历史也可以看出来。古代中国有几百个皇帝，但是文景之治、贞观之治、仁宣之治这样的太平盛世，却只有屈指可数的几个。

不是所有的政治强人都智慧仁慈，这一点比较容易理解。对威权主义的第二种浪漫化想象，却未必同样清晰，那就是对威权统治者"统治能力"的想象，我称之为"强独裁者想象"。长期以来，我们倾向于将"威权"等同于"强大"，将"独裁"等同于"有力"，却忽略了历史上一个非常常见的现象，那就是"弱独裁者现象"。

你们可能会觉得，这个说法听上去很奇怪，有点像"方的圆"——他都独裁了，怎么可能会"弱势"呢？但是，仔细观察历史会发现，"弱独裁者"非常常见，甚至比"强独裁者"还要常见。逻辑或许复杂，我举个例子，或许有助于大家理解。比如，大陆时期的蒋介石政府，在我看来就是一个典型的"弱独裁政府"。一方面，它的确是独裁的，这一点，从它对其他党派、对异议分子的态度就可以看出来。但是，另一方面，当时的南京政府在很多方面又是相当软弱的，比如，它无法控制各路军阀对它的挑战，大家都知道当时阎锡山、冯玉祥这些人是如何挑战蒋介石的。南京政府也很难在全国范围内征税，有很长一段时间，它真正能收上来税的省份不超过五个。它还无力控制当时中国的文化教育系统，更不用说无力应对日本入侵了。所以，当时的蒋介石，其实是一个典型的"弱独裁者"。

蒋介石式的"弱独裁者"，在世界各国历史上其实非常普遍。一旦看清了这个现象的广泛存在，我们就更能理解所谓"威权强人"常常是靠不住的。不但他们的道德、智识是靠不住的，连他们所谓的铁腕也是靠不住的。我们想象一个"铁腕人物"冉冉升起，打倒一切反对派，一统江山，所有厮杀混战就此平定，从此社会走向安定团结，想这么做的威权统治者可能不少，能这么做到的，却寥寥无几。哪怕是萨达姆这样的"狠角色"，连化学武器都用上了，他搞定了本国的江湖吗？1988年，他对库尔德人使用化学武器，1991年库尔德人再次拿起武器反抗。

当然，"弱独裁者现象"不仅仅是威权统治者个人能力的问题，也是一个社会土壤的问题。回到我们这个课程反复出现的一个主题：政治在社会中。民主制度往往需要一定的经济、社会、文化条件才能运行，同样地，威权制度其实也需要一定的经济、社会、文化条件才可能有效。

比如，今天美国的党争非常严重，可以说鸡飞狗跳，但是如果从天而降一个萨达姆，能够搞定美国吗？我认为不可能。更可能的后果不是从此风调雨顺，而是血流成河。为什么？因为在一个热爱自由的土地上，要推行所谓的铁血政治，就得踏过无数人的尸体。

同样，当年苏联体制征服了苏联、征服了东欧、征服了亚洲数国，但是它居然征服不了一个小小阿富汗，为什么？因为你有飞机大炮，我有《古兰经》，你有革命，我有"圣战"，所以即使强大如苏联也无可奈何。威权再强大，在很多国家仍然有可能水土不服。

政治强人下的俄罗斯轮盘赌游戏

所以，寄希望于"威权强人"来实现和平发展，不是没有可能，历史上也的确时不时发生，但是这种希望有点像俄罗斯轮盘赌。俄罗斯轮盘赌，大家应该都知道，在手枪的六个弹槽中放入一颗或多颗子弹，任意转动转轮后，游戏者对着自己的头扣动扳机。这个游戏的关键词就是"赌"，而且是所有鸡蛋放在一个篮子里那种"豪赌"。你可能抽中李光耀、抽中文景之治，但是综合历史和地理上的概率分布而言，你更可能抽中的，是穆加贝、是萨达姆、是万历崇祯。威权体系所包含的这种极大的不确定性，或许可以被称为"威权体制的俄罗斯轮盘赌法则"。

民主体系当然也包含巨大的不确定性，它可能走向当代欧美那样的繁荣富强，也可能出现印度那样的治理绩效低下。但是，大体而言，当它治理表现不佳时，多半不是因为"运气"，而相当程度上是因为，原谅我使用一个比较粗陋的说法，"自作自受"。因为在民主的情形下，一个社会如果治理绩效一团糟，常常是人们因为错误的观念选择了错误的领导人，采用了错误的政策，从而带来恶劣的结果。在这个意义上，民众不像威权体制下的民众那么"冤"。

"自作自受"的另一面，则是民众可能通过试错找到一条通向良性治理的道路。只不过，既然是试错，这个过程注定漫长而曲折，往往要撞了无数南墙才会回头。但是，这个过程是开放的，是一个无尽的省略号。这种开放性，是其区别于威权强人体制的基本特征。威权体制下虽然也有适应性学习，也不断调整自己的政策，但是，它的纠错不是制度化的，往往要靠某个领导人去世、某场政变、某次战争或者某个开明领导人的胸怀和智识，才能实现航向的转变。

这也是为什么有学者的研究显示，民主的价值与时间的"厚度"相关，它倾向于随着时间流逝而逐渐浮现。比如学者吉尔林（John Gerring）等人把民主视为所谓的"存量资本"，[4]什么意思呢？就是民主的历史厚度比起当下的民主程度更重要，因为摸索不同的政策和规则，常常需要在99个错误路口之后找到那个正确的出口。

回到伊拉克，尽管这个国家经历了各种失败与创伤，但是，不能说它是一个没有希望的国家。希望在哪儿？在萨达姆式人物的回归吗？我很怀疑。伊拉克不需要新的两伊战争，不需要新的海湾战争，不需要新的化学武器，不需要新的集体坟墓，也不需要再来一个领袖抽着雪茄看着自己的手下一个个被拉走枪毙。

伊拉克有丰富的石油、有年轻的人口、有相对世俗化的政治传统……但是它最大的财富，或许是过去这么多年所经历的各种失败，这些失败，以极其沉重的代价告诉伊拉克人，怎样的公共生活是死路一条。现在，逊尼派知道萨达姆再也回不来了，什叶派知道自己不可能独霸伊拉克，库尔德人的独立梦想搁置了，"伊斯兰国"也被赶跑了，在一切人反对一切人的战争中，似乎所有的势力都打累了，都气喘吁吁地坐在废墟上。这或许正是伊拉克走向新生的一次机会。真正的救世方案，不是某个政治强人的铁血政策，而是不同的社会群体，不论民族、教派、阶层、党派，真正理解"和而不同"之道，艰难地学习如何与不同的人，哪怕是所仇恨的人，共同生活在一起。

[1]Neta Crawford and Catherine Lutz, "Human Cost of Post 9-11 Wars," A Cost of War Project report from Watson Institute at Brown University.

[2]Tim Dyson and Valeria Cetorelli, "Changing views on child mortality and economic sanctions in Iraq," *BMJ Global Health*, 2(2), 2017.

[3]Stephanie Rizio and Ahmed Skali, "How often do dictators have positive economic effects," *The Leadership Quarterly*, June 1, 2019. Available at SSRN: https://ssrn.com/abstract=3423821

[4] John Gerring, Strom Thacker, and Rodrigo Alfaro, "Democracy and Human Development," *Journal of Politics*, 74(1), 2012.

第三章

国家建构

14. 什么是国家？从墨西哥的毒贩集团说起

从这次课开始，我们的课程将进入下一个主题——国家建构。在这里，我首先要特别指出，在比较政治学中，当我们说"国家建构"也就是所谓的"state building"的时候，不是在说发展经济、发展科技、建设四个现代化等，而是特指政治发展的一个维度，即国家能力的发展。

最近20年左右，"国家能力"逐渐成为比较政治学中最热门的概念之一。在接下来的七讲中，我会陆续分析与国家能力相关的一些问题：什么是国家能力？为什么国家能力很重要？国家能力从何而来？为什么有的国家的国家能力强，有的则弱？但是，在分析这些问题之前，我们首先需要理解政治学当中的一个最基本的概念：什么是国家？国家是政治生活的基本容器，不理解"什么是国家"，政治就无从谈起。

墨西哥的黑帮混战

什么是国家？在正面回答这个问题之前，我想从一个事件说起。

2011年4月，在一个名叫圣费南多的小镇，有几辆公共汽车被一个武装力量劫持，车上一共有193名乘客被杀害。原因是这个武装力量认为，这些人很可能效力于敌对武装力量，所以，这是一场报复性杀害。被劫持的人里，有的被枪杀，有的被砍头，有的被吊死。但是，最残忍的，还不是这些人的惨死，而是他们被迫相互杀戮，绑匪强迫他们像角斗士一样相互厮杀，战败者被杀死甚至被肢解，战胜者则被招募为这个武装力量的新成员。

很抱歉这个画面有点血腥。看了上面的描述，你们会想到哪个国家？很容易想到伊拉克、阿富汗、叙利亚这样的战乱国家，对不对？但是，正如我们这次课标题所透露的，这个故事不是发生在上述战乱国家，而是发生在一个名义上并不存在战争的国家——墨西哥。这个残忍的绑架也不是恐怖组织所为，而是发生在墨西哥的黑帮之间。

不幸的是，在当代墨西哥，这种黑帮厮杀不是一个孤立的偶然事件，而是一个持续了十几年的状态。墨西哥的几大黑帮已经血雨腥风战斗了很多年，今天你绑架我，明天我扫射你，这种分散的暴力冲突未必以总体战争的形式发生，但是其惨烈后果却不亚于一场内战。仅仅从2016年到2019年，墨西哥被谋杀的人高达12万人，[1]这是什么概念？大家可能知道，也门一直在打内战，但是研究显示，2016年至今，也门的战乱死亡人数也就是7万左右。[2]所以，墨西哥的帮派冲突，不是战争，胜似战争。

墨西哥的黑帮为什么没完没了地厮杀？主要原因很简单：毒品。墨西哥不但自己是毒品生产大国，而且是南美、中美各个毒品生产国通往美国的交通要道，而毒品的利润是惊人的。结果，就是不同的墨西哥黑帮为毒品的生产地盘、市场占有、交通控制等而大打出手。当然，一旦各自地盘形成，哪怕与毒品生产无关的生意，像餐馆、酒店、出租车等，都成了不同帮派抢夺的资源。冲突过程中，小黑帮不断合流成大黑帮，最后形成了几大帮派全国割据的局面，被称为"毒品卡特尔"，类似于我们中国民国时期的西北军阀、东北军阀、西南军阀等。据分析，到2020年，有一半左右的墨西哥领土都被这样的"毒品卡特尔"实际控制。

可能有人会问，那墨西哥警察呢？警察为什么不管？答案也很简单：管不了。从2006年开始，墨西哥总统卡尔德隆就发起了"缉毒战争"（War on Drugs）。结果是"毒品卡特尔"越打越强，而政府却越打越弱。

这一点，可以从2019年10月的一场战斗看出来。10月17日，在一个叫库利亚坎（Culiacán）的城市，一个黑帮组织包围了政府，为什么？因为政府抓了他们的老大，所以他们用围攻政府的方式要求放人。战斗结果如何？经过一夜的激战，最后警察决定投降，把黑帮老大给放了。事后墨西哥总统跑出来为放人辩护，他说，为了保卫人民的生命和财产安全，我们决定把这个坏蛋给放了。这话听起来是不是很别扭？难道正确的说法不应该是"为了保卫人民的生命和财产安全，我们决定把这个坏蛋给关起来"吗？

墨西哥政府的无能，还可以从墨西哥最著名的毒枭El Chapo的命运看出来。这个El Chapo，人称"小矮子"，一度是世界上最富有的人之一。虽然数度被抓捕，但是也数次神奇地越狱。其中一次，居然是像电影《肖申克的救赎》里面一样——挖地道。当然，黑帮老大不需要亲自挖地道，兄弟们会给他挖好，据说这个地道长达数公里，里面有通风设备、有照明，而且很宽敞，足够他大摇大摆地从里面走出来，就差铺个红地毯了。所以最后一次被抓捕，墨西哥政府干脆直接把他移交给了美国政府，要不然不知道他又会演出什么好莱坞大片。但是，即使把这些大毒枭抓了也没用，因为治标不治本。只要人们赖以生存的经济模式不变，一个大毒枭落马，无数小毒枭升起。

正因为政府无能，墨西哥很多城镇都出现了自发的民兵组织，他们自称为"社区警察"。这些民兵组织自备武装，对黑帮主动出击，但是他们与黑帮的界限往往也会变得非常模糊，因为他们自己也常常卷入残忍的杀戮。所以，墨西哥很多地方的局面就是：黑帮与黑帮打，黑帮与民兵打，警察与黑帮打，警察与民兵打……都打累了时，就承认各自在其地盘内的"领土和主权完整"，互不干涉，韬光养晦，等歇够了爬起来再打。

什么是国家？

大家可能会奇怪，你不是要讨论"什么是国家"吗？为什么要花这么长时间描述当代墨西哥？这是因为，今天的墨西哥，很大程度上代表了"国家"这个概念的反义词，代表了一种国家力量被分散的社会力量瓦解的状况。

什么是国家？我们中学都学过马克思的说法："国家是阶级统治的暴力工具。"说实话，我小时候第一次上政治课接触到这种说法的时候，吓了一跳，因为我们从小被教育要热爱国家，祖国是个慈爱的母亲，但是突然，书本告诉我，国家是暴力工具，还阶级统治，虽然那时候不知道什么意思，但是听上去有点胆战心惊。当然，后来我明白了，咱们课本的意思是，在中国，国家是无产阶级统治资产阶级的暴力工具，所以不可怕。这是后话了。

不过，在比较政治学界，关于什么是国家，更广为传播的说法不是马克思的定义，而是另一个思想家马克斯·韦伯的说法。他怎么定义国家呢？他说，国家是什么？国家是特定疆域内合法地垄断暴力的机构。这个说法里有很多元素，比如"特定疆域"，比如对"合法性"的宣称，但是，这个说法里最核心的元素，是"暴力垄断"。韦伯的这个定义，虽然去掉了马克思的"阶级统治"元素，但是在强调国家的"暴力机器"特征方面，却殊途同归。

什么叫"暴力垄断"？如何理解国家的"暴力垄断"特征？举个例子，如果有一个父亲在街上暴打孩子，我们看不下去，可以干什么？可以报警对不对？这种时候报警意味着什么？意味着我们认为，这个父亲没有暴打孩子的权利，但是警察可以通过暴力或者暴力威胁把这个父亲抓走。同理，如果街上有两个混混在打架，我们也可以报警。这同样意味着，我们认为，混混没有当街斗殴的权利，但是警察有用手铐把他们带走的权利。

所以，"暴力垄断"的意思就是，通常情况下，只有代表国家权力的机构，才有合法的暴力使用权，而其他组织、机构、个体没有这种权利。因此，我们反对家暴，反对老师体罚孩子，反对老板用皮鞭抽打员工干活，但是我们不会对着命令我们停车的警察说，凭什么你让我停我就得停？即使是"一命偿一命"这种朴素的道理，在现代社会，也需要代表国家的司法机构先进行审判，然后再由代表国家的警察执行死刑，而不是说受害者家人可以自己冲到杀人犯家里，当场把杀人犯打死。

所以，作为一种组织，国家与其他一切组织最根本的区别，是它在特定疆域内"暴力垄断"的特权。当然，在现代世界，我们赋予国家很多职能，比如国家要办教育、修路修桥、组织社会保障体系、支持文化艺术传播等。这些纷繁复杂的国家职能往往会遮蔽国家的本质属性，但是，所有这些职能，某种意义上都是给国家锦上添花，而国家的"内核"则是"暴力机器"。为什么这么说？简单来说，其他组织也可以办教育，也可以修路修桥，也可以提供社会保障，也可以传播文化艺术，只有暴力垄断这一点，其他组织做不到，或者做的时候缺乏合法性。

国家能力低下是很多国家的"阿基里斯之踵"

正是因为国家的本质特征是"暴力垄断"，当一个国家到处是分散的、四处开花的暴力活动时，我们说，这个国家的"国家能力"低下。如果普通民众走在街上，总是非常恐惧匪徒抢劫、军阀流弹、恐怖分子绑架，这必然是"国家建构"比较失败的表现。反之，如果我们深夜出去吃个小龙虾、喝个啤酒毫无心理障碍，这就是国家能力较高的表现。我们看清末民初电视剧的时候，经常能看到一种组织，叫作"镖局"，也就是职业保镖，替商行押送货物什么的。其实，镖局的盛行，就意味着国家建构很失败，因为信不过国家的武装力量，才会出现私人武装的流行。

也正是在这个意义上，当代墨西哥的"国家建构"非常失败。尽管政府已经竭尽全力，但是毒贩集团"野火烧不尽，春风吹又生"。而且，这种分散的暴力很容易陷入一个恶性循环——对很多老百姓而言，因为政府无力保护他们，他们必须保护自己，怎么自我保护？也加入黑帮或者民兵。于是，整个社会都走向武装化。我读到过一个报道，里面说到一个墨西哥民兵组织，它的标语就是：我们已经失去了一切，包括恐惧。

遗憾的是，墨西哥的情况并非个案。在发展中国家，这种政府无法有效垄断暴力、导致暴力遍地开花的情形非常普遍。只不过，在不同国家，这种失败有不同的表现形式：有的表现为黑帮盛行，有的表现为军阀混战，有的表现为宗教极端组织盘踞，有的表现为武装分离主义势力坐大……在巴西，情况和墨西哥很相似，也是黑帮横行、相互厮杀，警察往往就是在旁边打打酱油，这一点看过巴西电影《上帝之城》的可能会有深刻印象。在阿富汗，暴力垄断的缺失则体现为塔利班阴魂不散——2001年，在美军的攻势下，塔利班落荒而逃，但由于新政府战斗力低下，塔利班很快卷土重来，到2020年已经重新占领了阿富汗领土的五分之一，并且在一半领土上和政府军展开拉锯战。在尼日利亚，宗教极端组织"博科圣地"（Boko Haram）长期盘踞北方大片领土，今天一个自杀袭击，明天一个集体绑架，过去十几年把尼日利亚搞得鸡飞狗跳。在利比亚，卡扎菲倒台之后，整个国家迅速滑入军阀混战的状态，目前除了一个的黎波里政府和一个东部的政府，南部还有很多部落军阀。在叙利亚、也门、委内瑞拉、洪都拉斯、乌克兰、菲律宾，这种碎片化的暴力都以不同的形式存在。

为何"国家建构"如此之难？

为什么"国家建构"如此之难？简单而言，暴力的分散化才是自然状态，暴力的垄断化，则是摆脱了自然引力的人为状态。要理解"自然状态"，我们看看动物世界即可。观察野生猴子的世界，我们会发现，猴子们处于永恒的分散暴力中。它们会为谁是老大而打得头破血流，即使是暂时决出胜负了，过几年猴王年龄大了，该退休了，新一轮的厮杀又会重新开始。而且，就算在一个猴群中，猴王地位稳固了，它和另外一个或几个猴群的"地盘之争"也是永恒的。今天这群猴子打赢了，它们的地盘扩大1公里，明天那群猴子打输了，它们的地盘缩小3公里。如此循环往复，没完没了。

动物世界的这种"永恒的分散暴力"状态，也提示了我们"国家建构"为什么如此艰难。直观而言，暴力要从分散走向垄断，面临着两大难题：第一是权力的集中化难题，也就是"谁当猴王"的问题；第二是领土范围的清晰化难题，也就是"猴群的势力范围"问题。前者是一个暴力垄断如何获得内部承认的问题，后者则是一个暴力垄断如何获得外部承认的问题。

首先，权力的集中化，是一个"大鱼吃小鱼、小鱼吃小虾"的过程。这个过程，当然不可能和风细雨。秦始皇建立大一统的中国，完成权力垄断，背景是什么？背景是春秋战国打了四五百年。就是这样，秦朝也不过维持了短短十几年。之后，重新再打一遍，陈胜吴广起义、六国复国运动、楚汉争霸，直到刘邦再一次完成权力垄断。西汉维持了200多年，到王莽新政失败后，又打一遍，抵达了刘秀的权力垄断。之后的历史大家也知道，反正就是每隔一段时间重打一次，如此循环往复。

中国的权力集中化过程起点很早、历史很长，所以到今天，中国已经有相当成熟的国家建构与国家观念。但是，很多国家的历史并非如此。在非洲，很多地方的部落制一直延续到20世纪，所谓国家，不是非洲人内部权力整合的结果，而是殖民主义留下的武断遗产。在印尼，如果你穿越时空回到19世纪，根本不会听说"印度尼西亚"这个词，当地人会认为自己是爪哇人、马来人、亚齐人，但不会说自己是"印度尼西亚人"。在印度，1947年英国人撤离的时候，不但有印度和巴基斯坦的划分问题，还有500多个所谓的"土邦"。哪怕是在欧洲，国家建构也是近代现象，在此之前，我们知道，欧洲是所谓的"封建制"——也就是说，贵族们各自组织自己的军队，打仗时才受国王征召，而且去不去还要看心情，不存在所谓的暴力垄断。

国家建构的第二个方面，势力范围的清晰化，同样艰难。我们知道，古代世界是没有清晰的主权国家观念的，那时候的领土边界是极具挥发性的。近代之前的政治单位的主角是什么？是帝国。帝国的属性又是什么？是扩张。不断扩张直到被自身的重量压垮。

所以，我们看到，历史上，不同帝国一直在为疆域扩张而相互征战，今天马其顿帝国实力强大，可以一直打到印度河流域，明天蒙古帝国坐大，又可以一路扬鞭到欧洲；今天罗马帝国可以把地中海吞并为内陆湖，明天奥斯曼帝国也可以吞掉半个地中海；今天西班牙国王死了，法国国王可以说我是他二叔的三外孙，所以西班牙是我的，明天苏格兰国王死了，英国国王也可以说，我是他堂弟的二侄子，所以我有继承权。哪怕到了19世纪，"领土主权神圣不可侵犯"观念也没有那么深入人心。拿破仑打仗缺钱，美国说：路易斯安那多少钱？法国说：1500万怎么样？美国说：那就这么定了。

正是因为权力的集中化很困难，领土边界的挥发性很强，所以"国家建构"在任何国家的历史上都非常艰难。我们当代人，尤其是中国人，在一个相对稳定的国家体系中生活了很久，容易忘记这种艰难。事实是，人类花了几千年才慢慢实现了权力的相对集中，目前200个左右的国家数量就是这种"相对集中性"的体现，因为如果是停留在部落社会，那么这个数字就不会是200个，而可能是2000个甚至20,000个了。

同样，人类也是花了数千年才大致厘清了国家的边界。我们今天在地图上看到的清晰国界线，背后可以说是无尽的血与火。而现在，大体而言，这200个左右的国家之间彼此对等地承认，俄罗斯人到波兰去，或者波兰人到俄罗斯去，跨越某个界限后，就得拿出护照让边防官员检查。中国和印度之间、肯尼亚和赞比亚之间、哥伦比亚和委内瑞拉之间，莫不如此。这种清晰性，固然有其代价——比如限制劳动力的流动，比如限制人道主义干预的程度，但是它也以这种蜂巢式的结构缓和了没完没了的边界暴力冲突。这有点像婚姻，虽然婚姻限制了我们的恋爱自由，但是它所提供的清晰"归属权"也限制了没完没了的恋爱纠纷。

或许，没有人比秦始皇更懂得"国家"的本质。史书记载，秦始皇赢得天下后，曾经"收天下之兵，聚之咸阳，销锋镝，铸以为金人十二，以弱天下之民"。什么意思呢？就是他把天下的兵器全都收缴过来，熔化做成十二个大铜人，以削弱民间的战斗力。这可以说是"暴力垄断"最直白的做法了。

其实，早在秦始皇之前，中国更早的古人就明白了国家的含义。这一点，从"国家"的"国"字的中文古文写法，就可以看出来。大家知道，国的繁体字（國），周边是一个框，即一个清晰的边界，中间的"戈"，也就是武器，守卫着口，也就是"人口"。看来，当韦伯将国家定义为"特定疆域内暴力垄断的机构"时，这位伟大的学者与几千年前的中国古人，可以说是心有灵犀一点通了。

---

[1]Jack Harrera, "The other epidemic," *The Nation*, May 18, 2020.

[2]The Aljazeera, "More than 70,000 killed in Yemen's civil war: ACLED," *The Aljazeera News*, April 19, 2019.

15. 为什么要"重新带回国家"？比较政治学的轮回

有一个日常生活中的现象，大家可能都注意到，就是流行趋势会在消失之后突然卷土重来。20世纪80年代一度流行的阔腿裤，到了90年代可能就显得很土，可是再过20年，似乎又变得很洋气。60年代流行的格子大衣，到了80年代显得像妈妈服，可是再过20年，又重新变成了时尚的复古风。其实，流行趋势的这种螺旋形变化，不仅仅存在于时尚界，也会发生于学术界。其中一个例子，就是"国家"这个概念的命运。

"国家"概念的螺旋形命运

1968年，学者亨廷顿一本著作的诞生可谓石破天惊，这本书叫《变化社会中的政治秩序》。它的中心思想是什么呢？其实它开篇第一句话就点明了，它说："国家之间最重要的政治差异不是政府的形式，而是政府的深度。民主和专制的差异，小于体现着组织性、有效性的国家和缺乏这些特质的国家之间的差异。共产主义国家和西方自由国家都属于有效的而不是软弱的政治系统。"

为什么说这个观点石破天惊？因为它居然将苏联和美国视为同一类国家。我们知道，冷战期间，美苏势不两立，人们通常也认为这两个国家南辕北辙。但是，亨廷顿说，如果我们以国家的统治能力而不是政府的统治形式作为区分标准，那么美苏属于同一类国家，姑且称之为"强国家"，而它们共同的对立面，则是当时陷入各种动荡、政变和革命的发展中国家，也就是"弱国家"。

事实上，亨廷顿引领了一种趋势。在他之后，一批学者开始在研究中强调国家视角。表现之一，就是一批研究所谓"东亚奇迹"的学者，提出了"发展型国家"理论。根据这个理论，东亚国家之所以能在所有发展中国家中率先摆脱贫困，是因为它们拥有强大而积极的官僚体系。在这些国家，政府这只"看得见的手"，制定了一定的产业政策，协调组织金融、土地、税收、技术、劳动力等资源，冲向国际市场，实现特定产业的腾飞，并以此撬动整个经济的发展。当然，这只是"国家视角"崛起的一个例子。除此之外，还有一些研究非洲的学者、研究革命的学者、研究欧洲史的学者，都纷纷开始强调"国家"的重要性。1985年出版的一本文集，可以说是这个趋势的标志，这本书的名字就叫"重新带回国家"。

然而，"国家"刚被带进镁光灯下不久，又很快走出舞台中心了。为什么？因为苏东剧变发生了。苏联的垮台极大地改变了比较政治学的研究视野——人们不禁发问：不是说苏联很强大吗？不是说苏联和美国本质上是同一类国家吗？怎么它说倒就倒了呢？说到底，美国和苏联不是同一类国家。说到底，统治的形式很重要。于是，20世纪90年代到21世纪最初几年，国家视角走向了沉寂。

取而代之的是什么？是"制度主义"。我是20世纪90年代上大学的，我记得那会儿人人都在读诺斯、读科斯、读奥尔森、读哈耶克、读弗里德曼……而这些书大体而言都是在论证，制度选择——经济制度以及背后的政治制度——才是决定一个国家发展潜力的主要力量，至于国家，则是那个应该被"关进笼子"里的"老虎"。

可是，三十年河东，三十年河西。经过短暂的沉寂，最近十多年，国家视角又一次复活了，"国家"这个概念出门转了一圈，又回来了。

为什么？很简单，国际政治形势又变化了。如果说20世纪90年代和21世纪初，国际政治最大的变化是苏联的垮台，而这个变化塑造了新的政治学焦点，2008年左右之后，国际政治最大的变化就是中国的崛起，以及第三波民主化浪潮在很多地方的受挫。于是，人们又开始发问：如果制度主义是对的，那么，为什么没有采取西式制度的中国能够冉冉升起？而很多采用了西方制度的国家则深陷泥沼？制度或许很重要，但是肯定存在重要的甚至更重要的"剩余变量"。这个"剩余变量"是什么？于是，人们又回到了"国家"。

最能代表这种研究转向的，莫过于亨廷顿的学生福山。我们之前提到过《历史的终结与最后的人》这本书，因为这本书，福山一度被视为西式自由民主的旗手。但是，他2010年后出版的《政治秩序的起源》这本书，则像是另一个人写的。尽管他观点的变化本身可能被很多人高估了，但是他研究重心的变化则确定无疑。在2015年的一篇名为"民主为何表现如此糟糕"的文章中，福山写道："为什么世界范围内民主的表现会如此令人失望？在我看来，一个重要的核心因素是……在许多新兴和现存的民主国家，国家能力没有跟上人们对于民主的需求。没有成功地建立现代的、良治的国家，是近来民主转型的阿基里斯之踵。"看上去，福山在绕了一大圈之后，重新回到了他的导师亨廷顿的旗下。

所以，大家可以看出来，并不存在纯粹的政治学问题——政治学研究什么，这本身就是一个政治学问题。每一次政治趋势的巨大变化，都会带来政治学研究框架的巨大变化。当然，也正是因为政治趋势总在变化，我们不能轻易判处任何研究视角的"死刑"，因为如果昨天过时的今天可能回归，那么今天过时的明天也可能回归。这种"风水轮流转"的景象与其说证明了学术研究的轻浮，不如说显示了它的弹性——政治生活本身是复杂的和多变的，所以政治学研究也理应如此。

国家能力何以至关重要？

既然国家重新被带回，它如何帮助我们理解当下的世界？国家能力很重要，它重要在哪儿？对此，学者们进行了大量的阐释，主要的研究集中在三个方面。

首先，当然是"国家"对于秩序建构的重要性。我们上次讲过，国家的本质是暴力从分散走向垄断。因此，一个强国家一定是实现了暴力高度垄断的国家，也就意味着分散暴力的减少。历史地看，这是一个巨大的进步。学者曼瑟尔·奥尔森（Mancur Olson）曾经有一个说法来形容这个变化，叫作"流寇变坐寇"，roving bandits变stationary bandits。什么意思呢？简单来说，以前可能有10伙、20伙匪徒轮流来打劫你，现在只剩下一伙了。一伙匪徒虽然也很危险，但是如果这一伙匪徒明确了自己对这块领地的所有权，他们就有部分的动力去保护这块领土、发展这块领地，毕竟，你把鸡都给杀了，就再也捡不到鸡蛋了。但是，当匪徒多达10伙、20伙的时候，没有任何匪徒会有动力去发展这块领地，因为我养鸡可能是你去捡鸡蛋，我种地可能是你去收割，我养猪可能是你去吃肉，那我为什么要保护好这块领地？所以，主权国家体系的建构，可以说是一个领地的"产权明晰化"过程，而产权的明晰有助于秩序与效率的提高。

从历史上来看，暴力的集中化往往也意味着暴力的大规模减少。我们前面讲到过"和平的爆发"，讲到过去几百年，尤其是冷战结束以后，战争死亡人数占人口比例的急剧下降。但是，历史上，暴力下降最显著的阶段，出现于更早的"国家革命"发生之际，即，人类从部落制、封建制、帝国制走向主权国家这一组织形式之际。这一点，大家可以看看下页这张图（图3-1）。

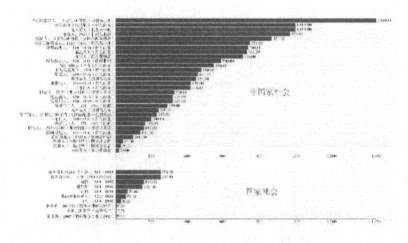

图3-1 "非国家社会"与"国家社会"暴力冲突死亡人数比例（每10万人暴力死亡人数）

（图片来源：Our World in Data网站）

这张图的上方，是"非国家社会"的暴力冲突死亡人数比例，下方是"国家社会"的比例。大家可以看出，这个对比非常醒目，几乎是断崖式的。

以前我们想象原始社会的美好，似乎在原始社会，人们依山傍水过着美好的生活，今天采采果子，明天唱唱山歌，卢梭干脆把原始人称为"高贵的野蛮人"。但是，各种研究表明，原始人生活在极其残酷的暴力冲突当中，因为缺乏暴力的垄断而时时刻刻面临着生命的危险。

今天墨西哥、巴西的黑帮横行，或者伊拉克、阿富汗的军阀混战，虽然不像原始社会那样彻底无政府，但也是国家能力低下的表现。有学者通过研究发现，其实一个国家陷入长期内战，往往未必是因为叛军多么强大，而可能仅仅是因为政府军过于软弱，无法将星星之火扑灭。这意味着，在国家能力低下的地方，叛乱分子可能只需要三五千人，在偏远处找到根据地，并且通过某种地下经济渠道获得财源，比如鸦片、矿产、石油，就可以将一个国家拖入长期的内战，把一个小伤口变成大面积的感染。而那些国家能力强大的国家，往往能够在叛军崛起的源头就将其剿灭，从而避免星星之火发展成燎原之势。也就是说，国家能力是个相对而非绝对的概念。一只生病的羚羊完全可能在虎口之下逃生，只要那只老虎病得更严重就行。

"国家"的第二个重大功能，是提供公共服务。这一点应该说非常容易理解。国家是暴力机器，但不仅仅是暴力机器。尤其是在现代社会，我们赋予国家很多功能。古代的时候，老百姓如果被偷被抢，或者家里人被打被杀，可能会去告官，但是通常而言，老百姓不会因为孩子上不起学而跑到官府门前去要求"受教育权"，也不会因为看不起病而要求政府提供"医保"。现代国家就不同了，你上不起学找政府、看不起病找政府、失业了找政府、门口路坏了找政府、失火了也找政府，甚至连邻居家装修太吵了，你可能都会拨打"市长热线"。

那么，问题就来了，我们对政府有这么多要求，它如何做到？显然，只有那些具有强大征税能力的国家才能提供良好的公共服务——这当然不是说，具有强大征税能力的政府一定会把钱花在公共服务上，或者一定能把钱花得合理，但是征税能力是公共服务的必要条件之一，这一点恐怕没有争议。我们常常羡慕北欧国家"从摇篮到坟墓"的福利体系，但是它的前提是税收占

GDP接近50%的财税能力。很多国家的民众羡慕中国的高铁、中国的基础设施，这背后同样是政府巨大的财政能力和组织能力。

相比之下，那些贫穷落后的发展中国家，尤其是非洲国家，它们的财政和组织能力都非常低下，结果就是政府对很多公共问题一筹莫展。举一个公共健康问题的例子，大家都知道，疟疾是一个困扰人类多年的问题，尤其是在非洲，每年都有几十甚至几百万人因此丧生。但是，这个病的防控从技术上而言，并没有那么难，只要家家户户都挂上含有防虫剂的蚊帐，这个病的传播率和死亡率就会大大下降。但是，很长时间以来，很多非洲政府就是拿不出买蚊帐的钱，只能看着本国无数民众尤其是儿童白白死去。一个国家没钱造航母、造原子弹还可以理解，但是蚊帐都买不起，这就是国家能力低下带来的悲剧。直到最近，在国际社会的帮助下，非洲的蚊帐普及率才显著提高，疟疾的死亡率也下降了一大半。

"国家"视角解释的第三个方面，是经济发展。一定程度的市场自由是经济发展的前提，这一点已经越来越成为常识。但是，市场自由是怎么来的？以前人们简单地认为，市场自由就是摆脱政府，就是把政府这只"看得见的手"捆起来，然后市场这只"看不见的手"就会开始工作。于是，就有了效率的提高、经济的繁荣，这就是所谓"自发秩序的扩展"。但是，慢慢地，越来越多的人认识到，不是这么简单，不存在所谓"自发秩序的扩展"，所谓市场自由本身就是一个政治过程，就像交通自由，很大程度上是因为交警在维持秩序。

最简单而言，市场的存在和发展都需要产权保护，那么，谁来保护产权？虽然政府有各种可疑之处，但是通常而言，它比街头那些脖子上挂着金链子、胳膊上刻着刺青的黑帮混混要靠谱，因为它的时间视野通常比黑帮混混要长——黑帮混混今天还在斗殴，明天可能就被打死了，但是政府不能不管明天。

因此，我们去买房之后，都一手交钱一手交房了，还要去领一个房产证。如果市场只是"自发秩序的扩展"，那我们拿到房子，交易就应该结束了。但是，事实上，只有房管局给我们发了房产证，我们心里才会踏实，对不对？

为什么只有拿到政府发的这个小本本，我们心里才踏实？因为我们知道，这个政府盖了章的小本本，意味着我们对这个房子拥有的所有权利，至少从法律上而言，从此有了一个暴力机器的保护。

而当政府不具备暴力垄断能力的时候，这种对产权的踏实感就不复存在了。在巴西，很多富人过着像囚犯一样的生活。为什么？因为黑帮盛行，政府又干不掉它们，富人随时被抢劫、被绑架，甚至被杀害，于是，富人的房子常常是安装双重钢铁门、电网、保安塔、远程监控系统，甚至还有无人机来回巡逻。上次课谈到的墨西哥是另一个例子。墨西哥有个城市蒂华纳（Tijuana），被称为"世界谋杀之都"。这个城市在20年前，还是一个著名的旅游城市，经济繁荣、游人如织，但是，由于黑帮坐大，到处敲诈商铺、餐馆、酒店，慢慢地，各种店铺都逐渐关门，一个曾经繁华的旅游城市凋零为一个空空荡荡的鬼城。而这恰恰是国家能力缺失造成的局面。

除了产权保护，还有学者认为，国家对经济发展可以起到更大的引领作用，它不仅仅是保护产权的警察，还可以是经济发展的引擎。前面我们讲到，"东亚奇迹"的出现带动了"发展型国家"理论的兴起。中国的崛起，则被视为是这一理论的又一例证。韩裔经济学家张夏准写了一系列的书，试图说明所有国家的经济起飞，都有过国家积极干预经济的阶段。中国一些经济学家，比如林毅夫教授，也提出"有为政府"的概念，以此解释中国的经济发展。当然，此类理论也存在着很多争议。在中国的经济发展中，政府到底起到了多大作用，中国的经济发展在多大程度上是because of政府干预，多大程度上是despite of政府干预，也有很多争论。大家以后可以继续思考这个问题。

国家能力的历史投影

所以，总结一下，国家能力很重要：它缔造秩序，它是现代公共服务体系的前提，它保护产权以促进经济发展，它甚至可能还是特定经济发展模式的发动机。在各种研究中，令我印象最深刻的，还不是国家能力的重要性，而是这种重要性的可持续性。我读过一篇文章，在比较了德国被罗马帝国统治过的地方和没有被罗马帝国统治过的地方后，作者发现，在当代，前者比后者明显经济更发达，作者的结论是：这种经济水平差异与罗马统治史有很大关系。

大家可能觉得纳闷，罗马帝国已经灭亡快1000年了，怎么能影响当代的经济水平？可是，这个研究却说，当然能影响，因为只要是罗马帝国统治过的地方，就会修建发达的道路系统，而道路系统的存在，直接影响了这个地方的商业发达程度、城市形成密度，从而通过一种滚雪球效应，影响该地区以后近1000年的历史。

国家能力不但重要，而且其投影极其漫长。沿着这个思路展开的研究有很多，比如，有研究越南不同地区的、哈布斯堡王朝不同地区的，甚至非洲不同地区的，结论都大同小异：在其他条件相当的情况下，国家建构比较成熟的地方，其治理表现通常更优越。在这些文章里，有一篇干脆题目就叫"帝国死了，帝国万岁"。

所以，新的政治趋势会带来新的政治学潮流，"重新带回国家"激活了政治学的理论想象力。很长一段时间以来，我们谈论政治现代化的时候，第一反应往往是民主转型。站在中国皇权专制的历史传统下，这一点尤其可以理解。但是，从长线历史的角度而言，更重大的政治革命可能不是"民主革命"，而是"国家革命"。只不过，相比民主革命，因为"国家革命"的发生距今更加久远，所以我们反而容易忘记它的价值。

现在，我们每个人生下来都有一个国籍，"中国人""美国人""日本人""赞比亚人"等，所以，我们很容易把"主权国家"视为理所当然的存在。但事实是，同时获得外部和内部承认的、稳定的暴力垄断是一种人为的建构，在此之前，人类已经在部落、城邦、帝国、封建制、贵族领地、哈里发等政治组织形式中摸索了几千年，最后才在主权国家体系中安营扎寨。

也恰恰因为它是一种人为的建构，不是一种自然状态，这个过程艰难、脆弱，甚至可以说是一场永恒的逆水行舟。对很多国家来说，它们至今还在这个过程中苦苦挣扎。即使是在中国，这样一个国家建构历史悠久的国家，其"国家能力"也是起起落落。这一点，大家对比一下汉朝和魏晋、初唐和晚唐、清初和清末，都会有清楚的认识。我们倾向于把自己最熟悉的事物当作最理所当然的事物，然而，在常常不堪一击的人性面前，任何秩序都可能只是海市蜃楼。

16. 国家能力从何而来？战争

前面我们谈到，国家能力虽然未必越强越好，但是强大的国家能力非常重要。很多国家，正是因为国家能力的低下，出现持续的冲突、公共服务水平低下以及经济发展的瓶颈。

一个显然的问题是：国家能力从何而来？为什么有的国家国家能力非常强大，而有的则软弱无力？在接下来的几讲中，我想谈谈这个问题。

这一讲，我想讨论一个大家可能会觉得意外的因素——战争。

说到战争，我们可能都有会一种本能的反感。毫无疑问，战争给人类带来深重的灾难，可以说罄竹难书。但是，一个反讽的历史事实是：在很多层面上，战争又是现代文明之母。战争加速了科技发展，远至铸铁技术的进步，近至核能源、计算机、超声波等技术的开发和发展，都与战争有着千丝万缕的联系。战争还是现代金融之母，因为打仗要钱，在王室税收有限的情况下，各路人马不得不进行金融创新，于是有了债券，有了汇票，有了抵押贷款，有了中央银行。战争甚至还催生了现代民主，为什么？同样是因为打仗要钱。国王要钱而王公贵族不想给，双方相持不下，最后贵族们说：行，你要钱可以，你得让我们成立一个议会，凡事得通过议会和我们商量才行。这就是代议民主的最初起源。所以，战争加速科技进步、塑造现代金融、催生代议民主，和我们今天的主题相关的则是，战争还缔造国家。

战争推动政治结构"中央集权化"

战争缔造国家，这是什么意思？简单来说，就是在"弱肉强食，适者生存"的淘汰过程中，战争强化那些幸存国家的国家能力。当然，这个观点不是我个人的发现，而是一批学者的看法。学者蒂利（Charles Tilly）的名言就是："战争缔造国家，国家制造战争。"（Wars made state, states made wars.）虽然蒂利的主要分析对象是欧洲国家，但是，他的分析对于其他地区同样有参考价值。

为什么说"战争缔造国家"？蒂利的这个观点发端于一个"转型之谜"：西欧国家在1500—1800年左右的这几百年时间里，经历了一个政体形态的"巨变"。什么巨变？就是西欧国家普遍从"封建体制"走向了"中央集权体制"。大家都知道，中国历史上有一个类似的"政体转型"，即所谓"周秦之变"：封建制的西周，经过春秋战国的蜕变，慢慢转变为中央集权的秦朝。只不过，在中国，这件事情发生在2000多年前，而欧洲的"周秦之变"要晚一两千年，且转型的深度比中国要小得多。可以说，西欧1500—1800年左右的政体形态变化，是一个迟到的、弱版本的"周秦之变"。

从封建体制到中央集权体制，最大的变化是什么？形象地说，就是权力从蜂巢结构走向了金字塔结构。

在封建体制下，所谓"领主的领主不是领主"，意味着整个王国的结构是一个一个蜂巢，国王能命令贵族，但是不能直接统治老百姓。但是，在中央集权体制下，间接统治变成了直接统治——国王打破了贵族这个中间层，直接向国民征兵、征税，当然也直接提供公共服务。蜂巢结构的壁垒被消解了，整个国家融合为一个整体的金字塔。

当然，国王和国民之间也有一些中间的官僚，但是官僚是国王任命的，是国王的代理人，不像贵族，贵族成为贵族，是因为他爸爸是贵族，不需要每次都由国王任命。所以权力的来源是不同的，听话程度当然也不同。换个更形象的说法，封建体制下贵族是权力的股东，而中央集权体制下官僚是权力的经理人。显然，政治结构的中央集权化意味着国家能力的增强。

其实，要理解欧洲的这场巨变不难。大家想一想，一般说起欧洲最"厉害"或至少最"知名"的国王，我们通常会想起谁？法国的路易十四、英国的伊丽莎白一世、西班牙的菲利普二世、普鲁士的腓特烈大帝、俄罗斯的彼得大帝等，对不对？这些人有什么共同点？他们都出现在16—19世纪。16世纪之前的欧洲国王，我们想得起几个来吗？印象比较模糊，是不是？模模糊糊想起"失地王"约翰，被贵族打得满地找牙，不得不签订《大宪章》那个。还有神圣罗马帝国的亨利四世，雪地跪求教皇原谅那个。最多是查理曼大帝，但是他所创造的帝国很快陷入分裂……总之，16世纪之前，我们想不起几个形象特别霸气的欧洲国王来，和16—19世纪这种群星璀璨的国王画卷形成鲜明对比。为什么我们的历史记忆会有这种反差？简单来说，就是封建制下，国王不那么重要，只有在中央集权化的体系中，国王才变成一个傲视群雄的"帝王"形象。

面对这场巨变，蒂利的问题是，或者说，很多学者的困惑是：为什么？为什么在欧洲持续了1000多年的封建体制会走向瓦解，而新的中央集权体制会在"制度竞争"中胜出？蒂利的答案是：战争。

大家可能会说，战争不是古已有之吗？为什么16世纪之后，战争会构建中央集权制的国家？这是因为，尽管战争古已有之，但就欧洲而言，16世纪之后，战争的烈度和频度大大上升。之前，欧洲也有王位继承战争、领土争端战争，但是16世纪之后，宗教改革带来了大规模的宗教战争，大航海时代的到来引发了殖民争霸战争。在这些战争中，最著名的莫过于三十年战争——这场席卷整个欧洲的宗教战争直接或间接导致了800万人死亡，放在当时的人口基数中，这是非常可怕的数字。并且，军事技术的进步又加剧了战争的残酷性——以前一支弓箭也就射死一个人，现在大炮则可以一发打死数十人。

所以，战争的密度和烈度在上升，这和国家建构有什么关系？当然有关系。当战争还比较温和时，封建的政治结构还能支撑战争的展开，但是当战争越来越激烈，只有对国家进行"中央集权改造"才能打赢战争。封建体制下是怎么打仗的？国王征召贵族，贵族征召骑士，骑士拉上农民。这些本质上是"民兵"的组织自备干粮、带着锅碗瓢盆就出发了，打到一半，可能还得先赶回老家去收割庄稼，然后再回来接着打。这还是国王运气好的时候，运气不好的时候，贵族拒绝出征、拒绝出钱，甚至转过身来一巴掌把国王拍个半死。大家知道，这就是英国《大宪章》的来历。所以，封建体制不是一个有效率的战争体制。

战争缔造国家机制之一：常备军建设

于是，战争"倒逼"政体形态变革。

首先，最显然的，是战争推动了常备军的建设。今天我们可能觉得，一个国家有一个军队是天经地义的事，尤其对于我们中国人来说，很难理解一个国家怎么可以没有军队。别说活人的军队，就是死人的军队我们也有，著名的兵马俑不就是这样一个给死人陪葬的"军队"？

但是在很多国家，历史上却并非如此。在西方的封建体制里，军队不是国家的，本质上是贵族的，只不过时不时"借给"国家用而已。国王因为总是缺钱，也养不起一支大规模的职业军队。直到美国建国，在制宪会议中，争吵得最激烈的话题之一，还是要不要建立常备军。在当时很多美国人看来，为什么要建"常备"军？打仗的时候你召集军队我还可以理解，不打仗的时候你养一支军队干吗？是要镇压老百姓吗？所以，在他们以前的政治传统中，国家军队是非常可疑的机构。

可是，当战争越来越激烈，这种怀疑就变得越来越奢侈了，因为临时起来拼凑的军队越来越不管用了。一开始，各国的"制度创新"还不是建立常备军，而是大量使用雇佣军，相当于用市场机制解决兵源问题。比如著名的瑞士长矛兵团，那是真正的国际战士，谁出钱帮谁，今天帮法国打普鲁士，明天帮普鲁士打法国。但是，慢慢地，国王们发现雇佣兵也不够用了，因为战争扩大到一定规模后，不再是几百人几千人参战，而是几万甚至几十万人参战，这时候靠雇佣兵打仗就越来越不现实了。为什么？因为这个钱烧不起。而且，雇佣兵"人尽可夫"，缺乏政治忠诚，也会影响战斗力——大家想想，如果一个士兵打仗的时候觉得自己是在保家卫国，他可能会很愿意抛头颅洒热血，"死不旋踵"，但是如果他打仗的时候满脑子想的是，"对面那个国家会不会出价更高"，他就很容易心猿意马，对不对？

所以，到18世纪末，雇佣军慢慢就被淘汰了。更稳定、更庞大、更忠心耿耿的常备军登场了。蒂利的书中有统计，1500年，法国的武装士兵只有18,

151

000人，但是到了1850年，变成43万人；英国同一阶段则是从25,000人变成20万人；俄罗斯的士兵则从1600年的35,000人变成85万人。常备军的出场，可以说是中央集权化最重要的一步。此前，国王和贵族的力量在很大意义上是对称的，此后，这种对称性就不复存在了。

战争缔造国家机制之二：中央财税机制

战争增强国家能力的第二个机制，是促进现代"财政国家"的建立。

在封建体制下，老百姓当然也要交各种苛捐杂税，但是，通常而言，他们主要不是交给国王、政府，而是交给领主、教会。当然，贵族也要向国王交税，但是贵族的税基和全民的税基，覆盖面不可同日而语。更重要的是，贵族的谈判能力和普通民众完全不同。贵族有武装、有骑士、有民兵，而国家没有常备军。而且，贵族数量相对少，所以组织成本低，他们联合起来对抗国王的难度远远低于农民组织起来对抗国王。

所以，在封建体系下，国王向贵族收税容易吗？当然不容易，基本上是看贵族的心情——心情好，就多交点；心情不好，就不交了。国王如果不服，还经常被吊打。你们看英国王室早期的历史，几乎就是一部国王被贵族、教会轮番吊打的血泪史。中世纪的时候，英国王室还经常以巡回法庭的方式到全国各地去断案，收点断案费，也算是创收项目了。

但是，16世纪后，随着战争的加剧，这种"化缘"式的财政模式越来越难以为继。这一点不难理解，无论是转型早期的雇佣军，还是后来的常备军，没有钱，怎么养？像普鲁士的常备军，1640年只有2000人，但是到1786年增加到20万人，没有扩大的、稳定的财源，怎么维持这样一个庞大的军队？

还有装备升级。古代打仗常常是近身肉搏战，所以贵族购置几匹马、一身盔甲、举着刀枪就能冲锋陷阵了。近代战争则需要使用大炮、各种火器火药，甚至需要战舰，这种装备常常只有靠"举国之力"才能供应，像西班牙的无敌舰队，就是当时的西班牙国王菲利普二世砸锅卖铁砸出来的成果。除此之外，还有军事训练。以前打仗主要靠贵族临时征召，出则为兵、入则为农，现在战争越来越激烈，就必须专门花个几年培训职业士兵才可能打赢，什么西班牙大方阵、什么瑞典线性阵线，都要经过严格的培训才可能奏效，而长时间、大规模的军事训练也要钱。

所以，战争逼迫所有参战国家建立扩大的、稳定的财政系统。专职的税收部门逐渐建立起来，取代那种诉诸中间人的包税制；主要针对土地贵族的税制逐渐扩展成针对全民征税；稳定的年度税收逐渐取代了一事一议式的特种税。因为税收总是不够用，各个国家同时也通过其他方式"八仙过海，各显神通"。比如英国，靠政府信用之下的金融创新缓解了战争费用问题。法国的王室则通过大量贩卖官职缓解财政压力，据说到法国大革命之前，已经卖出了7万多个官职，国王秘书都有好几百个。西班牙，靠美洲白银成为近代早期的欧洲霸主。俄罗斯，靠加剧对农奴的压榨解决财政问题……总之，在这个过程中，那些能够在解决国家财政问题上找到最持续方案的国家，成为最终的战争胜利者。

战争缔造国家机制之三：行政体系

战争缔造国家的第三个方面，是官僚行政体系的建立和扩张。

在封建体制下，一个科层制的官僚政府或者不存在，或者非常小，因为当时即使有公共服务，也主要是领主或教会提供，中央政府既没有意愿也没有能力养一个专职的"公务员"队伍。哪怕是时不时组织打仗，打完仗士兵们也就遣散了，钱花完了下次打仗再说，没有必要建立一个长期的官僚组织养着。我们经常看到一种说法，说古代中国人太了不起了，一千多年前就发明了科举制，解决了为政府提供优秀人才的问题，古代西方人怎么就想不到这一点？其实，一千多年前的西方人想不到这一点，主要是因为他们的政治结构不需要——不存在大规模、多层级的官僚制政府，当然也就不需要去琢磨怎么"选拔官员"。英国政府为什么叫"内阁"（cabinet）？因为它一开始非常小，小到一个阁楼大小的空间就装下了，所以如何选任官员不是一个系统的问题，小规模的用人需要，从教士、贵族或者法官里扒拉一下就找到了。

但是，战争的加剧改变了这一点。战争不仅仅需要士兵、税收、武器、粮食、情报、运输等，而且需要组织和调配这一切的官僚机构。越激烈、越密集的战争，就越需要建立高效的官僚机构。于是，有了作为政府部门的人口统计机构、土地登记机构、税务部门、情报部门、粮食管理部门、装备采购部门、基建部门……把所有这些职能部门加起来，就构成了一个官僚制政府。1600年左右，英国中央政府只有1400～2000人，但是到1797年，英国中央政府就有16,000多个雇员了，而英国和西欧各国比，已经是非常小的政府了。

所以，16世纪开始的密集战争，催生了欧洲各国的常备军建设、财政国家建设、官僚体系建设。这就是"战争缔造国家"的机制。那些及时地、成功地将政体从封建结构改造为中央集权结构的国家，才能在几百年征战中幸存下来，反之则可能被历史淘汰。正如蒂利所发现的，1500年欧洲大概有500个政治单位，到1900年，只剩下20多个。这个数量的变化，正说明了这个残酷的大浪淘沙过程。今天，我们都知道德国、法国、英国，但是，我们有几个人了解萨克森公国、波西米亚王国、勃艮第公国、巴伐利亚王国以及更多名不见经传、消失在历史长河中的政治体？国家建构就是这样一个"大鱼吃小鱼、小鱼吃小虾"的丛林游戏。

中国的国家建构何以早熟？

显然，这个"战争缔造国家"的理论不但帮助我们理解欧洲，也帮助我们理解其他国家。比如，有学者指出，非洲国家的国家能力之所以普遍偏弱，相当程度上就是因为非洲地广人稀，加上游牧经济，所以历史上没有密集的大规模战争，它的国家建构也因此缺乏动力。而在国家建构连续谱的另一端，则是中国。刚才我讲战争的加剧如何倒逼了欧洲的国家建构，大家是不是觉得这个故事似曾相识？我想，你们可能都会联想到春秋战国时期的中国。可以说，中国经历了一个和西欧非常相似的历史过程，只不过这个过程在中国早发生了两千年左右，而且战争的频度和烈度还要高得多。

不少学者指出，就脱离封建体制、建成中央集权制的国家形态而言，中国是最早的"现代国家"，这种早熟的现代性，恰恰是因为中国更早地经历了战争的剧烈化。大家想想，战国为什么叫"战国"？不就是因为一天到晚在打仗吗？

其实，春秋时期，打仗还是比较斯文的。我们知道，西周讲"礼制"，打仗也要讲究"礼法"，所以到东周的春秋时期，还有这种上古遗风。所谓的"师出有名""不斩来使""不鼓不成列"——敌人没列好队就不开打，都是周礼的表现。但是，随着战争越来越激烈，打仗就顾不上"吃相"了。到战国后期，战争的惨烈程度，作为中国人，我们都有一定的了解。著名的长平之战，秦军活埋赵国40万士兵，据说到20世纪都时不时还有长平之战的尸骨被挖出来，这是何等的惨烈。我看到福山的《政治秩序的起源》里有个估计，秦国动员的士兵人数占总人口的8%～20%，这是非常惊人的。即使是以骁勇善战著称的古罗马，动员的士兵也仅占总人口1%左右，而罗马帝国的辉煌，从统一和集权角度来说，欧洲再也没有成功地复制过。所以，中国的国家建构远早于欧洲、强于欧洲，也就不奇怪了。

在春秋战国数百年的残酷战争中，为什么是秦国胜出，最后一统天下？当然是因为秦国的国家建构走得最远。当时，很多国家都在搞法家改革，比如魏国的李悝改革、楚国的吴起改革，但是，狭路相逢狠者胜，大家都知道著名的商鞅变法，商鞅真的是太狠了。

去看商鞅变法的内容，你会发现那简直是"教科书式的"国家建构工程。第一，打破爵位世袭，这是摧毁封建制的最核心要素，"宗室非有军功论，不得为属籍"。没有军功，你爵位就岌岌可危了。这样，诸侯头上的帽子就不再是他们的私人财产，而被收归国有，成了国家驯服社会的诱饵。第二，废井田、开阡陌，在经济上打击封建贵族，把民众从对贵族的土地依附中解脱出来，切换到围绕着国家旋转的轨道。卫星不再绕着行星转了，而是直接绕着恒星转。第三，按军功授爵，"能得甲首一者，赏爵一级"，杀敌人一个，封一级爵位，以此激发军队的战斗力。第四，编户齐民、什伍连坐，使"奔亡者无所匿，迁徙者无所容"，这样不但把整个社会置于国家掌控之中，而且把国家的一只眼睛变成社会上相互监督的千千万万只眼睛。总之，商鞅变法就是破诸侯，立中央；解构社会，强化政府。用学者秦晖的话来说，就是打破社会中的无数"小共同体"，把他们融入万众一心的"大共同体"当中。

所以，有人说"商鞅变法"是平民的解放，对此我是很怀疑的，这明明是帝王的胜利，哪是什么平民的解放？且不说有学者考证，商鞅变法后的所谓"军爵分封"对于老百姓是有天花板的，贵族分封依然广泛存在，也不说分封来的爵位财产皇帝可以随时夺走，就算老百姓是摆脱了贵族的压迫，他们也不过是从贵族手里移交到了帝王手里，谈何"解放"？而且，贵族有很多，所以理论上，如果压迫太深重，老百姓还能从一个贵族那里逃到另一个贵族那里，但是帝王只有一个帝王，你跑到哪里去？真的是"奔亡者无所匿，迁徙者无所容"。毛主席说，中国"百代皆行秦制"，中国国家能力的传统，正是发源于此。

可能有人会问：为什么中国是"战争缔造国家"，欧洲也是"战争缔造国家"，但是中国的"国家能力"传统却比西欧深厚得多？或者，用一个更直观的标准来说，为什么欧洲从几百个政治体开始打起，大鱼吃小鱼、小鱼吃小虾，但是打到了几十个政治体后，就刹车了，而不是像中国一样，一路打到大一统？

这里当然有很多原因，地形地貌的差异、战争激烈程度不同、"法家改革"的力度不同，等等，但是归根结底，还是我们之前讲到过的，理解政治的一个基本原则——"政治在社会中"。

简单来说，西方在16世纪左右开始"国家建构"的时候，他们的中央权力已经深深嵌入到了一个相互制衡的权力网络中，除了王权，还有强大的教权、高度自治的城市、崛起的商贸阶层，以及势力更加强大的贵族权力，所有这些"其他势力"都像缰绳一样，约束了"国家建构"这匹马狂奔的速度。而中国在两千年前开始这一进程时，没有那么多元的政治权力，也还没有发展出非常复杂的社会和经济结构，结果就是国家建构如同脱缰之马，一路狂奔到了大一统。

所以，国家能力从何而来？很不幸的是，战争是一个重要机制。在中国，春秋战国几百年的战争虽然残酷，却为高度集权的大一统政治结构奠定了基础。在欧洲，一方面，战争带来了国家建构的动力；另一方面，多元的政治结构又约束了国家建构的深度。而在非洲、拉美、印度等国，历史上战争相对稀疏，其意外后果则是缺乏国家建构的动力，以至今天政府难以垄断暴力。

因此，一个悲剧性的历史观察是：国家建构就像是买房，残酷的暴力冲突则像是付款，你可以选择大额首付，也可以选择大额尾款，或者漫长的分期付款，但是你却无法逃避付款。当然，历史是历史，生活在资源越来越丰富、文明越来越进步的当代，我们仍然希望，对于抵达政治秩序，人类能找到比相互杀戮更聪明的方式。

17. 国家能力从何而来？文官制与国家

这次课，我们继续讨论"国家能力从何而来"。上次课，我们谈到"战争缔造国家"，谈到密集而剧烈的战争如何导致国家权力结构的中央集权化。但是，国家建构仅靠"战争"显然是不够的，因为"打天下"和"坐天下"需要的国家能力很可能不同。"打天下"靠什么？极端地说，靠"狠"，越彻底地把国家转化为一个战争机器，就越能打赢战争。但是，你不能靠战争机器去"坐天下"，就像你不能靠百米冲刺的速度跑马拉松。那么，除了战争，国家能力还能从何而来？答案可能很多，这次课我想讨论一个重要因素——文官制。

说到文官制，大家首先想到哪个国家？对，中国。中国是文官制的发源地，也是文官制登峰造极的集大成者。这次课我们就来谈谈中国的文官制，以及为什么"文官制"对于中国的国家能力建构至关重要。

中国强大的国家能力传统

在展开讨论之前，有一点必须强调，这也是全世界人有目共睹的一点：中国的国家能力非常强大。对此，我们生活在中国感受应该最深。前面说过，暴力垄断能力是一个国家的核心要素。我给大家一组数字，大家可能就能理解中国这方面的国家能力了。2018年，萨尔瓦多每10万人的谋杀率是52，这是全球最高的谋杀率；美国是5，这在发达国家里也算很高的了。中国是多少呢？0.5。连丹麦，我们之前讲到过的模范国家，每10万人的谋杀率都有1，是中国的两倍。即使数字细节也许存在争议，但是无疑，现在中国的治安是非常好的，这不仅仅是和发展中国家比，而且是和发达国家比。哪怕去巴塞罗那甚至巴黎这样的发达城市旅行，也会有当地的朋友告诫我，如果你去哪哪哪，一定要小心啊。但是反过来，如果是我的外国朋友到北京，我通常不会说，哪哪哪你最好不要去。

再举个例子。我前两年听过哈佛大学教授艾利森（Graham Tillett Allison）的一个演讲，他在里面提到一个细节。他说，2012年，马萨诸塞州政府决定维修哈佛大学附近的一座桥，计划花两年时间。结果花了多久呢？花了五年时间以及三倍的预算，才修好这座桥。然后，他拿这个例子和北京三元桥的一次维修相比，工程量类似，北京花了多久呢？43个小时。这就是中国异乎寻常的国家能力。

最近的例子则近在眼前了。近年的新冠病毒，中国在防控疫情方面的雷厉风行，也是举世公认。我记得2020年6月有几天，北京的新发地市场发现了100多例新冠患者，当时北京立刻严阵以待，出动大批武警封锁新发地市场，全城铺开核酸检测，学校重新停课，很多商业机构也重新停业。有个小细节我印象很深。当时有个网民，说他收到政府部门的一条短信，内容是他最近去过新发地，让他立刻去接受检测。他开始还纳闷，我最近没去过新发地市场啊。后来猛然想起来，那段时间有一次，他曾经以时速80迈的速度路过新发地附近的京开高速，但就是这样，还是被"发现"了。

这种例子不胜枚举。无论是疫情防控、维稳，还是高铁的建设、全民医保体系的建立、精准扶贫、"一带一路"、大学扩招，等等，都可以看到一个雷厉风行的政府身影。正是因此，在比较政治学中，中国几乎成了国家能力的象征。

但是，众所周知，强大的国家能力在中国，是一个深厚的传统，而不仅仅是一个当代现象。为什么会形成这个传统？原因很多，上次我们讨论了春秋战国时期密集的战争，如何催生中国早熟的中央集权体系。但是这次课，我想集中讨论另一个因素——发达的文官制。

什么是文官制？中国历史上的文官制发达在哪儿？为什么它对于中国的国家能力至关重要？为了帮助大家理解这一点，我想分别解析"文官制"里的这两个字——"文"与"官"，看看其中有什么道理。

中国文官制何以发达之一：细密的政治经纬线

首先，我们来看"官"这个字。"文官制"里面的"官"是什么？就是官僚系统。官僚系统是什么？就是政府的条条与块块——所谓条条，就是各级政府；所谓块块，就是政府各部门。条条与块块，就像经线和纬线，编成一个政治网络，附着在整个社会肌体之上。

大家今天可能觉得，OK，这有什么了不起的吗？有层级、分部门的政府，不是每个时代、每个国家都有吗？当然不是。哪怕在现代社会，有很多国家的官僚制都是非常薄弱的——他们或者没有能力和资源建立向下纵深、分工精密的官僚体系，或者就算建立了，这些官僚体系也不听话，也就是我们所说的"无组织、无纪律"，结果就是整个国家陷入孤家寡人的"个人统治"，而不是有组织支撑的"官僚统治"。这种个人统治的政体往往是很脆弱的，我们在前面的课程中谈到过一个现象，叫作"弱独裁者现象"，很大程度上就是这种情况。

生活常识告诉我们：组织即力量，组织即效率，有组织的10个人，往往能打败无组织的100个人。官僚制塑造国家能力，很大程度上就是通过细密的组织网络，找到了动员、组织或强制社会的着力点，把一个一盘散沙的社会给凝聚了起来。而那些缺乏官僚制的国家，就像网眼过于大、同时网线还不结实的网兜，你一拎起来，东西就会稀里哗啦地往下掉。

如果不横向比较，而是历史地看，官僚制就更是一种制度创新——只不过，在中国，这个制度创新出现得如此之早，以至我们早已不认为它有任何新意。为什么说官僚制是创新？或许，只有站在封建社会的角度，才能理解"河对岸"的官僚制新鲜在哪儿。我们上次课讲到，政治学意义上的国家建构，就是去封建诸侯，立中央集权。封建社会的结构大体而言是蜂巢型的，在每个蜂巢的内部，诸侯享有极大的自主权。而且，他们的爵位是世袭的——世袭就意味着，权力是这些宗室贵族的"私有财产"，天子也不能随便僭越。但是，官僚制的结构是金字塔状的，天子在塔顶，官员只是天子的代理人，官职不是官员的私有财产，只是天子"租"给你用。开封的老百姓不能说：包大人，您如此深得民心，不如把您的官位传给您儿子吧。那不行。在官僚制中，所谓的官职都是皇帝可以随时收回的帽子。

这种制度变革对于皇权的意义是毋庸置疑的。封建制下，爵位是不可再生资源，一次就分配完了，面对诸侯，天子再也没有牌可打了，所以封建制总是很快产生离心力，无论是中国东周时期的三家分晋，还是西欧历史上查理曼帝国的瓦解，都是这种离心力的表现。但是在官僚制中，官职成了可再生资源，天子可以不断地再分配同一个职位，在每一次再分配中，天子都重新确立了自己的权威。这就好像一个导演如果把一个重要角色固定给了某个演员，那么这个演员就没有动力继续讨好这个导演了，反正他抱的是"铁饭碗"，但是如果每次演出，导演都重新选角，那么这个剧团里所有的演员都会向导演竞相邀宠。这就是官僚制的向心力。

这种向心力对于中国格外重要。为什么？因为中国大。我们知道，越大的疆域越难整合。我记得以前看过一个科普文章，讲为什么最大的陆生动物也就是大型恐龙那么大，而不可能像电影《金刚》里的那个巨型猩猩那么大，原因是动物骨骼结构的支撑力有限。帝国也是一样——太大了就容易散架，这也是为什么像马其顿帝国、罗马帝国、蒙古帝国，扩张到一定程度，就开始散架。这一点，在交通通信极其不发达的古代，尤其如此。中国的中原地带，也就是古代中国最核心的地带，和整个西欧差不多大，西欧历史上四分五裂，连这些碎片内部都很难维持凝聚力，而古代中国长期维持着大一统，和官僚制强大的向心力关系巨大。

中国的官僚制非常早熟。有人说起始于战国，也有人说起始于春秋，甚至还有人说起始于西周。不管起点在哪儿，官僚制在秦汉以后日益成熟，到了唐朝则登峰造极。以唐朝的中央政府为例，最著名的是其"三省六部制"，这个大家中学课本应该都学过。中书省负责起草政令，门下省负责审议，尚书省负责执行，吏户礼、兵刑工六部，六部又各有四司，一共24司，各司其职。除此之外，还有九寺五监，以及管理军队的十二卫。为了监察这么多干部，又设立了有监察权的御史台。

这还仅仅是中央层面，也就是"块块"，还有条条，也就是地方政府。唐玄宗时期，中国有350多个州、1500多个县。州又分上中下三种，县也分上中下三种。为了保持中央对地方的控制力，又设各种"监察使""节度使""观察使"。官位官职可谓密密麻麻、四通八达。因为我是江西人，出于好奇，我曾经查过"江西"这个名字的由来，发现就是来源于唐代的"地方监察"制度。为了监察地方官员，唐代在全国设立了15个监察区，称为"道"，其中一个"道"叫"江南西道"，这就是江西省名字的由来。可以说，这个名字本身，就是古代中国发达官僚制的见证。

所以，大家可以看出来，这是极其精细复杂、几乎是密不透风的组织网络。这些密密麻麻的经纬线把庞大的中国给捆到一起，深深地嵌入中国社会的肌理。就在同时期的欧洲君主为组织几千人马而焦头烂额时，唐朝通过府兵制可以集结40万~80万士兵。钱穆先生谈到唐代的时候感慨："1000多年前，全国户口就调查得很清楚了，而且还依照各家经济情况分成了9个等级，那是何等的细密。""细密"这个词，是对中国古代官僚制最好的概括。古代中国政府的超级动员能力、财政能力、维稳能力，就是从这个细密的官僚体制当中来。

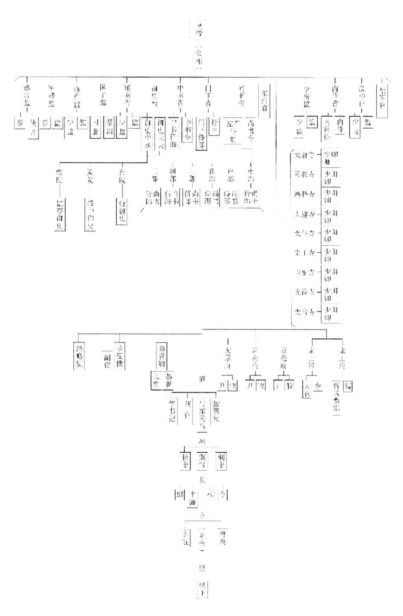

图3-2 唐代官制

163

中国文官制何以发达之二：文人当政

好，说完"官"，我再来说说文官制里的"文"。这里的"文"，显然是指文人、读书人。读书人当官，学而优则仕，是中国的古老传统。但是，同样，因为这个传统在中国太根深蒂固了，我们反而意识不到它有多么独特。其实，放在比较历史的角度来看，这是一个颇为"奇怪"的现象。因为在其他国家的国家建构过程中，系统地培养读书人当官很少见，武将当政、财阀当政、教士当政才更常见、更自然。因为这些人掌握着各种资源，王权需要与之结盟。相比之下，读书人有什么？除了一支笔杆子，什么都没有。百无一用是书生，天子为什么要与你们结盟？

在很多国家，武将才是"国家栋梁"。在古罗马，恺撒、屋大维这样的武将最终压倒参议院，将共和国改造成帝国。在奥斯曼帝国，禁卫军势力不断坐大，不但把握各种政府要职，甚至会推翻不听话的苏丹。在普鲁士，军事贵族，也就是所谓的容克集团，主导了其国家建构过程，最终使德国走向军国主义。大家最熟悉的例子，莫过于日本。日本的法西斯化，直接原因就是军部压倒文官。大家可能都听说过，20世纪二三十年代，日本的军人频繁刺杀文官，连首相都接二连三地被刺杀，这是日本武人当政的直接表现。

除了武将和军人当政，西方历史上还有基督教教士从政的传统，像法国近代早期，很多"名臣"，比如著名的首相黎塞留，就是教士出身。还有商人当政，最典型的就是英国，干脆把东印度公司，一个公司，当作一个行政机构来用。总之，在许多国家的国家建构过程中，除了王权本身，舞台上活跃的是将军、贵族、商人、教士，反正没有读书人什么事。有些国王也喜欢读书人，比如普鲁士的腓特烈大帝，特别喜欢启蒙思想家伏尔泰，会把他找过来求教，但也就仅限于谈谈人生和理想，他不会对伏尔泰说，你这么有学问，要不给你个部长当当？

为什么中国会形成独特的"文官"传统？读书人什么都没有，皇权为什么要依靠他们来治国？其实，仔细想想会发现，皇权寻求与读书人结盟，一定程度上恰恰是因为他们什么都没有。因为他们什么都没有，没有自己的军事基础，没有自己的经济基础，没有自己的宗教基础，所以对皇权不构成真正有力的威胁，恰恰可以成为王权最安全的盟友。

更重要的是，谁说读书人什么都没有？他们有笔杆子啊。打天下的时候，可能是枪杆子里出政权，但是坐天下的时候，很大程度上就是笔杆子里出政权了。枪杆子让人"口服"，笔杆子才让人"心服"。社会学家迈克尔·曼（Michael Mann）曾经说，权力有四种形态：军事权力、经济权力、政治权力，还有就是意识形态权力。文人所掌握的，正是这第四种权力。

事实上，中国的国家建构，面临的挑战和其他国家非常相似——那就是，在中央集权的过程中，离心力量不断涌现：贵族势力坐大，门阀财阀权力坐大，武装力量失控，奇奇怪怪的宗教势力不断冒出来，等等。我把这些离心力量的不断涌现统称为"封建回归的压力"。当然，这不是指"封建制"作为一种正式制度回归，而是指"封建性"的回归，即权力分散化、碎片化、蜂巢化的自然趋势。

像西汉的"七王之乱"、东汉的豪强政治、三国的军阀割据、北朝的关陇集团、唐代的门阀政治、唐中期的藩镇割据，都是这种"封建回归"压力的体现。为了稳固统治，皇权不得不和这些豪强、门阀、军阀势力结盟，但是一旦结盟，这些势力又有可能喧宾夺主。所以，中国的国家建构，也不是商鞅颁布一个法令、一夜之间就完成了，而是在跨越千年的进化过程中，反反复复、断断续续、逆水行舟、不进则退。

但是，最终，中国的皇权克服了"封建回归"的压力，走向了相对稳定的中央集权体系。皇权是怎么做到的？关键字，就是文官制中的这个"文"字。突出"文"，就必须抑武、抑财、抑商、抑教；也只有联合"文"，才能抑武、抑财、抑商、抑教。比如，在中国历史上，比较成功的皇帝都要抑武削藩，打击可能坐大的军事势力。这方面的故事大家都知道，不用我多说，刘邦贬韩信、宋太祖杯酒释兵权、朱元璋杀开国功臣，都是这种传统的体现。

又比如，打击豪强，抑制工商，钳制可能坐大的经济势力，也是中国古代皇权的长期斗争方向。秦始皇"徙天下富豪于咸阳十二万户"，汉武帝"算缗告缗"，都是抑制商业势力的表现。中国很多朝代都有"抑兼并"的措施，防止土地变得过于集中，防止豪强地主势力出现，这其中有养民惜民的成分，但是防止经济权力挑战政治权力，也是一个重要考虑。所以，在中国历史上，很少有能世代积累的财富，因为你一旦富到一定程度，官家常常就盯上你了，把你打回原形。我看学者王毅写的《中国皇权制度研究》里面提到，为什么中国人的虚无主义精神传统比较发达？"三十年河东，三十年河西""旧时王谢堂前燕，飞入寻常百姓家""古今将相在何方，荒冢一堆草没了"，等等，正是与皇权下缺乏产权保护的制度结构相关。

打掉了更具独立性的经济势力、军事势力、宗教势力，读书人集团就浮上来了。靠什么机制浮上来？最开始是"察举"，后来发展出了举世闻名的"科举"。科举制的优点，大家都知道，它以择优录取的方式为官僚机构提供了一批能人，为寒门子弟上升流动提供了一个通道，让社会竞争变得更加公平。

但是，从国家建构的角度来说，它另一个重要的功能，是对社会精英的驯服。什么意思？我们知道，每个社会都有向上流动的需要，底层想上升为精英、小精英想上升为大精英，这种冲动如何释放？在有的社会，是通过战场功勋，有的通过经商致富，有的通过土地积累，有的通过教会教职，最不济的，干脆通过革命。但是，所有这些渠道，都可能培养皇权之外的独立力量，都是危险的、离心的。

科举制的一大功能，就是把四处冲撞的精英冲动，纳入到一个轨道上来，那就是读书做官，为皇帝效力。这就类似于面对四处蔓延的洪流，给挖一个沟渠，把所有的水都给引到这一个水渠当中，让水势变得可控。所以，科举制的厉害之处，不仅仅在于选拔了一批人才，而且是通过利益和价值导向制造了一个庞大的士人阶层。10,000个人去参加考试，最后可能只取100个人做官，但是科举的功能不仅仅是找到这100个人，而是让那9900个人也加入这个游戏，这就是科举制政治吸纳的功能。所以，在古代中国，无论是穷人富人、商人地主、士族门阀，但凡能供得起的，几乎都让孩子去读书、考试、做官，而不是说，这孩子画画天赋挺高，咱培养他做个达·芬奇；或者，这孩子这么会做买卖，就让他去创业吧。

这种崇尚读书做官、抑制武人、贬低经商、贬低技术的文化，从我们汉语里一些常用词汇，都可以看得出来，在其他国家的历史上，骑士、武士往往是荣誉的象征，但是在中国，我们把习武之人叫什么？叫作"一介武夫"。其他行业也类似，商人经常被叫作"奸商"，技术创新被视为"奇淫巧技"，音乐叫作"靡靡之音"。但是读书人呢？"万般皆下品，唯有读书高"。这就是科举制的妙处，它把社会精英的能量都吸附到政治角逐当中，越靠近权力中心，就越被视为成功。

当然，知识分子入仕之后，也不完全是皇帝的附庸。文官集团也常常根据"四书五经"去规劝皇帝，"皇上，你要勤政爱民啊""皇上，你不能任人唯亲啊""皇上，酒喝多了伤身体啊"，等等等等。历史上有气节的清官名臣，我们听说过很多，魏征、海瑞等，最有名的就是方孝孺，因为反对明成祖朱棣篡位而被株连十族。所以有学者说，中国历来有政统和道统之分野，政统就是皇帝的权力，而道统则由儒生来诠释，换句话说，你有暴力，我有道理；你有高墙，我有鸡蛋；就算你把我打死，我还是能通过我的死把你给钉到历史的耻辱柱上。

但是，总的来说，有气节、有原则的文官只是一小部分。更重要的是，文官集团能给皇帝带去的约束是软约束，是道德压力，是苦口婆心，至于皇帝听不听，那要看运气了。碰到唐太宗这样心胸宽广的，会传下君臣关系的佳话，碰到明成祖这样的，那就是自杀袭击了。而掌握枪杆子的武人集团、掌握钱袋子的财阀集团，他们对王权的约束则是硬约束，他们靠的不是苦口婆心，而是兵临城下，是釜底抽薪。所以，中国的皇权最后选中文官集团来施政，实行"学而优则仕"，而不是"武而优则仕""商而优则仕"，自有它的合理性。

回顾中国两千年的皇权史，为什么后一千年比前一千年政权更稳定？科举是一个分水岭，宋代是科举制走向成熟的朝代。宋之前，皇权经常被各种诸侯、门阀、豪强、士族、藩镇侵蚀；宋之后，除了外敌，很少有什么社会势力能挑战皇权，"封建回归的压力"逐渐消退。一定程度上，这就是科举制的力量。

所以，总结一下，为什么说文官制对于中国的国家能力意义重大？首先，文官制中的"官"，也就是官僚集团，通过一个细密的组织网络，把一个庞大的帝国给捆到一起，产生了巨大的组织红利。其次，文官制中的"文"，则通过抑制武人、财阀、宗教力量等，把社会精英引流到了读书做官、为皇帝服务的道路上来。这两个机制相结合，文官制大大强化了古代中国的国家能力，并使这种能力成为一种深厚的传统。王朝可以亡，政治文明却不会亡；国家可以改名换姓，但是国家主义却可以生生不息。直到今天，我们还在亲身经历着强大文官制带来的很多优势，比如前面讲到的，中国基建的神速、疫情防控的高效、治安状况的良好等。

但是，另一方面，过于细密的官僚体系、过于强大的国家能力，也可能意味着国家淹没社会、国家取消社会。就中国而言，历朝历代"官"对"民"的压迫，我们从各种历史记载中早已熟知。杜甫的名篇《石壕吏》就是对这种压迫的写照："吏呼一何怒，妇啼一何苦……一男附书至，二男新战死。存者且偷生，死者长已矣。"这种官与民的不对称，带来无数的悲剧。对"读书做官"的过度推崇，在历史上也长期抑制了中国社会其他维度的发展，工商业的萎靡、科技的落后、军事战斗力的萎缩等，都与此相关。所以，古代中国早期虽然秩序没有那么稳固，但是相对生机勃勃，越到后期就越暮气沉沉。

有一些学者认为，中国最早发明了文官制度，所以中国是最早的现代政治国家。对此，或许可以存疑。思想家韦伯曾指出，古代中国的官僚制，本质上是家产官僚制，不同于政治中立的现代官僚制。家产官僚制，意味着这个官僚机构再精细、再高效，它是有姓的——在汉代，它姓刘；在宋朝，它姓赵；在唐朝，它姓李；在清朝，它姓爱新觉罗。当一个官僚集团头上顶着"一家之姓"的时候，它能否真的成为天下之公器？黄宗羲说："我之出而仕也，为天下，非为君也；为万民，非为一姓也。"这才是真正的现代精神，这种文官集团所运行的，才是真正的现代国家。

18. 美国：国家建构的另类道路（1）

前面两次课，我们讨论了国家能力的两个来源——战争与文官制。我们讲到，尽管不同国家的国家建构进程有早有晚，中间甚至可能差了一两千年，但它们的逻辑往往有相似性：战争的压力迫使国家一步步中央集权，在这个过程中，大鱼吃小鱼、小鱼吃小虾，形成一定疆域内的暴力垄断格局。然后，为了维系这个权力结构，国家往往要发展出一个庞大、细密的文官体系，在非战争状态时依然能够将一个巨大的政治体给"兜"住，以抵御"封建回归"的压力，也就是权力走向分散化、离心化的天然倾向。

这次课，我想切换视角，讲一个有点另类的"国家建构"故事。这个故事，来自一个我们都耳熟能详的国家——美国。

美国另类在哪儿？首先，另类在美国社会的"国家观"；其次，另类在它"国家建构"的道路。这次课，我们来谈谈第一个问题，也就是美国人的国家观；下次课，我们再谈谈美国的国家建构道路。

"反国家主义"的国家观

说到美国社会的国家观，我想从一个小细节说起。在美国生活过的人可能都注意到，美国人是没有身份证的。我们在中国生活都知道，身份证给我们带来多大的方便，坐火车飞机、住酒店、看病、办各种卡，处处都用得上它。我们之前谈论国家能力的时候，也说到过，国家能力的一个重要的方面是它的信息能力，一个能力强大的国家，就是一个明察秋毫的国家，身份证的存在，帮助政府清楚掌握每个人的行踪。但是，作为世界上最强大的国家，美国居然没有身份证，这是为什么？

显然，不是因为它没有能力建立这个系统。美国没有身份证，是因为美国社会中有一大批人坚持认为，建立一个全国性的身份证系统，会造成政府侵犯民众的隐私权。说实话，我不大能理解这种脑回路，但他们的逻辑就是：我不希望街上随便一个警察扫个码，就知道我住在哪儿；不希望一个公务员敲一串数字，就能查出我过去几个月的所有行踪；再说，我怎么知道政府会不会把我的数据和商业信息整合，最后告诉我，因为我银行信用记录不好，所以我不能拿到低保？总之，我不想在政府面前成为一个透明人。

所以，到现在，美国人为了证明自己的身份，有时候用驾照、有时候用社会保障卡，有时候用护照，信息很支离破碎，但是，与一览无余相对的这种支离破碎，正是他们想要的屏障。这两年美国各州为选举投票要不要证件打得不可开交，一个背景因素就是美国没有各州统一的身份证。

这个小细节当然不是偶然的，它体现的，正是美国人的"国家观"。什么国家观？用个简单的说法，就是"反国家主义的国家观"。美国人对国家、对政府的怀疑非常根深蒂固，可以说到了一种条件反射式警惕的程度。当然，左派和右派的怀疑，角度是不同的。右派对国家的怀疑，是认为"国家"这个单位太大了，权力应该分散在各州、分散在社会、分散在市场；而左派对国家的怀疑，则是认为国家这个单位太小了，人权高于主权，全球主义高于国家主义，用公民资格来排斥移民、难民，太狭隘了。不管左派右派在其他问题上打得如何不可开交，在对国家、对政府充满警惕这方面，这两派确实殊途同归了。

这里需要强调的一点是，美国人的"反国家主义"政治传统，不仅仅是和中国或其他东方国家相比，而且是和其他西方国家相比——哪怕站在西方传统中，美国人对国家、对政府、对权力的警觉程度也是非常突出的。何以见得？我举两个例子。

一个是美国的持枪权。大家可能知道，美国是西方国家里唯一允许持枪权的国家。我们前面在解释"国家"这个概念的时候说到过，国家的本质是什么？是暴力垄断。秦始皇上台后收缴天下兵器，浇筑十二个大铜人，正是这种暴力垄断"教科书式"的表现。但是，美国立国后，立刻确立了"民众持枪权"原则，也就是说，政府主动放弃暴力的完全垄断权，宪法第二修正案规定："纪律良好的民众武装是自由国家安全所必需，因此，人民持有并携带武器的权利不受侵犯。"大家推敲一下这条修正案的字句，赋予民众持枪权，是为了保护民众的打猎权吗？不是。是为了防止小偷入侵吗？也不是。

171

是为什么？是为了保卫自由。更确切地说，是赋予民众武装权以对抗可能侵犯自由的国家权力。当然，这条法律的原意，在今天这个时代是否还有价值，有很多争论，但这就是另外一个话题了。

另一个例子是美国的医保体系。大家可能知道，美国也是西方发达国家里唯一没有实行全民医保的国家。奥巴马在任时，为了推动医改可以说使尽了洪荒之力，结果也只是推动了半场改革——什么意思？就是推动了政府在医疗保障中承担更多的责任，但是，并没有改变美国医保主要靠市场的基本格局。为什么？还是因为美国根深蒂固的"反国家主义"传统。在美国很多保守主义者看来，让政府负责医保，是一只特洛伊木马，表面上政府买单，但是天下没有免费的午餐，国家医保可能带来低效率，可能影响医疗创新，也可能制造大政府。所以，在美国，反对政府接管医保的不仅仅是一小撮共和党政客，而是有相当的草根基础。2010年左右"新茶党运动"兴起的时候，我和学生说，这正是美国最独特的地方，它可能是地球上唯一一个很多底层民众动员起来、反对政府给自己增加福利的国家。

所以，美国的"反国家主义"传统，哪怕在西方世界，其程度也是非常独特的。去年的新冠疫情，很多人对美国的疫情防控能力之低下感到震惊。固然，特朗普政府的无能和反智是一个重要原因，但是，其实，放在美国的"反国家主义"传统下，这一点或许又不是那么难以理解。毕竟，美国这个国家的优势从来不是国家能力，而是个体创造性和社会活力，是乔布斯和马斯克，是爱迪生和迈克尔·杰克逊。碰到需要政府集中力量办大事的时候，除非是极大的危机来临，它往往团结不起来，经常是特别迟缓和笨拙，不同层级和部门之间打来打去、互相拆台。可以说，美国这个国家，由于对国家权力的极度警觉，导致了一种"制度化的混乱"。

立宪时刻：反国家主义的源头

这种反国家的政治传统从何而来？从美国的立国精神而来。1776年北美为什么会爆发独立战争？因为北美民众痛恨那个遥远的、高高在上的、试图中央集权的英国政府，所以在立国的过程中，他们处处把独立战争前的英国作为假想敌来对待，无数制度设计都是为了防止另一个遥远的、高高在上的、中央集权的政府出现。

事实上，独立战争后，北美的民众一开始就没打算建立一个真正意义上的国家。我们知道，独立战争前，北美不是1个殖民地，而是13个，这13个殖民地的关系，几乎相当于13个独立的主权国家。赶跑英国之后，大家就各回各家、各找各妈了，军队也解散了，华盛顿本人都回家种地去了。因此，最开始北美成立的并不是联邦，而是邦联，也就是13个独立的国家组成一个联合体，连中央政府都没有，只有一个议员都经常不来上班的国会，类似于我们今天的联合国。

但是后来，一批被称为"联邦党人"的政治家，比如汉密尔顿、麦迪逊，他们实在不甘心，他们觉得，如此天时地利、风云际会，为什么不建立一个更强大的国家？这可是千载难逢的历史机会。而且，从现实的角度来说，独立战争打仗的钱都还没有还上呢，你们这些州往哪跑？

于是，他们召集了著名的费城会议，也就是美国的制宪会议，推动松散的"邦联"结合成更加紧密的"联邦"。当时很多赶到费城开会的州代表，是到了之后才知道，原来这个会议不仅仅是为了修补一下邦联，而是要立宪、要建立更强大的联邦政府，所以有些人当场愤而退会。55个人到会，最后只有39个人签署费城宪法，那16个人，就这样白白错过了成为"开国之父"的机会。

费城的制宪过程，充满了联邦党人和反联邦党人的斗争。为什么斗争？简言之，联邦党人主张强化联邦政府，反联邦党人认为权力应该更多地交给各州和民众。所以，这是一场国家建构的路线斗争。

大家想想，在中文里，"联邦"这个词包含着什么样的心理暗示？分散、离心，对不对？如果有人说，要把中国联邦化，大家的第一反应会是什么？很多人可能会拍案而起——你想干什么？分裂祖国吗？因为我们中国的政治传统是大一统，而联邦就意味着分散。但是，在1787年的美国，"联邦"这个词的含义刚好相反，它意味着"集中"，意味着"凝聚"，为什么？因为独立之前的美国传统完全是自治，所以，联邦就意味着分散的13个州结合到一起。所以，同一个词，在不同的语境中，含义可能是截然相反的。就国家建构而言，我们不可碰触的下限，却是他们难以企及的上限。理解"联邦"这个词在美国的语境中意味着"集中"，而且是非常可疑的"集中"，那么你就找到了理解美国政治的入口。

联邦党人和反联邦党人在费城打得不可开交，最后谁赢了？表面上看，是联邦党人赢了，因为美国毕竟从"邦联"变成了"联邦"，建立了联邦政府，成了一个真正意义上的国家。但是，这场战斗，实际上只能说双方各有胜负，因为联邦党人的每一个得分，都有反联邦党人的得分与之对应，所有可能着火的地方，他们都给配上了一个灭火器。

比如，联邦党人的确成功建立了常备军，也就是说，美国终于有个国家军队了。但是，为了防止国家军队像当年的英国军队一样为所欲为，反联邦党人通过宪法第二修正案设立了一个对冲机制——民众持枪权。联邦政府必须有军队，好，那我们民众也可以成立民兵，也可以持有武器，将来你们要镇压我们的时候，我们不至于手无寸铁。又比如，联邦党人通过宪法第一条第八款赋予了联邦政府一系列权力，但是，为了防止联邦政府权力失控，反联邦党人加入了宪法第十修正案，也就是"州权保留条款"，它规定："宪法未授予合众国、也未禁止各州行使的权力，由各州各自保留，或由人民保留。"也就是说，画个圆圈，圆里面是联邦政府的权力，圆外面是州权和民权，相互牵制与平衡。

所以，从一开始，美国人建立的就是一个"反国家的国家"，它把中央集权视为洪水猛兽，处处对之进行提防。体现在国家结构上，就是所谓的"平行权力"结构，也就是联邦政府和州政府各有自己的权力领地，彼此是平行关系，而不是上下级关系。直到今天，相当程度上仍然如此。在中国，部级干部大于厅级干部，厅级干部大于处级干部，这其中有清晰的等级关系。

美国的联邦制却不能这样理解。特朗普的联邦政府说要驱赶非法移民的子女，很多市政府却说，欢迎非法移民的子女到我们这里来避难。特朗普说，美国要退出《巴黎协定》，很多州政府却说，你想退就退，但是我们不退，以至特朗普宣布退出《巴黎协定》几年后，其实美国还有65%的人口还留在《巴黎协定》中。有一段时间特朗普刁难外国留学生，说如果学校有网课，今年秋天你们就不用来美国了，但这个政策宣布之后，美国立刻有18个州宣布要起诉联邦政府。

所以，美国政府并不是铁板一块，总统也不是一言既出、驷马难追——事实上，总统一言既出，各州、各市、各法院、各议员几百匹马可以去追。我们知道，美国这个国家的英文全称是United States of America。其中，State这个词是加了s的，是个复数，美国是States，而不是State。理解了这个s，是理解美国人的"国家观"一把最关键的钥匙。

19世纪：平行权力结构的继续

正是因为这种去中心化的"国家观"，美国的联邦政府从一开始就"先天不足"。我们上次课讲到，唐代中国设立了极其发达的文官制，三省六部二十四司、九寺五监十二卫，御史台、观察使、节度使……1000年后的美国，联邦政府刚成立时一共有多少个部门呢？四个。一个国务院，一个战争部，一个财政部，一个检察长，所以美国第一个内阁的画像里，加上华盛顿一共是五个人，也就刚够一桌麻将的人数加一个替补。

一开始美国的常备军是多少人呢？只有几百人，到1800年，也就是美国宣布独立已经20多年之后，美国常备军也只有3000多人。同一个时期，英国的军队是20万人。所以，无论是从哪个角度来看，当时的美国就其国家能力而言，只能用"寒酸"两个字来形容。

此后的100多年里，美国也没有摆脱这种"寒酸"。其实，1787年制宪会议，只是联邦党人和反联邦党人斗争的第一个回合，之后，这种斗争不断变形、重生、体现到美国政治生活的方方面面。比如，19世纪上半叶，美国的

175

两个党派主要在为什么而斗争呢？今天看来，这场斗争的焦点简直很无聊——为要不要建立一个国家银行而打得不可开交。我们今天会觉得，一个国家有一个中央银行，这再正常不过了，金融市场需要政府调控嘛，对不对？而且，反联邦党人不让联邦政府征收收入税，那联邦党人通过银行借钱还不行吗？你们到底要怎样？

但是，在当时很多美国人看来，国家银行因为沾了"国家"两个字，就显得非常邪恶。他们觉得，赋予政府借钱的权力、贷款的权力，把钱和权力交到同一只手上，这太可怕了，这不就是一个腐败许可证吗？所以杰弗逊说，银行比常备军还要可怕。整个19世纪上半叶，美国的两党就为这个事情打得不可开交，最后，反国家银行的杰克逊总统1832年连任就职，美国的国家银行于1836年解散。反联邦党人取得了阶段性胜利。

又比如，美国为什么会打内战？相当程度上，还是因为美国的"平行权力"体系。我们都知道，美国内战的根源是奴隶制问题，北方反对蓄奴，南方依赖蓄奴。如果换在大一统的国家，这问题还不好解决？国王颁个圣旨不就得了？"各总督听令，即日起，各州不得蓄奴，违者格杀勿论，钦此"，不就解决了？

但是，林肯总统做不到。为什么？因为在美国的宪法体系中，国有国权，州有州权。在南部各州看来，你们北方要让我们废奴，这是违反宪法第十修正案，侵犯了我们的"保留州权"。甚至，在他们看来，北方的联邦政府成了新的英国王室，既然当年你们可以向英国宣布独立，为什么今天我们不能向你们宣布独立？所以，明明是一场道德上的善恶之争、经济上的利益之争，最后，因为美国的国家结构，表现为一场联邦权和州权的斗争。

1861年，美国内战爆发。按理说，这应该是美国国家建构的大好时机。我们之前的课谈到，战争是国家建构的动力。事实上，内战也的确在一定程度上刺激了美国的国家建构。比如，美国第一次征收联邦收入税，就是在1861年。当时为了打仗，林肯政府不得不颁布法令征税，当然，税率很低。但是，美国人的反国家主义基因太强大了，战争结束不久，1872年，他们居然就把联邦收入税给取消了。因为仗都打完了，怎么好意思还接着收税？1894年的时候，政府因为出现财政问题，第一次试图在和平时期征收联邦收入税，但是这个法令立刻被告了，在波洛克诉农场主信托贷款公司（Pollock vs. Farmers' Loan and Trust Company）一案中，最高法院判决税收法令违宪。

所以，从国家建构的角度来说，内战的遗产仅仅是保住了联邦而已，并没有可持续地、显著地提高美国的国家能力，也没有改变美国的"平行权力格局"。这一点，从一个角度就可以看出。我们都知道，美国1865年就打完内战了，内战后，通过宪法第十五修正案赋予了黑人投票权，但是事实上，美国到100年后，也就是1965年才通过《投票权法案》真正落实了黑人的投票权。为什么？还是因为所谓的"州权"，或者说，因为美国长期以来的"弱中央，强地方"的政治格局。

内战结束后，联邦政府一度非常强势，甚至对南方实行军管。但是，也不能一直军事管控。结果，北方的工作组一撤，南方的种族主义势力就重新开始横行。当然，他们现在不敢宣布独立了，但是，不独立还有很多其他办法。在"州权"的掩护下，白人种族主义势力给黑人投票权设置各种门槛，比如文化考试门槛、人头税门槛等，导致黑人投票权事实上被剥夺。最后，干脆发明了举世皆知的种族隔离制度。所以有人说，南北战争表面上是北方赢了，但是实际上，在战后近100年的时间里，其实还是南方赢了。

镀金时代：国家权力的捉襟见肘

政治上是"弱中央，强地方"，经济上则是"弱政府，强市场"。整个19世纪和20世纪初，美国其实经济危机不断，1839年萧条、1853年萧条、1873年恐慌、1882年萧条、1893年恐慌、1907年恐慌……我们今天会认为，经济都危机了，政府还不救市？但是，当时的美国人觉得，这和政府有什么关系？该破产的就破产好了，不破不立，所以政府翻个身接着睡。

到1893年经济危机和1907年经济危机时，因为政府没有中央银行，没有政策工具，救不了市，那谁来救市呢？民间自救。摩根（J. P. Morgan），大家可能都知道，一个著名的私人银行家，成为救市主角。比如，1907年金融危机，股价暴跌，利率飙升，流动性陷入僵局，而且危机也像100年后一样向全球扩散。当时摩根召集所有的大银行家到自己家里来开会，商量救哪些公司，不救哪些，怎么救。中间还给美国的财政部部长打了个电话说，方便的话，要不你也来一趟？不但救市场，他还救政府，当时纽约市政府借债太多，也因为金融危机破产，摩根就说，好吧，别着急，联邦政府救不了你，我们来救你，你发行债券，我组织人买。所以，有历史学家把摩根称为"一个人的中央银行"。

正是因为这种狼狈，才刺激了之后美联储的诞生。而即使是美联储，和其他国家的中央银行比，也是非常独特的，它不是一个银行，而是由12个地区性银行构成，并且这些银行本质上都是私有的，不是国有的。总统虽然可以提名七个执行委员，但是，为了防止总统大权独揽，法律规定一个总统每两年才能提名一个执行委员，一届总统最多提名两个执行委员。此外，要罢免这些委员的程序门槛也非常高。所以美联储的独立性非常高，从一开始，它也内置了"把国家当作假想敌"的基因。

可以看出，美国立国的前100年左右，它压根就不想成为一个真正的"国家"。在美国很多开国之父的心目中，尤其是杰弗逊这样的反联邦党人眼里，一个理想社会就是一个安静祥和的自耕农社会，有点像老子所描述的，小国寡民，鸡犬相闻，邻国相望，却不相往来。

有学者曾经把美国形容为一个"勉强的帝国"，意思是，它其实是不情愿地登上世界历史舞台的。事实上，美国岂止是"勉强的帝国"，它根本就是一个"勉强的国家"。从其中央集权的程度来说，长期以来，它几乎是一个封建国家，这不是说美国还有诸侯贵族这样的身份制，而是指它的权力结构是分散的、多中心的、蜂巢化的。更奇怪的是，世界上最强大的国家，就在这样一个近乎封建的体系中漫不经心地成长起来了。

但是，我们都知道，在美国历史的最近100多年，它的权力结构发生了重大的变化，国家能力也有了迅猛的提升。1913年后有了收入税，目前美国政府财政收入占GDP的比例，到达30%～35%。军事力量膨胀，现在是全世界军事力量最强大的国家。有了美联储，而且某种意义上美联储已经成为整个世界的经济调控机构。联邦行政部门也不再是那个草台班子，而是一个有200多万雇员的庞大机构。对于联邦政府来说，州政府也不再是那个"水泼不进、针插不进"的独立王国，而是有了诸多可以制衡它的杠杆。

这个转身是如何发生的？为什么会发生这种巨大的变化？美国的国家能力从何而来？它的联邦政府如何实现了一定程度的集权？甚至，美国真的转身了吗？关于这些问题，我们下次课再讨论。

19. 美国：国家建构的另类道路（2）

这次课，我们继续讨论美国的国家建构之路。

上次课我讲到美国社会"反国家主义的"国家观，讲到美国从建国那一刻起，其政治传统就包含了警惕国家、怀疑权力的基因。建国100多年来，这个烙印在政治生活的方方面面不断显现，从国家银行之争，到南北战争，到面对金融危机的束手无策，处处体现着这种"防火防盗防政府"的政治文化。到19世纪末20世纪初，美国已经不知不觉成长为世界上最强大的国家，但是政府还基本上"无为而治"，有点像个已经跑成世界冠军的田径选手，还是坚持穿着草鞋。

从"勉强的国家"到"自觉的国家"

但是，我们都知道，今天的美国早已不再是19世纪末的美国。我们之前的课谈到过，衡量国家能力最重要的两个维度：一是财政，二是军事。从财政来看，大家可以看看下面这张图（图3-3），美国政府财政收入占GDP的比例，1900年还不到8%，但是最近几年，长期维持在30%～35%之间。从军事上看，美国军费不但是全球第一，而且其军费相当于紧跟其后的10个国家的总和（2019年）。当然，某种意义上说，美国的军费保护的不仅仅是美国，而且包括整个西方世界、日韩等盟国，因为它们是个安全共同体。

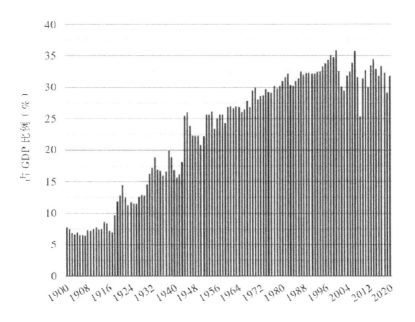

图3-3 1900—2020年美国政府财政收入占GDP比例

（图片来源：US Government Revenue网站）

所以，美国的国家能力早已今非昔比。税收剧增，军事膨胀，政府职能越来越复杂，政府权力不断强化。之前坚持穿草鞋的冠军，现在早已穿上了锃亮的皮鞋。

为什么会发生这种变化？为什么美国的国家能力从前100年到后100年，出现了一个飞跃性的变化？显然，和其他国家一样，战争是个重大因素。尤其是第二次世界大战和之后的冷战，对美国的国家能力起到了巨大的助推作用。不说别的，美苏军备竞赛显然是美国军事实力不断爬升的发动机。哪怕冷战早已结束，今天美国仍然在全球70多个国家有数百个军事基地，仍然拥有6000多个核弹头。这正是战争，哪怕是冷战，倒推国家能力的一个表现。

但是，战争不足以解释美国的国家建构进程。美国的联邦税收体系和美联储都是第一次世界大战之前就设立了，美国政府对经济社会领域的干预也是在"二战"之前就开始了。众所周知，罗斯福新政设立了一系列的联邦机

181

构，大大扩展了联邦政府的权力，这个转折发生在20世纪30年代，而不是"二战"后。

那么，美国的国家建构，它政府职能的扩大、联邦权力的提升，其动力来自哪里？

也许不同的学者答案不同，我的答案是：社会运动。正是19世纪末期以来风起云涌的社会运动，撬动美国这样一个"勉强的国家"开始成为"自觉的国家"，以此回应民众要求国家"现身"社会的呼声。"现身"社会干什么？提供公共服务，调节社会关系，保护弱势群体。换句话说，为什么美国的政府——尤其是联邦政府——会变得越来越强大？因为民众要求它如此。

在解释这个机制之前，有必要先说明一点。我们这里讨论的美国国家能力壮大，是指其"绝对国家能力"的壮大，也就是它的财政能力、军事能力和历史相比，变得非常强大。但是，就"相对国家能力"而言，也就是以国家和社会的力量对比而言，美国仍然是个"国家能力有限"的国家。什么意思呢？就是虽然美国的国家力量很强，但是它的社会力量也很强，国家在成长，社会也在成长，所以才会有我们上次课讲到的持枪权问题、医保问题、身份证系统问题等。那个患有"权力过敏症"的社会，还在处处对政府围追堵截，所以现在，美国政府虽然已经是只强壮的老虎，但仍然是一只关在笼子里的老虎。那个鞭笞国家成长的力量，同时也是把它关进笼子里的力量。

美国国家建构台阶一：进步主义时代

社会运动如何助推国家建构？历史地看，有三个阶段，或者说，三个台阶。

第一个台阶，是所谓的"进步主义时代"，也就是19世纪90年代到20世纪20年代左右。在这个阶段，美国政府似乎终于接受了政府不仅仅是"打酱油的"这个事实，开始干活了。

1913年，美国通过了宪法第十六修正案，开始征收联邦收入税；同一年，通过了《联邦储备法案》，成立美联储。政府也一改不干预市场经济的常态，扩大了"州际商业委员会"的权限，并成立了商业和劳工部等机构，开始规范公司活动。其中最著名的一项活动就是反垄断，老罗斯福总统甚至由此获得"托拉斯杀手"的声名，因为在任期间，他一口气起诉了40多个大公司。

为什么会在这个阶段发生这些变化？客观背景当然是美国经济和社会秩序的变化。早期的美国，大体而言是个自耕农社会，19世纪后期开始的工业化进程改变了这一点。工业化、城市化一旦开始，恶劣的劳工条件、巨大的贫富悬殊、不断扩大的贫民窟、无法控制的失业风险等问题接踵而来。人们发现，以前的生活是有根的，而现在却是在一个巨大的旋涡中打转，完全不由自主，不知道下一刻会撞上什么。

从19世纪末开始兴起的各种进步主义运动，正是对这个旋涡的反抗。各种罢工、抗议、新闻调查、工会、政党……涌现出来，要求政府出面约束垄断资本、改善劳工条件、提供公共服务。也正是在这个过程中，一个新的美国诞生了。著名的"扒粪者"运动，大家可能都听说过，一批记者和作家，通过各种社会调查报道来推动社会变革。其中最著名的是厄普顿·辛克莱（Upton Sinclair），以《丛林》（又译《屠场》）这本书揭露美国肉类加工行业惨无人道的劳动条件和卫生条件，直接推动了美国食品和药物管理局的成立。

另一个不那么有名的例子，则是煤矿业监管的出现。大家可以看一下上面这张童工照片（图3-4），他们就是煤矿童工，被称为breaker boys，因为他们专门负责坐在机器前分拣煤块，有时候一天一坐就是十几个小时。童工只是煤矿业的问题之一，其他问题还包括缺乏劳动安全、工资低、工时长、没有健康防护，等等。这些恶劣条件的后果，就是20世纪最初的10年，美国平均每年有2000个工人死于矿难。

图3-4 20世纪初美国的煤矿童工

（图片来源：Lewis Hine, The U.S. National Archives）

不过，大家留意一下这张照片，这张照片其实包含着两个信息：一个当然是这些童工悲惨的生活，这一点相信大家都能看到并深感同情；另一个信息我们却很容易忽略，那就是这张照片本身。这是谁照的？为什么照的？不是所有的悲惨都能留下这样的记录，事实上，历史上绝大多数悲惨不能留下任何记录。而这些breaker boys能够为全世界所知，以至100多年后的今天，远在地球另一边的我们还在谈论他们，正是因为摄影家路易斯·海因（Lewis Hine）的记录。他留下了数千张反映劳工悲惨生活的照片，而这些照片通过唤起公众的关注，直接推动了相关改革。1910年煤矿局的成立，1912年儿童局的成立，以及之后更多相关立法的诞生，都与之相关。所以说，这个世界上，比悲惨更可怕的，是不为人知的悲惨。一旦有了信息的开放和流通，社会就有了推动变化的杠杆。

美国国家建构台阶二：罗斯福新政

美国国家建构的第二个台阶，也是其国家建构过程中最大的台阶，是小罗斯福当政时期。如果说在进步主义时代，美国社会对政府扩大职能还举棋不定，到了小罗斯福时代，这个棋子就落下了。关于罗斯福新政的内容，大家中学历史应该都学过一些，我就不多说了。这里需要指出的是：罗斯福新政一共创建了69个新的联邦政府部门。因为这些机构名称都太长，都有字母缩写，什么AAA、CCC、NRA、FCC、FWA……以至一些人把这些联邦机构称为"字母汤机构"，意思就是罗斯福端了一大锅的"字母汤"出来。

光听这些机构的名称，大家就知道联邦政府的职能已经大大拓展。比如PWA，公共工程管理局，政府大兴土木来解决失业问题；又比如NLRB，国家劳资关系委员会，处理劳资纠纷；FCC，联邦通信委员会，监管媒体内容，今天我们看美国的电视节目，但凡碰到说脏话的地方，会发出"Beep，Beep"的声音，就是FCC监管的结果。总之，以前人们认为"政府不得入内"的地方，现在常常邀请政府介入。

这些变化是如何发生的？固然，罗斯福个人的理念，对于联邦政府的角色改变起到了一定的作用，但是，罗斯福政府之所以能够成立这么多机构，大刀阔斧地做这么多事，根本而言，是因为他背后有汹涌的民意。罗斯福新政有多受欢迎呢？这从1936年罗斯福竞选连任时的得票率就可以看出。当年的总统选举，罗斯福得到的选举人团票是523张，其对手只有可怜的8张。这是总统选举历史上最悬殊的选举，可以说是一个空前绝后的胜利。

面对如此汹涌的民意，任何保守派的抵抗都容易土崩瓦解。了解美国史的朋友可能知道，20世纪30年代罗斯福总统和最高法院有过一场恶战。进步主义的罗斯福要推动政府扩权，保守的最高法院则拒绝与时俱进。双方拉锯之际，忍无可忍的罗斯福甚至一度考虑过用所谓"掺沙子"的方式来改造最高法院，也就是把大法官从9个变成13个，以此实现进步主义法官占多数的局面。当然，幸亏最后罗斯福没有实施这个计划，不然他的声名上可能会留下一个"干涉司法独立"的污点。

但是，没有实施这个计划，不是因为他回心转意了，而是因为没有必要了。1937年，罗伯茨法官"叛变"了——他从此前的保守主义立场跳到了进步主义立场，因此改写了最高法院的两派比例，也由此改变了美国历史进程。罗伯茨的改变是偶然的吗？显然不是，识时务者为俊杰，罗伯茨法官认清形势了。用我们今天的话来说，看到历史滚滚车轮的方向了。他不变，恐怕也会有别的法官改变，1937年不变，1938年或者1939年也会改变。

美国国家建构台阶三：民权运动时代

20世纪五六十年代的民权运动，则构成美国联邦政府扩权的第三个大台阶。大家可能都听说过，约翰逊政府的"伟大社会"运动，创建了扶弱济贫的医疗项目Medicare和Medicaid，成立了很多扶贫机构，进一步强化了联邦政府的权力。但是，从国家建构的角度来说，五六十年代最大的成就，是打破了"神圣不可侵犯的州权"，确立了联邦权力干预州内事务的合法性。如果说罗斯福新政主要是铺开了国家权力的纬线，那么"伟大社会"时代则是强化了国家权力的经线。

这主要表现在民权的实施方面。我们前面讲到过，美国内战结束，南方长期以"州权"的名义实施种族主义。1948年，一批保守主义者甚至成立了一个党，名字就叫"州权党"，来捍卫种族隔离。1954年，最高法院在著名的"布朗诉教育委员会"案中判决种族隔离违宪，当时，一些南方州又扛起了"州权"大旗，想把联邦法院的判决堵在门外。1957年，阿肯色州州长派国民警卫军阻止小石城的黑人学生进入校园，艾森豪威尔总统二话不说，直接宣布阿肯色州的国民警卫军"国有化"。于是，昨天还在阻挡黑人学生进入校园的国民警卫军，今天就得保护他们进入校园了（图3-5）。

图3-5 小石城事件：军队保护黑人学生上学

（图片来源：U.S. Army, National Archives, Wikimedia Commons）

黑人的投票权问题是另一个例子。我们之前谈到过，内战后，南部各州以各种稀奇古怪的规定来防止黑人运用其投票权，之前联邦政府一直是睁一只眼闭一只眼。但是，1957年，艾森豪威尔总统成立了一个联邦委员会，专门推动黑人的投票权落实。1965年的《投票权法案》则明确规定，司法部有权监管各州的选举法，任命选举观察员，甚至起诉那些歧视性的州政府。

联邦政府为什么变得如此强硬？还是因为背后的社会运动。对于美国20世纪五六十年代波澜壮阔的民权运动，大家应该都有一定了解。餐馆静坐运动、自由乘客运动、1963年华盛顿大游行、马丁·路德·金的著名演说《我有一个梦想》，等等。以1965年的《投票权法案》而言，背后同样是声势浩大的游行示威。1965年3月，马丁·路德·金等民权领袖发起了著名的"塞尔玛徒步抗争"，就是从阿拉巴马的塞尔玛步行到州首府蒙哥马利，抗议阿拉巴马州政府以各种方式剥夺黑人投票权。一路上爆发各种警民冲突，白人警察殴打袭击黑人的画面通过电视传遍全国。正是在这场运动之后，约翰逊总统下定了颁布《投票权法案》的最后决心。直到今天，每年还有纪念性的塞尔玛游行活动。

国家建构道路的"另类道路"

从美国国家能力的巨变来看，我们发现了一条不同的国家建构道路，它的核心动力不是密集的战争或者发达的文官制，而是社会运动。一代又一代的美国人，通过街头的、媒体的、工会的、校园里的声音改变了政府的角色，改变了联邦和地方政府的关系，乃至改变了美国社会的"国家观"。

当然，社会运动需要制度空间，它以自由为前提，以民主为传导机制，因此，社会运动的力量本质是政治权利的力量。在这个力量的驱动下，今天的美国政府，已经和200多年前那个只够凑一桌麻将的美国政府完全不可同日而语了。它不再是那个为"是否要成立一个国家银行"而争吵半个世纪的美国，也不再是那个为"政府是否有权征收收入税"又争吵半个世纪的美国，更不是那个认为雇用童工等于市场自由的国家。总之，美国人不再简单地把国家视为洪水猛兽，而是视之为社会进步可能的盟友。人们对自由的理解，也不再仅仅是政府的缺失，也可以是政府的扶持。所以学者艾克曼（Bruce Ackerman）说，美国的宪法是一个"活的宪法"，它的作者不仅仅是开国之父们，而且是一代又一代修正社会契约的美国人。

美国的国家建构历程给当代世界带来重要的启示，这不仅仅是因为它展示了国家建构的一种可能道路，而且因为这一道路在当代世界具有特别的参考价值。我们之前讲到，历史上，战争对于国家建构起到关键性作用，但是，战争这个机制在当代很难借鉴。为什么？因为我们生活在一个人道主义精神已经深入人心的时代，一个战争深受唾弃的时代。我们总不能对那些国家能力比较弱的非洲国家、拉美国家说：来，为了国家能力的提升，你们打个几百年，最后胜出的那个，1000年后就大国崛起了。事实上，如果我们认为这是正确的路径，我们今天也不必哀叹阿富汗、伊拉克的战火了，而是应该为它们走在国家建构的道路上而欢欣鼓舞，对不对？但事实并非如此，因为我们相信，在当代世界，国家建构应该寻找更加文明的道路。

同样，庞大而细密的官僚系统虽然对东亚国家建构起到了关键作用，但是，这种几千年前积累下来的"扩展秩序"很难复制。而且，从中国历史上反反复复"官逼民反"的故事也可以看出，缺乏民意约束的巨型官僚体系未必是好事。中国历史上农民起义之频繁、之浩大、之惨烈，在世界历史上都非常罕见。每到改朝换代，动辄数百万人口甚至上千万人口灭绝，不得不说与官民力量极其不对称所积累的社会矛盾紧密相关。

通过社会压力给国家赋权，是"另类道路"的启示。现在流传着一种观点，就是把国家能力和民众权利对立起来，似乎一个国家要有强大的国家能力就必须牺牲民权，或者声张了民权就会削弱国家能力，所以应该等建设好了国家能力再来发展民权。这种"顺序论"乍一看似乎有道理，其实非常可疑，因为当国家能力的发展远远超前于社会能力，它往往就不会有动力再来给民众赋权，这种"等国家崛起了再来谈论民权"的逻辑，有点类似于"等我发达了就来娶你"的逻辑一样，不知道你信不信，反正我觉得可疑。

更重要的是，当国家接纳民权，国家能力未必受损，它反而可能因合法性上升而国家能力上升。在英国历史上，政府打仗永远缺钱，什么时候开始不缺钱了？光荣革命之后。当王室的权力"被关进笼子里"，国家的财政能力反而上去了。当英国人觉得国家不再仅仅是一人之国、一家之国，而是大家之国，他们反而开始愿意交税了。

最后，我想强调一点：虽然美国的国家建构道路是通过社会压力给政府赋权，但是，不能简单地把美国的经验理解为政府越大越好，职能越多越好，有了政府的身影，什么社会问题都会迎刃而解。我在前面也说到，美国国家能力的上升只是和历史相比，其绝对水平在不断上升，但是就国家和社会、政府和市场、中央和地方的相对力量对比而言，美国仍然是一个"国家能力有限"的国家。

这可能才是美国经验的真正特色——一个强大的政府，被一个更强大的社会和市场环绕。国家在成长，但是对于社会、市场和个体而言，它仍然是配角。我们常常把"治理"等同于"政府"，认为governance就是government，但是governance也可以来自社会本身。当一个社会不断涌现盖茨和马斯克，成就爱因斯坦和费曼，培育硅谷、好莱坞或者百老汇，其国家能力，从根本而言，是民间活力和个体创造性的溢出效应而已。这或许不是国家能力提升的唯一道路，未必能够被其他国家复制，甚至未必会被美国人自己的后代继承，但是，国强不必民弱，甚至民强国可更强，这一可能性的存在，还是鼓舞人心。

20. 国家建构的瓶颈：阿富汗的悲剧

前面我们花了好几次课的时间谈论国家能力的来源，我们谈到了战争、文官制、社会运动等因素的作用，不过，谈论这些因素的时候，我们都是在谈论国家建构比较成功的案例——西欧、中国、美国等。这次课，我却想谈论一个"失败国家"——阿富汗。在我们这个课程的开头我就说过，比较政治学要避免"优胜者偏见"，要把失败者也带入比较的视野，才能做出平衡的分析。在国家能力方面，阿富汗正是这样一个反面案例。

阿富汗当代简史：从灾难走向灾难

说到阿富汗，很多人首先想到的，恐怕是战火、恐怖袭击、贫困、落后。没错，这确实是个非常悲剧的国家。阅读阿富汗史的时候，我发现一个有趣的对比。对于我们中国人，整个20世纪，1978年之前，生活是颇为动荡的，但是1978年之后，过去40多年，生活不断改善。但是，阿富汗的经历刚好相反，就20世纪而言，1978年之前，他们的生活是大体平静的，连第一次世界大战、第二次世界大战都没有卷入。很多人可能在网上看到过一些20世纪五六十年代喀布尔的照片，比如上面这张图片（图3-6），那时候的喀布尔街道秩序井然，女性时尚现代，整个国家朝气蓬勃，但是1978年之后，一切都急转直下，40多年来，阿富汗人再也没有目睹过真正的和平与发展。

图3-6 20世纪70年代阿富汗喀布尔街头的女性

（图片来源：Hometown Weekly，2018-09-13）

1978年，阿富汗到底发生了什么？一场政变。在这场被称为"沙尔革命"的政变中，极左的人民民主党推翻了达乌德政府，建立了一个激进左翼政权，从此开启了阿富汗的噩梦模式。这里需要交代一下，达乌德1973年也是通过政变上台的，当时，他认为阿富汗王室过于保守，而他希望推动更加左翼的社会变革，所以推翻了阿富汗王室，建立了阿富汗共和国。结果5年之后，他本人又被更左翼的人民民主党推翻，结局可以说非常反讽。

1978年沙尔革命后，人民民主党上台，开始推行更激进的改革，但是，没想到阿富汗人民并不领情，进行了激烈的反抗。新政权很快挺不住了，于是向苏联求援。1979年，苏军开着坦克就进来了，战争由此开始，一边是政府及其后台苏军，一边则是武装民众。本来，根本没有什么军事训练的民众，怎么可能打得过苏联的飞机大炮？但是，适逢冷战高峰，阿富汗的武装民众背后涌现出一批热情的大哥：美国、巴基斯坦和沙特等。也正是在这个时候，本·拉登毅然抛弃了他在沙特的富豪生活，作为一个国际主义战士，来到了阿富汗。所以，在他成为美国的头号敌人之前，他确实曾是美国的亲密战友。于是，在所有这些力量的搅和下，一场本来可能短平快的军事行动演变成了一场长达10年的噩梦。

1989年苏东巨变，苏联撤军。事实证明，苏联的入侵是一个悲剧，苏联的撤退则是一个更大的悲剧。苏军撤离后，苏联支持的纳吉布拉政府勉强挣扎了3年，于1992年垮台。本来，这是阿富汗结束战争、回归常态的机会。事实上，苏联倒台、冷战结束后，有一批陷入左右内战的国家都陆陆续续结束了内战，毕竟，老大哥都不在了，小弟们也不用再打了。但是，阿富汗却回不去了。1992—1996年，当初共同抵抗苏联的武装组织开始相互厮杀。如果和苏联的战斗只是摧毁了半个阿富汗，苏联撤离后的内战，则摧毁了另外半个阿富汗。也正是在这个阶段，喀布尔被打回了石器时代。

混乱的内战，最后的确产生了一个最终的胜利者，只不过，这不是一个普通的胜利者，而是塔利班。本来，塔利班即使不能构建一个美好的国家，也应该能构建一个有效的国家，但是，因为塔利班太奇葩了，各种倒行逆施，导致原先相互厮杀的小伙伴们纷纷团结起来与它对抗，这就是著名的"北方联盟"。因此，即使塔利班上台，阿富汗内战还在继续，直到2001年塔利班政权被美军推翻。据估算，1978年到2001年，阿富汗大约有150万～200万人战死，有400万人逃亡到巴基斯坦和伊朗，还有数百万人在国内流离失所。[1]对于一个总人口3000万左右的国家，这是难以想象的人间惨剧。

2001年美军入侵，一度被视为阿富汗的转机。然而，正如20多年前的苏联，美军也逐渐发现，自己踏入了一个难以醒来的噩梦。2001年，全世界都认为美军已经赶跑了塔利班，但是很快，塔利班卷土重来，到2019年，政府只控制着35%的领土，塔利班占领了阿富汗13%的土地，而在另外一半的领土上双方展开拉锯战。[2]

与此同时，因为安全局势的恶化，其他所有的治理维度都不可能真正改善。到2020年，阿富汗的贫困率高达人口的一半，鸦片成为阿富汗的支柱性产业，10%的人口吸毒，80%的阿富汗人表示害怕在境内旅行，2/3的人表示害怕投票。为什么害怕投票？因为塔利班屡次袭击投票站。阿富汗政府软弱无力的一个几乎是羞辱性的证明，是特朗普规划美军完全撤离的方案时，其谈判对象是塔利班，而不是阿富汗政府。事实上，塔利班和美国谈判的条件之一，就是不许阿富汗政府参加谈判。一个连"上桌吃饭"的权利都被剥夺的政府，谈何国家能力？

所以，回顾阿富汗的当代简史，我们发现，阿富汗过去40多年的灾难延绵不绝，在所有可能逃离灾难的出口，阿富汗都错过了。注意，在我刚才描述的简史中，不是某一个政府或者某一种政体难以建构暴力垄断的国家，而是任何政府、任何政体都难以建构国家。大家想想，过去40余年，阿富汗尝试过君主立宪、威权共和、极左政权、神权政治、美式民主以及无政府，可以说神农尝百草，尝试了所有可能的政体，但是，在所有这些政体实验中，国家建构全都失败了。我们可能都听说过一个说法，把阿富汗叫作"帝国的坟场"，其实，阿富汗岂止是"帝国的坟场"，也是"制度的坟场"。

但也正是因为阿富汗的国家建构如此失败，也给了我们一个理论窗口，去观察国家建构的各种阻碍性因素。为什么阿富汗的国家建构如此之难？在我看来，至少有四个因素。对这四个因素的分析，或许不但可以帮助大家理解阿富汗的悲剧，也有助于理解其他地方"国家建构"的失败原因。

国家建构失败因素之一：多山地形

首先是地理因素。自然和政治有没有关系？关系非常之大。事实上，有相当一批学者研究石油储备、出海口数量、降雨分布、河流走向、平原面积等地理因素对政治的影响。在这些研究中，有一个重要的变量是"多山与否"。为什么？因为多山，至少在一个传统时代，往往意味着政府的触角有限，也意味着叛军容易找到藏身之所。

阿富汗就是一个多山的国家，一个几乎完全被山地覆盖的国家，人类只是聚居在山间的峡谷地带而已。可以想象，在这种地形地势中，交通通信不发达的时代，不同社区之间交往非常困难，建立大一统的中央政府更是困难重重，因为在这种地形地貌中，看上去似乎出门买个菜都像是去西天取经一样困难。

所以，自古以来，阿富汗的政治传统都是部落长老式的自治。直到1747年，阿富汗才建立了以当地人认同为基础的中央集权式国家，也就是延续了200多年、1973年被达乌德推翻的杜兰尼王朝。大家注意，1747年，这在中国已经是乾隆年间了，是中华王朝帝国的尾声了。但是，对于阿富汗，这时候它的国家建构才刚刚开始。即使是杜兰尼王朝，很大程度上仍然是间接统治，王室所真正控制的仅仅是几个大城市而已，其他地方主要还是各部落长老说了算。

所以，把阿富汗叫作"帝国的坟场"，听上去似乎是阿富汗人多么厉害，仔细想想，其实阿富汗最厉害的不是他们的人，而是他们的山。我们都知道，1842年，英国在中国打赢了鸦片战争，但是同一年，大英帝国在阿富汗却遭遇了惨败。为什么？因为海战是英国的长项，而在山上打游击，英国人不会啊。最后，在阿富汗冬天的群山之中，上万英国人冻死的冻死，饿死的饿死。

后来1979年苏军入侵、2001年美军入侵，也是发现他们的武器再先进，面对这种延绵不绝的山脉难以发挥威力。道理很简单：你根本找不到敌人。这些游击队员在山里钻来钻去，出则为战士，退则为农民，没什么军人和平民的分野，你炸来炸去就是炸石头而已。问题在于，这种让帝国征服变得很困难的地理因素，同样也让国家建构变得很困难。所以，它是"帝国的坟场"，也是"国家的坟场"。

国家建构失败因素之二：地缘位置

说完了多山地形，再来看阿富汗国家建构的第二个障碍。这个障碍还是与地理有关，就是它的地缘位置。自古以来，阿富汗地区都被大国强国包围，北边是俄罗斯及其势力范围，西边是伊朗和阿拉伯帝国，东北方向时不时出现蒙古帝国这样的游牧帝国，东南方向则是印度以及一度占领印度的大英帝国。因为地处这些大国的交界地带，所以很自然地，它就成为大国征战的通道。这就像张三和李四打架，倒霉的小明偏偏住在他们两家中间，谁也不招惹，家里却总是被砸得稀巴烂。

我们之前说，战争缔造国家，但在阿富汗，战争不是缔造国家，而是摧毁国家。为什么？因为在阿富汗的背景下，战争往往是大国的代理战争，每一股势力本质上都是靠外力支撑，这种战争是无法真正完成构建国家的。这一点其实不难理解。大家想想，骑车是锻炼身体的，但是如果你骑的是电动车，不是自主发力，而是靠电池发力，那么骑得再远也锻炼不了身体。

更糟的是，因为是代理战争，所以战争怎么打也打不完，打不到暴力垄断的格局。本来阿富汗这样一个小国，内战很容易打完，决出胜负之后就实现暴力垄断了。但问题是，身处大国的包围圈，这些外国势力不让你打完。这边阿富汗人民民主党1979年快倒了，苏联开着坦克进来了，帮它续命。在苏联的帮助下，人民民主党本来可以搞定阿富汗，但是美国、沙特和巴基斯坦又进来了，帮"圣战"战士续命。1996年，塔利班已经建立政权了，但是美军又开着飞机过来了，赶跑了塔利班。2001年塔利班已经被赶跑了，一个准民主政体建立了，巴基斯坦那边的极端分子又打开了怀抱，又开始给塔利班续命。所以，本来可能三五年能打完的内战，因为这些外部势力的干预，就变得没完没了，怎么也打不到句号。

大家想想，如果当年秦统一六国的时候，刚要打赢，一会儿罗马帝国突然跑出来扶持韩、魏、赵，一会儿波斯帝国跑来扶持吴、楚、越，秦国的建国大业是不是就变得遥遥无期？幸亏罗马帝国、波斯帝国离得太远了，所以战争能打上句号。所以，地缘因素，是阿富汗国家建构的第二个障碍。

国家建构失败因素之三：宗教极端主义

第三个障碍是宗教因素，确切地说，是伊斯兰极端主义。其实，历史上，阿富汗并不是一个宗教极端主义的国家，但是，两股力量的对撞，在阿富汗发生了奇妙的化学反应，导致阿富汗极端主义盛行。

第一股力量，是苏军入侵。苏军入侵后，本来一盘散沙的阿富汗立刻爆发出空前的宗教热情，因为宗教是唯一能把不同族群团结起来的力量。所有反抗组织都自称为Mujihadeen（"圣战战士"），可以说，阿富汗的宗教热情真的是被苏联捅马蜂窝捅出来的。

但是，如果没有另一股势力，这些"圣战"组织虽然有宗教名目，本质上也只是军事力量，它们只是想赶跑苏军，未必想用"宗教理想国"来改造阿富汗社会。另一股力量是什么？是萨拉菲主义。萨拉菲主义，简单来说，就是一种极端保守的伊斯兰原教旨主义。它本来只是在沙特阿拉伯比较活跃，但是从20世纪60年代开始，发了石油财的沙特开始向全世界推广这种原教旨主义，到20世纪70年代末期，萨拉菲主义开始在巴基斯坦形成势力。

为什么巴基斯坦的萨拉菲主义会煽动起阿富汗的宗教极端主义？因为苏军入侵后，数百万的阿富汗难民涌向巴基斯坦，无数在巴基斯坦难民营长大的阿富汗男孩，被父母送到当地宗教学校上学。之所以上宗教学校，是因为免费，不但教育免费，还经常提供免费吃住。而这些宗教学校教什么？教的往往就是萨拉菲主义。于是，在巴基斯坦的难民营中，整整一代宗教极端主义的阿富汗少年成长起来了。

苏军撤退后，这些少年变成了青年，回到阿富汗，成为塔利班的中流砥柱。塔利班这个词的意思是什么？就是"学生"。为什么叫"学生"？因为他们真的就是宗教学校的学生。所以，当塔利班征服阿富汗，他们做的第一件事，就是按照他们学过的教科书，实施一种极端保守的"伊斯兰法"。当时，感到震惊的不仅仅是全世界，也包括阿富汗社会自身——因为对阿富汗本国国人来说，塔利班并不代表阿富汗本土的文化，它也是一种陌生的"外来势力"，一种由沙特、巴基斯坦传入的"进口文化"。

塔利班上台后，其所作所为大家应该多少都听说过。他们把已经进入职场和学校的女性重新赶回家门，强迫所有的女性蒙面，禁止音乐、电影和娱乐，炸毁了巴米扬大佛，恢复了很多伊斯兰教中古老的刑罚，比如用砍手来惩罚盗窃、用石头砸同性恋、公开虐待和处决罪犯等。一度曾经非常流行的一本小说《追风筝的人》里面就说到，塔利班连风筝都给禁了。如果不是这种"进口的"宗教极端主义，20世纪90年代的阿富汗本有可能回归1978年之前的样子，但是，由于苏联和沙特阿拉伯致命的"邂逅"，阿富汗回不去了。

尽管塔利班2001年被推翻，但是塑造了它以及它所塑造的极端主义文化，却开始浸润阿富汗的土壤，有可能在几代人之间，都不会完全消失。2013年皮尤中心有个民意调查，其中一个问题，是询问穆斯林对自杀袭击的看法，阿富汗人中表示"自杀袭击常常或有时是正当的"的比例高达39%，几乎是所有被调查国家中最高的。[3]在另一项民调中，当问及政治和宗教是否应该分离时，57%的阿富汗人表示不应该，宗教领袖应当介入政治。

2001年后，这种宗教极端主义的力量，成为阿富汗国家建构最大的障碍。我们可能会觉得，为什么塔利班一定要和政府打？他们就不能坐下来好好谈谈，就像南非当年一样实现权力分享吗？答案是：不能。至少，如果现在的塔利班还是过去的塔利班，答案就是"不能"。为什么？因为宗教原教旨主义带来的意识形态刚性。在他们的观念体系中，原教旨主义的"伊斯兰法"必须成为国土上唯一和最高的法，而人类所能制定的法——不管是国王制定的还是所谓民主议会制定的，只能臣服于"伊斯兰法"。在这种情况下，他们如何接受与政治世俗派分享权力？纯粹的权力之争或者利益之争可以讨价还价，但是你死我活的观念之争却没有商量的余地。

国家建构失败因素之四：民族结构

妨碍阿富汗国家建构的第四个障碍，则是民族主义。对于国家建构而言，民族主义是把双刃剑，它曾经是许多单民族国家的国家建构动力，但是，对多民族国家来说，民族主义又往往是国家建构的离心力。比如，克罗地亚的民族主义造就了克罗地亚这个国家，但是对其原先的母国南斯拉夫来说，克罗地亚的民族主义就是一种离心力。希腊的民族主义使其摆脱了奥斯曼帝国，成就了现代希腊，但是对于奥斯曼帝国来说，希腊的民族主义显然是国家建构的绊脚石。

阿富汗是个地地道道的多民族国家。大家从下图（图3-7）可以看到阿富汗大致的族群分布：普什图族是最大的族群，占人口42%；第二大族群是塔吉克人，占27%；哈扎拉人，9%；乌兹别克人，9%。此外还有俾路支人、土库曼人，等等。这种碎片化的族群格局，显然是大一统政治的障碍。

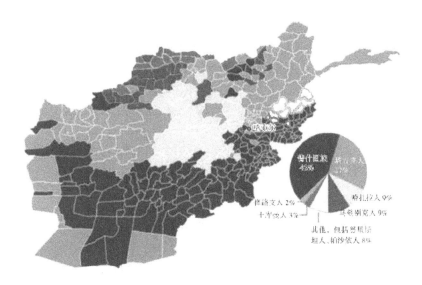

图3-7 阿富汗族群分布图

（图片来源：The National，2013-03-01）

使问题进一步复杂化的，则是这些民族周边，都有其族群的大本营国家。比如，阿富汗虽然只有1500万普什图人，但是在国界线的南边，巴基斯坦有3500万左右普什图人，相当于一个势力强大的娘家就住在隔壁。以此类推，塔吉克人受到塔吉克斯坦的支持，什叶派的哈扎拉人受到伊朗的支持。在这种情况下，任何族群想要吃掉其他族群，都往往望而却步。

其实，现代史上，阿富汗的民族主义并不算严重，没有显著的分离主义运动。部分原因在于，多山地形以及由此形成的部落主义传统，不但消解了帝国、消解了国家，甚至消解了民族。我就是某某村的，"民族"是什么？还是太抽象了、太宏大了。但是，1979年苏军入侵，不但动员出了阿富汗人的宗教热情，也动员出了他们的民族热情。原因很简单，以民族为基础进行军事动员，最有效率。

所以，在苏军占领期间，虽然阿富汗几乎全民抵抗，但是抵抗的力量却是分片包干的。塔吉克人由著名的"北方雄狮"马苏德领导，乌兹别克人靠多斯塔姆领导，普什图人最后大体聚集到了赫克·马特亚手下，哈扎拉人也在自己的领地上抗战。这种"包干区"式抵抗有其严重后果，那就是苏联被赶跑后，他们内部就开始为"胜利果实如何分配"的问题而大打出手。这就有点像国共合作打日本，日本一跑，两党自己就打起来了。只不过，在20世纪40年代的中国，内战是两军对垒，但是1989年之后的阿富汗，可不止两股势力，而是四五股势力。在这种情况下，要达成和平协议太难了，因为否决点太多，只要一方不合作，其他三四方好不容易达成的协议就会被作废。也正是这种碎片化的状态，给了塔利班可乘之机。

今天，塔利班能够卷土重来，也和普什图人的民族主义相关。塔利班从普什图地区起家，其成员主要是普什图族，其藏身之处也主要在普什图地区。有民调显示，尽管在整个阿富汗，塔利班的同情者到2019年只有15%左右，但是在部分普什图省份，这个比例可以高达50%左右。正是普什图地区提供的人员、物资、安全乃至心理支持系统，使得塔利班能够在最艰难的时刻存活下来并东山再起。

两种乌托邦的对撞

回顾阿富汗的国家建构进程为何如此困难重重，我们发现至少四重因素：第一，多山的地形使得中央集权式政府难以形成，造就了部落主义的政治传统；第二，大国对冲的地缘位置使得内战往往成为大国代理战争，战争难以打出胜负，暴力垄断格局难以形成；第三，苏联入侵激起的宗教狂热主义，毒化了阿富汗的文化土壤，使世俗政治力量难以建立；第四，多民族国家的结构，又使得各方政治力量难以就权力分配的方案达成共识。

阿富汗的困境也帮助我们分析其他国家的国家建构瓶颈。无论是特定的地形地势、地缘位置，还是宗教极端主义以及民族主义，都广泛存在于许多其他国家，阿富汗的不幸在于，它把这些因素合而为一，也因此沦落为当今世界上最顽固的"失败国家"之一。

　　不过，阿富汗的国家建构真的完全无可救药吗？也未必。阿富汗自己1978年之前长达半个世纪的相对和平稳定，就是这种可能性的证明。特定的地理因素虽然使中央集权式国家难以形成，但是部落自治式的治理结构也未必不可行。仔细分析，让阿富汗跌入今天这个旋涡的，主要不是静态的地理因素，而是两种极端主义的对撞——苏联式的极左浪潮以及伊斯兰原教旨主义。

　　这两种极端看似南辕北辙，在一点上却彼此相似，那就是它们"改造世界"的狂热，那种用理性、用纯净的道德理想、用原教旨主义去重新书写历史的热情。这种冲动摧毁了阿富汗原有的政治秩序，却发现在人心面前，暴力会抵达它的限度。很多国家都经历过极左主义或者宗教原教旨主义，但是把这两者在短时间内都经历一遍的国家，却似乎只有阿富汗，简直相当于一个人被两辆卡车分别碾压了一遍。更糟的是，这两种力量在阿富汗发生了遭遇战。关于这场遭遇战，有个学者的比喻让我印象非常深刻，他说，苏军入侵后，宗教极端主义的兴起，就像是阿富汗面对病毒入侵时的免疫风暴——它的确杀死了病毒，但是同时也杀死了自己。

　　所以，检视阿富汗沦为"失败国家"的过程，我们发现，最大的教训其实是以极权追求乌托邦的危险——因为乌托邦过于乌托邦，所以要实现它，只能诉诸极端手段，而极端助长极端，最终，它们在相互厮杀中完成了对彼此的哺育。其实，极端的并不是阿富汗的主流社会。2019年一项民调显示，只有15%左右的阿富汗人表示同情塔利班，80%的人表示支持女性权利、社会平等和自由表达。所以，阿富汗缺的不是温和的力量，缺的只是愿意为温和而战的力量。历史或许有投影，但并没有宿命，既然它曾经转向，就有可能再次转向。对于一个国家而言，命运指向何方，常常取决于"沉默的大多数"是否继续沉默下去。

[1]Imtiyaz Khan, "Afghanistan: Human cost of armed conflict since the Soviet invasion," *Perceptions: Journal of International Affairs*, 17(4), 2012.

[2]Alia Chughtai, "Afghanistan: Who controls what?," *The Aljazeera News*, Jun 24, 2019.

[3]Alex P. Schmid, "Public opinion survey data to measure sympathy and support for Islamist terrorism," International Center for Counter-Terrorism, Research Paper, 2017.

第四章

政治文化

21. 韩国电影中的革命：观念的水位与制度的变迁

从这次课开始，我们进入了下一个课程主题——政治文化。

在政治学中，有一个经久不息的问题：到底是什么因素引起制度变迁？前面讲民主转型的时候，我提到过，过去两三百年，全球的制度变迁进入一个加速度变化的进程。在古代，尽管王朝不断更替，但是制度却很少发生根本性的变迁，无非是这个朝代姓刘，那个朝代姓李，但是无论姓刘姓李，王朝的权力结构是类似的，制度本身并没有根本性变化。但是，到了近现代，变迁的就不仅仅是王朝，而是制度本身了。这也是为什么当清王朝遭遇西方枪炮时，李鸿章说，这是"千年未有之变局"。我们之前也提到过，这种制度变迁在世界各国逐渐显现出一种多米诺骨牌效应，到20世纪70年代中期，发展成"第三波民主化浪潮"，彻底改写了世界政治图景。

一个显然的问题是：为什么会发生这样空前的制度变迁？

原因当然很多。我们前面提到过国际格局的多米诺骨牌效应，简单来说，这个世界的"老大"是谁，深深影响历史的前进方向，因为"老大"会试图在全世界复制自己的形象。经济发展也是常常被提及的一个因素——政治学中有一个理论叫作"现代化"理论，根据这个理论，经济现代化会带来政治民主化，因为经济发展了，资源丰富起来，权力不必高度垄断，民主也就有了物质基础。此外，政治精英的改革魄力也是一个常见的解释——根据这个理论，为什么会发生转型？因为开明君主高屋建瓴，看清了历史的方向，决定顺势而为。

这些因素当然都非常重要。不过，这次课，我想从一个特定的角度谈谈这个问题——观念。在近现代社会，常常是观念的变迁引发制度的变迁——事实上，观念的力量如此强大，它甚至可能突破经济利益的考虑、暴力机器的压制、国际格局的约束，撬动制度的变化。可以说，观念对于制度，具有一种引力作用。当社会观念领先制度太多，它会拉动制度前进；当制度超前于观念太多，社会观念又将制度拽回它的水平。

某种意义上，也只有经由观念变迁推动的制度变迁才是牢靠的、坚固的。因为如果是经济利益驱动的制度变革，有可能经济危机一到来就制度动摇了；如果是政治精英推动的变革，有可能换了一任领导人后制度就坍塌了；如果是国际格局变动引起的变革，也可能因为国际局势的变化而倒退。只有制度变革是建立在观念变革的基础上的，它才是扎实的、可持续的，因为观念一旦形成，往往具有相当的韧性。

韩国转型：观念驱动的变革

为什么观念变迁对于制度变迁很重要？观念变迁如何推动制度变迁？观念的变迁又是如何发生的？要回答这些问题，我想从一个国家讲起——韩国。确切地说，我想从几部韩国电影说起。

如果大家喜欢看电影，可能知道过去十几年，韩国涌现出了一批反映本国民主转型的电影。我看过的就有四部：《华丽的假期》《辩护人》《出租车司机》以及《1987》。其中，《华丽的假期》和《出租车司机》是讲1980年的光州事件；《辩护人》讲一个本来及时行乐的律师，如何转变为民权辩护人的故事；《1987》则是讲一个大学生朴钟哲的死，如何点燃了整个社会的变革决心。

说实话，我还没有见过哪个新兴民主国家如此热衷于拍摄自己的转型故事。而且，虽然是沉重的政治片，并非什么娱乐片，但是据说，这些片子在韩国刷新了一个又一个票房纪录，每出一部，就往往是万人空巷。可见，对于韩国社会来说，这段历史不仅仅是历史，而已经成为他们的精神纪念碑，需要不断重返、朝拜，以此来理解自身并寻找未来的方向。

为什么说这几部电影可以帮助我们理解当代制度转型的观念根源？首先，我们来看看这几部电影中的"革命者"是谁。尽管这四部电影的主角身份各有不同，有的是律师，有的是司机，有的是公诉人，但是，他们保护的对象，其实都是同一群人——学生。在这几部电影里，学生运动都是电影的背景，但却是汪洋大海一样的背景，他们时刻在窗外、在街头、在电视报纸上涌动，让所有的人无法扭过头去。

事实上，大学生是韩国转型运动的核心推动力。其他人，包括电影里的这些主角，都是被动卷入革命的旋涡的。不过，大家想想，20世纪80年代以及之前的韩国，还是比较贫穷的，而在一个相对贫穷的国家——能上大学的都是什么人？一般来说，或者来自精英家庭，或者很快本人将成为社会精英。所以，如果这些人纯粹是从利益的角度出发，他们有必要去闹革命吗？没必要。他们已经是天之骄子了，像《1987》里面被打死的朴钟哲、《华丽的假期》里的那个学霸弟弟，都是前程似锦的青年精英。

不但他们个人前程似锦，当时韩国的经济也是蒸蒸日上。我们往往认为，民众为什么会革命？因为民不聊生，对不对？的确，这是很多国家的转型导火索，比如，1998年的金融危机推动了印尼的民主转型，居高不下的青年失业率推动了阿拉伯之春的出现。但是，韩国并非如此，很多转型国家都并非如此。韩国在转型前，经济发展态势应该说很好。朴正熙当政时，1961—1979年，GDP年均增长率是10%。所谓的"汉江奇迹"，很大一部分就是在朴正熙时代完成的。

既然个人前程似锦，国家也蒸蒸日上，那为什么要闹革命？因为观念的力量。观念这个东西看不见、摸不着，但它是我们诠释世界的"翻译软件"系统。要理解这个"翻译软件"的重要性，我举两个例子。比如，自发的买卖行为，在自由主义的观念下，叫"市场交换"，但是在极左观念下叫什么？"投机倒把"。明明是同一件事，在两个观念体系里，听上去会成为道义上截然相反的事情。又比如，一个私营企业家投资挣钱了，在自由市场的观念下叫"投资盈利"，但是在左翼的观念下叫什么？叫作"剥削剩余价值"。仍然是同一件事，被两个不同的话语体系诠释成了褒贬相反的事情。这就是观念的力量——它是我们吸收信息的"意义加工软件"。

具体到韩国当年，学生们为什么要放弃大好前程去与威权政府抗争？最重要的原因，就是他们接受了那种把政治权利放在个人利益之上的价值体系。

根据这种价值体系，"生命诚可贵，爱情价更高；若为自由故，两者皆可抛"。所以，你观察电影里那些示威者喊的口号，不是什么具体的利益诉求，至少主要不是具体的利益诉求，比如工资、养老金、物价、就业、住房，等等，而是什么？民主权利本身。

图4-1 1987年1月14日，首尔大学学生朴钟哲的死，进一步促发了韩国社会的民主抗争

如果去观察韩国转型史，几次大规模政治运动的爆发，都是与民主选举有关。1960年的419运动，是因为李承晚选举舞弊；1980年的光州事件，是因为全斗焕政变夺权，使得朴正熙之死创造的转型机会被浪费；1987年最终推翻威权体制的百万人大游行，也是因为全斗焕6月10日不顾民意，直接指定继承人，让好不容易等到他下台的民众再次幻灭。

所以，韩国的转型本质上是一场观念驱动的变革。在有些历史情势下，革命是阶级斗争，通过阶级斗争实现经济利益的再分配。但是，韩国的民主运动，尽管有工人运动的成分，却很难说是一场阶级革命，因为它的核心主体恰恰是既得利益阶层。

事实上，这不是简单的韩国现象，历史上尤其是当代史上很多转型都是如此。当初的美国革命，真的是因为英国王室对北美民众压迫有多深重吗？其实未必。独立战争前，北美殖民地交的税比英国本土还要低。那为什么北美要闹革命？"无代表，不纳税"，关键是"代表"二字。当代世界里，苏东剧变真的是因为中东欧民众穷得过不下去吗？也不是。这不是一个经济阶级推翻另一个经济阶级，而是民众要推翻官僚统治。为什么？正如东德电影《他人的生活》所揭示的，因为人们厌倦了谎言与羞辱。

从学生到全民：观念的扩散

观念的水位如何影响制度的变迁？简单来说，就是不断提高旧制度的运转成本，使其高到不可能再继续运转。关于这一点，这几部电影都有清晰的呈现。我们看到，在电影里，运动有一个不断扩散的过程。最开始只是学生，但是慢慢地，随着政府暴力的变本加厉，普通的中产阶级、白领、劳工阶层乃至街头的大妈大婶都开始加入。

《辩护人》讲的就是这样一个故事，一个本来唯利是图的税务律师，因为一个朋友的儿子被刑讯逼供，最终走上了"反抗者"的道路。《出租车司机》里的那个司机，《1987》里那个清纯的女学生，《华丽的假期》里面的女护士……也都是本来完全不关心政治，但是，因为不堪忍受国家暴力而加入抗争。

所以到运动的最后阶段，无论是1980年的光州，还是1987年的首尔，都是倾城出动了。大妈大婶给陌生人做饭送饭，司机们免费给伤员当志愿者，加油站让所有出租车免费加油，护士们跑到最危险的地方去救死扶伤……那种人与人之间的友爱互助，非常令人动容。但是，从国家的角度来说，当司机们、厨师们、清洁工们、教师们、白领们……都成为"异议分子"，这个国家还怎么运转？所以，全民抗争会无限提高旧制度运转的成本。

但是，真正给旧制度带来致命一击的，是体制内的人开始动摇。在《1987》里，公诉人拒绝给火化尸体签字，因为这个学生的死因过于可疑；在

《辩护人》里，一个士兵成为扭转案情的最关键证人；在《华丽的假期》里，退伍前军官成为反抗武装的领袖。旧制度的螺丝钉一个一个开始松动，整个机器就无法再运转了。

当然，这是一个过程。在影片中，我们看到很多体制内人物艰难的挣扎和变化过程，所以，鸡蛋怎么可能战胜高墙？因为高墙也是由人组成的。他们也有在读大学、中学的子女，在当律师或者记者的同学，在工厂参与劳工运动的亲友……当整个社会的观念发生变迁，这个观念会发生一个"上渗"的效应，软化坚硬的高墙。

这种软化之所以会发生，在这里，不得不提到韩国人的执着。要知道，韩国的民主运动不是1987年才开始的，甚至不是1980年光州事件后才开始的。可以说，它断断续续进行了30年。从1960年的419运动，到1972年抗议独裁的"维新宪法"，到1980年的5月抗争，直到1987年的全民抗争，这是一个漫长的接力过程。而且，这个过程充满艰难险阻，无数大学生被开除、被殴打、被抓捕甚至被判死刑。仅1980—1987年，就有12万多名大学生被开除学籍，到1986年还在押的3000多个政治犯中，85%是学生。[1]为了进行劳工维权，数千名大学生假扮工人进入工厂，组织工会，一旦被发现被抓，新一波的大学生义跟上，这叫"排队入狱"。在电影中我们看到，有大量民众被殴打、被射杀的镜头，学生被刑讯逼供的情节。所以，韩国人的民主真的是他们用几代人的血与泪争取来的。

正因为韩国的民主运动是一个漫长的、不断渗透和扩散的过程，从转型的人心基础来说，韩国的转型是特别"扎实"的，因为几乎家家、人人都有所参与，所以，每个人都觉得自己是新生民主制的"原始股东"，它不仅仅属于某个阶层、某个政党或者一小批革命义士。我记得1997年，我当时还在国内读研究生，给一个韩国留学生当家教，教他中文，不过，这个留学生年龄比较大了，大概有40岁左右。有一天我给他上课，那天正好是韩国大选的日子，课上到一半，消息传来，金大中获胜，我那个学生立刻陷入了狂喜，激动得把我给抱了起来，在房间里转了三圈。我当时非常尴尬，觉得学生对老师这样不大合适吧。但是今天回想起这个细节，我才意识到，根据他的年龄，他应该就是20世纪80年代初的韩国大学生，当年就是在街头被殴打、被喷催泪弹的青年之一，而金大中当时是韩国最著名的反对派，几代韩国人的精神教父。

这也是为什么直到今天，韩国会有那么多反映转型故事的电影出来，而这些电影在韩国会如此受欢迎，因为这个抗争过程已经成为集体记忆的一部分，成为"韩国精神"的一部分。这种几代人添砖加瓦构建出来的民主，和那种短平快的转型是不同的。比如阿拉伯之春，之前阿拉伯地区几乎没有任何民主运动，2011年星星之火突然燎原，表面上看埃及、也门、利比亚很快在一两年内就举行了选举，然而，来得快的胜利往往去得也快，没有观念的广泛变迁作为转型的基础，制度即使变迁也可能很快倒退。

而韩国不同，共同浇灌出来的民主大树，每个人都很珍惜。说实话，在看这几部电影的过程中，我意识到，电影对历史过于简化了，黑白过于分明了。比如，其实韩国学生运动后期有不少暴力行为，但是电影对此几乎完全没有反映，而电影里的坏人也非常脸谱化，似乎是一群丧心病狂的疯子。不过，这些电影可能本来就不仅仅是要讲历史，而是要塑造一个民族的图腾。每个民族都需要自己的神话，韩国人的民主抗争，成了他们的民族神话。

观念从何而来？

一个很自然的问题是：如果说观念是制度变迁的推动力，观念又是从何而来？"若为自由故，两者皆可抛"，并不是一个自然的观念状态，更自然的观念状态可能是"过好小日子就行了，谈什么政治"，或者"政治能当饭吃吗"。明哲保身，以求现世安稳，是大多数普通人的价值观。为什么当年韩国社会会形成这种"若为自由故，两者皆可抛"的政治观念？甚至，到20世纪80年代中期左右，这种观念成了韩国社会的主流价值观？

对此，当然存在很多的解释。比如，学者英格尔哈特（Ronald Inglehart）和韦尔策尔（Christian Welzel）就论证说，观念的变化本质上是经济发展的结果。如果用一句朴素的中国谚语来概括，就是"仓廪实而知礼节"，吃饱穿暖了，人们就开始关心权利和自由等价值了。英格尔哈特也的确用大量的数据展示，大体而言，经济发展的水平与民主观念的深入程度呈正比。韦尔策尔甚至写过一篇论文，驳斥所谓的"亚洲例外论"，因为根据他的发现，在经济发展带来观念变化这一点上，亚洲并不是什么例外。

但是，就韩国这个个案而言，经济发展的解释说服力有限。的确，到20世纪80年代，韩国经济已经实现了相当的发展，这可能能部分解释为什么到80年代，民主观念逐渐从学生向全民扩散。但是，即使到80年代，韩国的人均GDP也只有2800美元左右，远不是一个发达国家，所以在这几部电影里，经常会有一些角色表示：韩国经济不够发达，现在还不能民主化。像《辩护人》中的一个海归商人，非常语重心长地告诫男主角宋律师：韩国的国民收入至少还要翻三倍，才能启动民主化。宋律师的回答则是：我以前也是这么想的，但是现在不这么认为。

相比"经济发展"的解释，更有说服力的，可能是所谓的"政治机会"理论。政治机会理论是什么意思？我们以前经常听到一个说法，叫作"哪里有压迫，哪里就有反抗"，但是，"政治机会"理论却说：不对，哪里有反抗的机会，哪里才会有反抗。反抗并不与压迫成正比，而是与反抗的政治机会成正比。为什么？压迫太深了你无力反抗啊。有缝隙的地方青草才能生长，铁板之中无法成长出生命。

放在韩国的背景下，尽管自李承晚时代开始，韩国就是威权制度，但这是一个充满缝隙的威权制度。朴正熙的前两次当选，都是通过具有相当竞争性的选举上台的——他在这两次选举中的得票率就很能说明问题：第一次，1963年，是47%，第二次，1967年，是51%，这说明其竞争者有相当的政治空间。1971年议会大选，反对党赢得了44%的选票，同年的总统大选，反对派金大中赢得了45%的选票，这些都显示，韩国当时的政体其实更像是一种混合政体，而不完全是威权政体。

韩国实施完全意义上的威权统治，其实只有几年，就是1972年朴正熙实施"维新宪法"之后。那之后，总统选举从直选改成间接选举，朴正熙的得票率就几乎是百分之百了。也是在这个阶段，政府开始了对公民社会残酷的镇压，包括绑架金大中、给他判死刑，都是这个阶段的事。但是，这样的铁腕统治也就维持了7年，到1979年朴正熙被刺杀后，就大致结束了。1980年光州事件后，政府又做了很多让步，释放一批政治犯，让大批被开除的大学生重返校园，1985年还放开了国会选举。

所以，韩国的民主运动就是从这些制度缝隙中成长起来的。在校园里，除了维新宪法那几年，学生会基本上可以自治，被选出来的学生会成为抗议活动的组织者。各种以"学习小组""兴趣小组"面目出现的学生组织也很多。此外，当时的韩国有宗教自由，教会的成长很快，教会后来也成为民主运动的重要同盟，所以在这几部电影里都能看到牧师的身影。工会、农民协会，也都有一定的生存空间。也就是说，韩国民主观念的扩散是一点点挤出来的，一厘米的缝隙被挤成十厘米，一米变十米……直到新制度从旧制度中破茧而出。当然，韩国民主运动也有低潮期，什么时候？恰恰是政治压制最深重的维新宪法时代。因为没有政治机会，就没有政治运动。

可能有人会问，就算是制度缝隙为民权观念的扩散提供了杠杆，那韩国人的民权观念，最初源头又是哪里呢？其实，在这个问题上，无论是韩国、中国或者印度、南非，甚至欧美国家本身，答案都是类似的，那就是二三百年前开始的启蒙运动。启蒙运动大家都知道，它所缔造的一个核心观念，就是"主权在民"。在此之前，人们认为公共权力的来源是上帝、是天命，所以统治者凌驾于被统治者之上是自然秩序。在此之后，人们认为公共权力的来源是民众，所以被统治者驾驭统治者，才是自然秩序。某种意义上可以说，近代以来，世界政治史上只发生了一场革命，就是这场"主权在民"的观念革命，其他的革命都只是这场革命的支流而已。

可能有人会困惑，几百年前的几个白人男子，什么洛克、卢梭，他们怎么就这么能蛊惑人心？这些韩国的学生，乃至全世界很多国家的民众，就这么容易被几个西方思想家给洗脑了？当然不是这么简单。思想者很多，能够引起数百年共鸣的却没有几个。启蒙思想的致命吸引力，不是因为它来自西方，而恰恰是因为它来自我们自己的内心。所谓启蒙，未必是把一个外来的什么思想塞到我们的脑子里，而是用一盏灯把本来就是我们心灵深处里的东西给照亮而已。或许电影里的学生和教授读过启蒙思想家的作品，但是，里面的律师、司机、加油站老板、护士、狱警……哪读过什么卢梭、洛克，他们只是知道，刑讯逼供是不对的，文字狱是不对的，拿着警棍四处打人是不对的，死人不让报道是不对的……这些情况一而再再而三地出现让他们慢慢意识到，除非权力结构改变，这些不对是不能被系统纠正的。

《1987》里面有一段对话，一个女孩劝她所暗恋的男大学生不要去参加游行。她说，你以为你这样做，世界就会改变吗？别做白日梦了，醒醒吧。那个大学生说："我也想啊，但是不行，因为心太痛了。"心太痛了，可以说，一语道破了启蒙观念的真正起源。那个小女孩当然说不过他，但是，作为一个社会科学研究者，我会想到1000个理由去反驳他：你没想到民主运行的经济条件吗？你没想过转型后的裂痕动员吗？你没想过革命的时机和策略吗？你没想过国家能力和社会权力的平衡吗？……但是，到最后，我发现，这种源于道德直觉的正义感有种令人敬畏的天真。你会发现，当所有政治的泥沙沉淀、所有理论的波涛平息、所有流行的趋势过去，最终，这种无与伦比的天真还是会从水底浮现。它熠熠的光芒，还是会诱惑你向它伸出手去。

---

[1]Byeong-Chul Park, "The Korean student movement: the mobilization process," William & Mary Dissertation, 1989.

22. 何为民主文化？泰国困局

上次课，我们讨论了推动民主转型的观念动力，这次课，我们再往前走一步，谈谈民主稳固的文化基础。

注意，在比较政治学当中，"民主转型"和"民主稳固"是两个不同的概念，它们的动力、机制和结果都不同。相对而言，"民主转型"更容易出现——它可能因为观念变迁或者经济发展出现，但也可能因为一场战争、一次经济危机、一个领导人的去世或者一次政变等随机性的因素而发生，但是"民主稳固"则要艰难得多，它往往需要各种结构性或者文化性的条件，比如需要各方政治势力具有妥协精神，需要有一定的经济基础和国家能力，可能还需要一定的国际条件等。这就像一个人去参加马拉松比赛并不需要很多条件，甚至可能一时兴起就去了，但是要以较好的成绩跑完马拉松，条件就太多了，你得有体力、有耐力、有策略、有训练、有相关的安全知识等。在这个意义上，世界上可能有"偶然的民主转型"，但是没有"偶然的民主稳固"。

上次课我们讨论转型的观念动力时，使用的案例是韩国，这次课我们讨论民主稳固的观念基础，或许可以观察另一个亚洲国家——泰国。

泰国的政变之谜

现代史上，哪个国家发生政变的次数最多？

说实话，如果不是学习政治学，我怎么也猜不到是泰国。我们都知道，泰国基本上是个佛教国家，90%以上的国民是佛教徒，而佛教徒通常以安静祥和著称。事实上，泰国常常也被称为"微笑之国"。我不知道你们有没有去过泰国旅行，我曾经去过一次普吉岛，普吉岛上的泰国人确实是印证了我心目中的佛教徒形象。他们对陌生人非常友好，经常是双手合十，一句温柔的"萨瓦迪卡"问候得你心都化了。

但是，这样一个温柔的"微笑之国"，居然成为现代史上政变最多的国家。据统计，20世纪30年代以来，泰国已经发生过21次政变，其中13次是成功的政变。也就是说，平均4年左右就会发生一次政变。说实话，看到这个数字时，我的第一反应是，泰国的中学生好惨，他们背历史的时候怎么背啊，21次政变，这要考试的时候不出错也太难了。

不过，这里需要做一个说明，我们一听说"政变"这个词，往往会想到刀光剑影、血流成河，但是，其实很多政变是不流血的。泰国历史上的多数政变也是不流血的，包括2014年这次，也就是最近的一次。像印尼的苏哈托那样，政变完了杀几十万人，或者阿根廷那样，政变之后展开数年的"肮脏战争"，这在泰国是不可想象的，所以，泰国人的温柔，甚至可以说反映到了他们的政变里。

泰国那么多次政变，并不是每次推翻的都是民主政权，因为有时候是一个军政府推翻另一个军政府。但是，至少就过去四五十年而言，除了一次以外，所有政变推翻的，都是民选政府。2014年，政变推翻的是民选的英拉政府；2006年，推翻的是民选的他信政府；1991年，推翻的是民选的差猜政府；1976年，推翻的则是刚刚建立三年的民主政府。可见，在当代泰国，真正困难的，不是推动民主转型，而是实现民主稳固。转型本身对泰国人来说并不难，人家南非人奋斗五十年才推动一次民主转型，泰国人信手拈来就转了四五次。简直可以说，他们是一言不合就民主转型，但问题是，再一言不合，又民主崩溃。

为什么？为什么民主政体难以在泰国站稳脚跟？是因为军队过于强大和野蛮，以至民主难以维系吗？表面上看的确如此。但是，大家反过来想一想，泰国不断在军人执政和民主政权之间摇摆，也恰恰说明军人政权没有那么强大。因为如果真有那么强大，那就不需要那么多次政变了，一次就搞定了，对不对？它能够允许民主转型不断发生，恰恰是因为它并不能真正有效地垄断权力。事实上，泰国2014年和2006年的政变，正如埃及2013年的政变，军队并非真正的主导者，很大程度上，他们只是在政治对峙已经造成局势失控的情况下出来收拾残局而已。

那么，为什么泰国的民主总是难以沉淀？这个问题可以从无数个角度去谈，社会结构、政治传统、经济模式等，不过，这次课，我想从政治文化的角度来谈一谈这个问题。我想借着泰国的民主困境，确切地说，泰国21世纪初的民主困境，来谈谈什么是民主文化。

参与精神=民主文化？

什么是民主文化？什么样的文化最有利于民主运转？关于这一点，比较政治学里面其实有很多种说法。比如，一个著名的理论，叫作"社会资本"理论，其代表性学者是帕特南（Robert Putnam）。根据这个理论，一个国家的"社会资本"丰富与否，决定了它的民主能否走向稳固和良性运转。什么叫"社会资本"？简单来说，就是一个社会自发结社的习性。如果在一个社会里，很多人习惯于通过自发结社来解决问题，民主就容易走向稳固。为什么？因为自发结社培养公民的参与感、责任感、协商精神、合作精神等，而这些习性对于民主的落地生根都至关重要。哪怕这些社团并非政治性社团，而只是——比如说，读书会、爬山社、减肥小组，甚至广场舞大妈团体，它也可能通过培养人与人之间的信任与合作而给民主的运行提供润滑剂。

除了"社会资本"理论，另一个近年颇受关注的"民主文化"理论是"后现代文化"理论，其代表性人物是我们之前也提到过的英格尔哈特。根据这个理论，当一个社会的经济模式从前现代模式抵达现代工业模式，然后再穿越现代工业模式抵达后现代模式，也就是知识经济、服务经济为主的模式，"后现代文化"就容易出现，而这种文化最有利于民主的运行。

什么是"后现代文化"？简单来说，就是"自我表达的文化"，也就是强调个体自主性和选择的文化。在英格尔哈特看来，工业经济强调流水线、纪律感、集体性、整齐划一，而后工业时代的经济则要求个体的创造性、主动性和表达欲。当人们越来越习惯于通过自主的个体选择去塑造自身命运和社会命运，民主就越可能出现和稳固。他甚至通过数据回归分析，给这种可能性做了非常精确的计算。他的结论是：当一个社会30%的人口强调"自我表达的价值"时，形式上的民主倾向于出现；而当一个社会45%的人口强调"自我表达的价值"时，实质性的民主倾向于出现。当然了，社会科学家给的这些精确数字，大家参考一下就行了，不必过于较真儿，毕竟社会科学家也不是星相大师，不能指定民主转型的黄道吉日。

可以看出来，不管是"社会资本"理论，还是"自我表达"理论，其实都强调一点——参与精神。毕竟，民主和威权的最根本区别，就是一个人说了算，还是很多人说了算。如果一个社会大多数人都不关心公共生活、不参与政治，事不关己高高挂起，那民主不可能运转起来。政治参与的形式可能多种多样，可以是投票，可以是参加竞选动员，可以是上街游行或者签署请愿书，还可以是游说活动……甚至可以是写文章、转发文章、点赞跟帖。有一句话不是说吗，围观就是力量。当然了，用更新的网络语言来表达，就是"吃瓜就是力量"。其实没错，吃瓜就是力量。无论是政治家的监督、政治议题的设定，还是政策的出台和实施，往往都需要民众广泛的参与，而虎视眈眈就是参与的一种形式。

泰国民众的政治激情

那么，问题来了。如果参与精神是民主运行的根本性文化条件，那么泰国的民主屡屡崩溃，是因为他们的政治文化中缺乏参与精神吗？其实，对过去20年的泰国政治史稍做了解，就会意识到，情况绝非如此。事实上，在当代泰国，不但整个社会不缺乏政治参与感，甚至可以说政治参与感过剩。要理解泰国人的这种政治热情，我们不妨回顾一下当代泰国政治极简史。

要讲述这个极简史，必须首先提及一个人物，泰国前总理他信。可以说，他是理解当代泰国政治的一把钥匙。这是个什么人呢？长话短说，他是一个具有民粹主义色彩的亿万富翁。泰国是一个农业人口为主的国家，所以他信的民粹主义主要表现为对农村和农民的各种倾斜，比如，给粮价提供大量补贴、给农民提供大量优惠贷款、在农村兴建各种乡镇企业等。

这些政策是好是坏，不是我们这次课要评述的内容，我们只需要知道一点，就是这些聚焦于农民和农村的政策，得罪了很多城市中产阶级，因为这些政策不但将更多资源导向了农村，而且将政治权力的重心从中产精英转移到了农民手里。这些城市中产和精英对此难以接受，因为在他们看来，这就是一种间接的贿选，或者说政治腐败，他信以各种动听的名义给农民发钱，而农民把他选上台。

在此需要说明一点，相比很多其他国家，泰国的精英阶层是比较保守和右翼的。历史上，它的周边国家，像柬埔寨、老挝、越南，都发生过轰轰烈烈的左翼革命，但泰国却基本上绕开了这个浪潮，很可能与精英的保守主义倾向有关。

以上是背景。现在我们来看看过去20年泰国发生了什么。2001年，他信赢得大选，到2005年，他成为泰国历史上第一个完整地完成一个任期的民选领袖，并又以压倒性优势重新当选。看上去，似乎泰国的民主终于步入正轨了。然而，2005年后，泰国民主的命运急转直下，政治进入过山车模式。

第一次危机，是2005—2006年。他信的农村民粹主义早已得罪了一批城市阶层，到2005年，反对他的情绪终于有了一个爆发的导火索。当年，他信家族把一个企业卖给了一家新加坡公司。反对派认为这次收购事件涉及腐败和逃税，支持者则认为这完全是一场正常的商业交易。不管怎么说，这个事件点燃了泰国人的反他信热情，一场浩浩荡荡的反他信运动就此开始，著名的黄衫军登上历史舞台。经过近一年的抗议示威，军队坐不住了，2006年9月发动政变，他信从此流亡海外。当然，他信的支持者也不是等闲之辈，他们也组织动员了起来，这就是著名的红衫军。

图4-2 黄衫军游行示威

从此，泰国的政治对决大幕拉开。黄衫军的主要构成是城市精英阶层，而且媒体、法官、军队甚至王室大体而言都站在他们这边，阵容非常强大。但黄衫军有一个弱点，而这个弱点在民主社会中恰恰是致命的——人数。毕竟，红衫军的核心成员是农民，而农民占泰国人口的三分之二。所以，红衫军什么都占劣势，但是他们人多势众。

可以看出，这是一个无解的政治对峙。为什么无解？因为民主的两种逻辑在泰国这里打成了死结：一种是选票逻辑，就是多数说了算；另一种则是街头逻辑，谁呐喊的嗓门大，谁说了算。在选票逻辑下，红衫军是赢家；在街头逻辑下，黄衫军是赢家——毕竟，黄衫军生活在大城市，更容易动员起来占领街头。你可能会说，既然民主的核心机制是选举，那还是应该选票说了算吧？但是，当几万人、几十万人甚至几百万人涌上街头，愤怒地发出呐喊，你能说那不是人民的呼声吗？

图4-3 红衫军在街头游行

所以，选票逻辑和街头逻辑的这个死结，注定了泰国政治的困局。2006年，虽然他信被赶跑了，但是他的势力还在。2007年大选，被视为他信代理人的沙马克当选。黄衫军又不干了，轰轰烈烈又上街了。泰国法院以沙马克参加一个厨艺节目、有利益冲突为由，解除了他的总理职位。只在台上待了9个月，沙马克就下台了。

沙马克下台了，没关系。他信又有了一个新"马甲"，他的妹夫颂猜。2008年9月，颂猜通过议会选举上台，他信的势力又一次卷土重来。于是，黄衫军又一次发起了声势浩大的抗议示威，他们围困了议会，将几百名议员变成人质，颂猜本人不得不从议会的后门逃跑。最终，宪法法院解散了人民力量党，只在台上待了3个月，颂猜被迫辞职。

这下黄衫军终于迎来了春天。宪法法院解散人民力量党并禁止其领导人从政后，2008年12月，黄衫军阵营的领导人阿披实终于被任命为总理。然而，这个"春天"非常短暂。为什么？大家肯定猜到了，红衫军不干了。对于红衫军来说，我们一次又一次地把我们的人选上去，而你们一次又一次作废选举结果，现在你们想要岁月静好？没门。于是，红衫军又挑起了抗议的大旗，要求重新组织大选。抗议不断升级，最大的一次冲突导致近百人丧生，数千人受伤。阿披实本人的汽车也直接被红衫军攻击，差点未能逃生。最后，阿披实不得不宣布接受提前大选。

2011年大选的结果怎么样？大家恐怕猜到了。他信的第三个"马甲"，他妹妹英拉，又一次胜选。这里不得不感慨一下，他信一家真是打不死的小强，太有韧性了，前仆后继地去当总理。只可惜，虽然英拉温柔又亲民，也不能拯救她的哥哥。她上台后，可以说把她哥哥在任时的剧情又原封不动地演了一遍。

2011年上台，2013年年底，黄衫军抗议风云又起，又是占领政府大楼、占领电视台、堵路、堵机场，各种暴力冲突。最终，2014年5月，宪法法院解除了英拉的职位。什么理由？欲加之罪，何患无辞。宪法法院指控英拉政府某个大米补贴政策给国家造成巨额损失，而且她更换某个部长的程序是非法的。总之，英拉下台，军方接管。之后，军方执政至今。

民主文化是一种混合文化

从泰国当代极简史可以看出，我们可以批评泰国政治和社会中的种种问题，但是唯独不能批评泰国民众没有政治参与精神。2005—2015年这10年左右，泰国人民简直是无时无刻地在进行政治参与，黄衫军、红衫军，你方唱罢我登场，街头运动成为一个永不落幕的剧场。

既然泰国人的政治参与如此热情洋溢，而参与精神是民主文化的核心，那么，泰国的民主为什么会反复崩溃？问题出在哪儿？在我看来，问题恰恰出在泰国人太有政治参与精神了，让民主的街头逻辑碾压了民主的选票逻辑。没有边界感和节制感的政治参与，让泰国的民主每次都是刚刚被建立，就又被推翻。过度的政治热情、过高的政治要价、过于急迫的政治通牒以及"不达目的决不罢休"的战斗精神，每每让泰国的新生民主不堪重负，走向崩溃。

所以，真正支撑民主运转的，未必是无节制的参与精神，而更可能是一种有限度的参与意识。关于这一点，政治文化学者阿尔蒙德（Gabriel A. Almond）早在20世纪60年代就说得很透彻了。他在《公民文化》这本书中，比较了五个国家的政治观念。虽然书中关于实证材料的部分已经过时了，但是他的基本结论，今天来看，却是历久弥新。什么是"民主文化"？我们通常认为，越热衷于政治参与的文化就越是民主文化，但这本书认为，实际上，真正的民主文化，恰恰是参与精神、服从意识以及政治冷淡这三种东西之间的混合体。换句话说，民主文化未必是一种纯粹的"参与文化"，而是一种"混合文化"。

为什么参与和服从、热情和冷淡之间的混合对于民主运转非常重要？因为参与精神助推民主所需要的政治动员，而服从意识则助推民主所需要的政治秩序。热情形成政治改革的动力，而一定的政治冷感则给过热的政治氛围降温。

其实，观察相对成熟的民主政治，我们会发现，在这些国家，其民众不但政治参与意识很强，他们的规则意识、政治边界意识也相对较强，而后面这两个元素常常被忽略。以英国而言，2016年的退欧公投，几乎是恰好一半人支持退欧，一半人反对退欧，双方可以说势均力敌、水火不容，但是，当公投结果出来后，哪怕退欧派的优势非常微弱（51.9%比48.1%），留欧派是否诉诸了无穷的政治运动去推翻这个结果、不达目的誓不罢休？并没有。哪怕后来一度有民调显示，一部分"退欧派"其实后悔了，导致双方比例有所反转，但是公投结果就是公投结果，不能随便取消和抵赖。

相比之下，我们发现，泰国人对政治参与极有热情，但是缺乏一种对规则的服从意识来平衡。在这一点上，黄衫军阵营尤其明显。民主选举本来就应该是一个愿赌服输的事情，而黄衫军的表现却像个一输棋就掀翻棋盘的棋手。2006年，他们以他信家族企业变卖过程腐败为由，要求他下台，但是相关委员会的调查并没有找到交易过程中的硬伤。2008年，颂猜以合法程序上台，但黄衫军仅仅因为颂猜参加了厨艺秀，便坚持要他下台。在一次示威中，示威者冲进政府大楼，迫使政府转移到一个秘密空军基地办公。当颂猜按宪法规定，在入职15天内前往议会进行政策报告时，示威者又堵住议会入口，不让他完成其宪法职责。最后，黄衫军干脆堵高速公路、占领机场，导致无数人无法出行。2014年，黄衫军又因为争议性的经济政策要求英拉下台，英拉同意解散政府、提前大选，但是，因为黄衫军知道自己每选必输，所以他们最后的招数就是，不但自己罢选，而且到处组织纠察队堵住投票站，不让红衫军的人投票，导致宪法法院作废选举。

在这个过程中，我们看到，黄衫军不断将自身的派系诉求放到既定的规则之上，不达目的决不罢休。最后，只有政变能够帮助他们实现目标，于是，他们几乎是邀请了政变。我们知道，独裁者常常因为"一己之私"而破坏民主，其实，社会力量也可能因为"一群之私"而摧毁民主。

过度的政治热情使得泰国的政治制度化变得极其困难。黄衫军与红衫军对峙的那些年，泰国民众简直可以说陷入了政治高烧状态。年轻人去占领机场、堵高速公路也就罢了，连农村老太太都成群结伙地赶到首都，声援抗议队伍。有个细节就体现了这种政治激情的程度：在一场红衫军的抗议中，组织者决定把抗议者的鲜血洒到政府门口，以示他们视死如归的心情。结果数千人排队去献血，尽管只是一人一小管血，但最后足足收集了1000升血，全都哗哗地倒在了政府门口。

这种政治激情对于民主稳固可以是致命的。民主政治要走向稳固，一个关键的节点，就是转型过程中"广场政治"慢慢过渡为"常态政治"。所谓"广场政治"，就是万民上街，为制度的那关键一跃提供助推力，它的力量来自激情；而"常态政治"则意味着，在民主政治的框架内，公众从街头逐渐隐退，将政治驾驶的钥匙交给其政治代表，它的力量来自协商。这种移交不仅仅是因为公共政策有一定的专业性，往往需要颇为专业的讨论协商，也因为很多时候，退出广场，必要的政治妥协才可能达成。

固然，即使在常态政治中，街头政治也有其功能，但是，街头政治本身的常态化和无限化，使得维系民主稳固的政治妥协极难达成。为什么？因为谁也不想在众目睽睽之下示弱对不对？几千个人的血洒政府门前了，还怎么妥协？任何妥协都会被视为背叛，越极端越被视为英雄主义。于是，运动只能进不能退，泰国的政治温度越升越高，最后，军队的出动成为局势唯一的冷却剂。

所以，什么是民主文化？它既是一种"天下兴亡，匹夫有责"的参与精神，也是一种对规则的服从精神，还是一种"允许专业之人办专业之事"的政治节制感。激情燃烧，在特定的历史时刻可能助推制度的跃迁，但是在民主的基本框架已经落地之后，激情过度燃烧则可能把这个框架本身也烧掉。泰国的民主，就是这样一次一次地被过度的政治热情给烧毁的。

其实，过度的政治动员和参与热情导致民主崩溃，不仅仅发生在泰国。民主的街头逻辑倾覆民主的选票逻辑，是新生民主崩溃的一种常见模式。回顾近现代世界的第一场真正的民主革命——法国大革命，能看到其民主走向崩溃也是沿着相似路径。在1792年选举出来的国民公会中，山岳派和吉伦特派大体势均力敌。派系斗争虽然激烈，但并不注定民主崩溃——英国革命中的托利党和辉格党，美国革命中的联邦党人和反联邦党人，都是一边斗争一边维系了民主稳固。但是在法国革命中，这一派系斗争却导致了革命的"脱轨"。何以如此？很大程度上，就是无套裤汉们无度的街头运动颠覆了民主的制度化运行。1793年6月，无套裤汉们在雅各宾派的煽动下包围国民公会，要求逮捕所有的吉伦特派，在这个关键节点之后，法国革命无可挽回地滑向了恐怖统治。

在当代，这种情况也屡见不鲜。我们之前谈到过的埃及，情形类似——政治世俗派拒绝等待下一次的选举机会，拒绝穆尔西的妥协方案，以数百万人的超级动员推翻了穆尔西政府，但同时也推翻了埃及的新生民主。很多国家的历史上，或多或少都有过类似的情节，西班牙第二共和国、韩国第二共和国、当代乌克兰与玻利维亚等，都有过类似的经历。

我们常常说，某某革命失败，是因为革命不彻底，其实，很多革命的失败，恰恰是因为它太追求彻底。仔细想想，这也并不奇怪。物极必反是个朴素的道理，却包含无穷的智慧。资本主义需要从"丛林资本主义"中拯救自身，宗教信仰需要从"原教旨主义"中拯救自身，爱国主义需要从"沙文主义"中拯救自身，民主，也同样需要从过度的政治激情中拯救自身。只可惜，无数道理，每一个国家、每一代人，往往都需要亲自撞得头破血流才能真正领悟。有时候，甚至撞得头破血流也难以领悟。或许是因为，很多时候，耐心比勇气更难达至，节制比热情更需要技艺。在这个意义上，民主是对公民美德的嘉奖，除此之外，没有其他挽留它的途径。

23. 恶真的平庸吗？暴民考古学

为什么人会作恶？这恐怕是思想史上最引人注目、最经久不息的问题之一。无数学术问题最后往往演变为学者们内部的文字游戏，但是，"为什么人会作恶"，确切地说，"为什么人会在特定情境下变得邪恶"这个问题，却翻越了学术的高墙，成为令几乎所有人着迷的大众话题。

人们试图理解：为什么会发生卢旺达大屠杀、达尔富尔大屠杀、南京大屠杀这样的惨剧？为什么会有火刑或者凌迟，而所谓"群众"会去津津有味地围观这些酷刑？为什么战争过后，胜利方会活埋几十万的俘虏？为什么会有奴隶制？为什么ISIS会把砍头拍成录像，再放到网上去传播？等等。我们之所以着迷这些话题，不仅仅是因为这些话题本身的重量，而且是因为我们知道，这样的邪恶不是一两个独裁者所能做到的，往往需要密密麻麻的普通人去参与。令人惊悚的是，在另一个时空里，这些普普通通的人可能是我们的邻居、我们的亲友，甚至，可能是我们自己。

"平庸之恶"

在所有关于人类邪恶的历史事件中，最受研究者关注的，恐怕是德国纳粹对600万犹太人的屠杀。这不仅仅是因为这件事本身的恐怖程度，而且是因为这件事发生在启蒙运动发生了两百年之后，发生在诞生了康德、黑格尔、贝多芬等伟大人物的德国。我们无法理解，为什么在现代文明的腹地，人会突然变成野兽？某种意义上，过去70多年，人类从未真正从对这一邪恶的震惊中恢复过来。

我们一遍遍地从心理学、政治学、社会学、经济学等角度去解释这种荒诞的邪恶，解释普通人为什么会参与其中，但是解释完之后我们又总是感到不满足，又不断去寻找新的答案，似乎如果我们真的完成了对它的解释，这种理解本身也构成对受害者的背叛。

在不断浮现的各种理论中，有一个理论抓住了很多人的心，更确切地说，是一个概念——平庸之恶。大家可能知道，这是政治理论家汉娜·阿伦特发明的概念，用来形容一个叫作艾希曼的纳粹党人。事实上，她写了一本书，书名就叫"艾希曼在耶路撒冷：一份关于平庸的恶的报告"。或许，分析艾希曼这个人，能帮助我们理解"为什么人会作恶"这个问题，帮助我们探测当下的自我和那个潜在的邪恶自我之间的距离。

谁是艾希曼？这是德国纳粹党中的一个中层官员，虽然职务不算很高，但是位置很关键——他负责整个帝国的"犹太事务"，相当于"党卫军犹太事务办公室主任"。第三帝国早期的犹太政策是强制驱逐，而不是屠杀，那时候艾希曼主要负责组织犹太人的驱逐和财产没收，后来帝国政策转为所谓的"最后方案"，也就是集中营毒气室杀戮方案，他就负责将欧洲各地的犹太人登记、集中、运送到集中营去。

作为一个反犹的枢纽型人物，艾希曼可以说罪大恶极，理应作为战犯被审判。但是，"二战"之后，他神秘消失了。直到15年后，也就是1960年，以色列的情报组织摩萨德在阿根廷的一个小镇找到了他。于是，摩萨德绑架了艾希曼，把他押送到耶路撒冷，之后，以色列展开了对他的审判。在这场全球瞩目的审判（图4-4）中，阿伦特作为《纽约客》杂志的特约撰稿人参加了庭审，并记录了她的观感。这就是那本书的由来。

图4-4 1961年，艾希曼在耶路撒冷受审

（图片来源：USHMM Photo Archives）

为什么阿伦特用"平庸之恶"来形容艾希曼？因为她通过观察发现，艾希曼似乎并不是什么天性残忍、头脑扭曲的变态狂魔，而是一个普普通通的路人甲，用阿伦特的原话来说，艾希曼身上充满了"奇怪的空白"（bizzarr vacuousness）。精神医生对他的分析报告也显示，这个人并没有什么心理或精神疾病，对工作、对家庭，甚至颇有责任心。

在其逃亡过的一个小镇里，人们记忆中的艾希曼是一个爱拉小提琴、喜欢给儿童巧克力，还时不时帮助邻居维修各种器械的"暖男大叔"。他的罪行，用他自己的话来说，就是"执行上级命令、做了本职工作而已"。在他的叙述里，他既不是这场屠杀的编剧，也不是它的导演，更不是它的制片人，他只是其中一个可以随时被替代的"演员"而已。

在阿伦特看来，这就是"平庸之恶"。这种恶不需要创造性、戏剧性、思想性或任何所谓"恶之花"的美感，只需要一点盲目而已。在阿伦特对艾希曼的解读里，一个最关键的词汇，就是"不假思索"（thoughtlessness）。在她看来，无法反思性地看待自己的所作所为，是艾希曼罪恶的核心要素。在艾希曼的眼中，他只是坐在办公室里，传达一些信息，执行一些命令，怎么就成了杀人犯了？他反复强调："我从来没有杀过一个犹太人，事实上，我没有杀过任何人。"

然而，这个似乎只是"传达了一些信息、执行了一些命令"的人，却是一个漫长迫害链条中的重要一环。在这个链条中，就每一个具体的环节而言，他们都没有杀人。角色A，只是负责登记犹太人的信息；角色B，只是依法没收了犹太人的财产；角色C，只是负责把犹太人送上火车；角色D，只是集中营的保安……甚至，角色Z，可能什么也没有干，只是在这一切发生的时候，把头转了过去。但是，如果这些艾希曼们能够跳出自己的身份碎片、跳出"此时此刻"，从一个更高、更大的图景去看待自己的所作所为，他们会发现，是的，"我"，作为一个个体，的确没有杀人，但是"我们"，作为一个集体，却杀了无数人。

很大程度上，这正是邪恶政治的秘密。它把邪恶切成一小份一小份，小到每一份邪恶的实施者完全感受不到邪恶的分量，他们只是恪尽职守，把面前这一块画板画好，但是，当所有的画板都画好，汇聚成一个巨大的拼图时，一个极其恐怖的画面却出现了。这也是为什么艾希曼觉得特别冤。

事实上，在我看过的所有纳粹历史记录中，几乎所有的纳粹分子都觉得自己很冤，在他们看来，我只是一万分之一，做了0.001%的恶，你们却把我当作100%的恶棍来审判，这也太不公平了。殊不知，他可能对每一个受害者的死只需要负0.001%的责任，但是他要对几百万个人的0.001%负责，即使从数学上来说，他手上所沾染的鲜血也是无数生命了。

集体作恶的1+N模式

这也正是"平庸之恶"最惊悚的地方。我们发现,邪恶的上演并不需要多少真正的"坏人",只需要金字塔顶端的导演,和无数略微有点"近视"的普通人——为什么说略微有点"近视"?就是他看不到"大的图景",更确切地说,拒绝看到"大的图景",就盯着眼前这一张办公桌、这一节车厢、这一张表格。这就是邪恶的"1+N"模式。普通人就普通在,如果有人让我们去杀一个人,我们既没有足够的胆量也没有足够的恶意去做这件事,但是,如果只是让我们去传达信息、去维持治安、去登记财产、去清理骨灰、去注射某种药剂……我们中的多数往往会"不假思索"地去执行。

然而,邪恶真的仅仅是"平庸之恶"吗?当张三的"不假思索"和李四的"不假思索",还有王五的"不假思索"……彼此相连,就会形成汹涌澎湃的邪恶吗?还是,或许更重要的,不是他们各自的蒙昧,而是将他们相互连接的力量?这种力量是什么?是权力,巨大的、失控的权力。金字塔尖的"一"往往通过无数的"N"去传输邪恶,但是最终,也正是那个"一",将所有的"N"连接起来、转动起来。没有那个巨大的纽带,再多的螺丝钉也只是一堆废铜烂铁,无法构成一台轰鸣的机器。"平庸的恶"的背后,是"激进的恶"。

我们常常看到一些藐视民众的概念,乌合之众、暴民、愚民、群氓,等等,似乎普通人天生狂野、贪婪、愚昧。其实,此类含混不清的概念最大的困境,就是难以解释变化。比如,20世纪30年代的德国人狂野愚昧,似乎符合那个乌合之众的概念,可是为什么到了2015年,德国人成了整个欧洲最欢迎难民移民的博爱主义者?难道德国人的基因突变了?显然,真正变化的不是德国人的基因,而是金字塔上方的那个"一"。

其实,我相信在任何国家和民族,都有一定比例的所谓"坏人",构成"暴民"的基础,但是观察历史,我们会发现,所谓的暴民,如果没有插上权力的翅膀,其危害往往比较有限。比如说义和团,早期一直是华北农村不成气候的民兵组织,只是在慈禧撑腰之后,才发展成一场轰轰烈烈的打砸烧杀运动。当"暴民"现象成为洪流，其驱动力往往是权力，而不是抽象的人性。

权力如何制造"暴民"？不妨将其机制拆解为三个层面：首先是暴力和高压，其次是利益诱惑，再次是意识形态。

生产"暴民"的机制一：高压

首先来看高压的力量。在系统的政治杀戮或迫害中，暴力的普遍化甚至仪式化往往是关键一步。历史上对酷刑有组织的围观，各种批斗大会，都是这种仪式化暴力的表现。纳粹一上台，其国家暴力的特性就显露无疑。1933年，纳粹开始推行所谓抵制运动，冲锋队四处出击，禁止德国人进入任何犹太人经营的场所。1935年的《纽伦堡法案》，禁止犹太人和日耳曼人通婚，禁止犹太人在诸多行业从业。1936年开始，对经济体系进行所谓"雅利安改造"，直接剥夺犹太人的财产。1938年的"水晶之夜"，更是将暴力赤裸裸化，数百个犹太人被杀，数千个店铺被烧毁，数万个犹太人被送往集中营。有了这一切的铺垫，1941年后对犹太人的强制隔离居住、1942年后实行所谓"最后方案"，就是水到渠成了。

图4-5 20世纪30年代末，维也纳，犹太人参加强制劳动

这些暴力或暴力威胁给普通人带来的震慑，我们不难想象。"二战"结束后，很多普通德国人声称自己不知道对犹太人的屠杀，不知道集中营的存在。其实，所谓"不知道"，很大程度上是因为"不想知道"，而"不想知道"，很大程度上是因为"不敢知道"。只要稍微想一想，他们怎么会不知道发生了什么呢？一批批的犹太人消失了，而在消失之前，他们被辞退、被剥夺财产、被隔离、被殴打、被羞辱……然后，他们消失了。

即使想不到其中的细节，也能想到那是一条非常黑暗的隧道。何况在消失的途中，无数普通人不断接手他们：隔离区的工作人员、警察、火车站工作人员、医生、狱警、厨师……也就是说，有无数的艾希曼们，而这些艾希曼们很容易把所见所闻告诉亲友以及亲友的亲友……但是，因为恐惧，人们不去想，不敢想。

政治学中有一个词汇，叫作"理性的无知"，通常用于分析选民的投票行为，但是，用在这种极端恐惧下的思想自我屏蔽，同样恰如其分。什么叫"理性的无知"？意思就是，无知其实并非一种偶然的状态，而是一种理性的选择。特定情境下，人们可能会选择对自己无法承受、无法改变、无法超越的东西保持无知，因为"知道"会唤醒良知，而恐惧让你只能无所作为，与其让你的无所作为拷问你的良知，不如什么都不知道。

生产"暴民"的机制二：利益

恐惧只能制造沉默，而利益诱惑则能造就积极分子。这是权力制造暴民的第二个台阶。在艾希曼的自述中，以及阿伦特对他的描述里，艾希曼似乎只是一个浑浑噩噩的公务员，被动而茫然地执行着命令，因而"不知不觉"犯下了罪行。果真如此吗？还是，当权力向社会撒下利益的诱饵，他是努力跳起来去够那些诱饵的人？

1932年，纳粹党赢得大选之际，艾希曼即刻加入了纳粹党和党卫军。1934年，他又加入纳粹的安全部门。这都是他主动的选择。之后，因为工作积极、表现出色，他不断获得升职，成为整个帝国的"犹太人事务"的第一执行人。到最后，党卫军的"犹太人事务管理办公室"直接被叫作"艾希曼的办公室"。

比职业升迁带来更大满足的，是心理上的成就感。26岁加入纳粹党之前，艾希曼可以说一事无成。虽然生于一个中产阶级家庭，可能是学习不够用功，也可能是不够聪明，艾希曼甚至高中都没有毕业。而且，由于长了个犹太人式的鹰钩鼻，他从小还是小伙伴们的嘲笑对象。从职业学校毕业后，他找到了一个汽油推销员的工作，但是没过几年，又被解雇了。

就是在这个时候，艾希曼加入了纳粹党，成为其中一个冉冉升起的新星。虽然到最后，艾希曼的正式职务并不是很高，大致相当于中国的一个处级或厅级干部，但是，由于其位置的特殊性，所以权力巨大。当时的犹太人团体，是走是留，如何走、如何留，走到哪儿、留在哪儿，他往往具有生杀予夺之权。所以，从1939年开始，就有报纸称艾希曼为"犹太人的沙皇"。一个犹太人这样记录艾希曼当时留给他的印象："艾希曼进来了，像一个年轻的神。他那时很帅，高大，黝黑，闪闪发光。他的行为也像是神——他决定着逮捕或者释放谁，取缔或者放行某个机构，创办或者审查某个犹太人报纸，甚至最终，决定着谁能动用犹太人的银行账号。"

大家想想，这是何等的光环，一个33岁的年轻人，一个签名，一句话，决定着无数人的命运，而仅仅是在7年前，他连一份推销员工作都没有保住。所以，哪怕战争结束，他已经逃亡到阿根廷，从"神"重新变成为一个普普通通的"养兔专业户"，他依然沉浸在昨日辉煌中。最后他之所以暴露自己，被摩萨德抓捕，很大程度上就是因为，他实在忍不住向当地的其他德国移民炫耀自己是谁。在一张送给朋友的照片背面，他郑重其事地签名道：阿道夫·艾希曼——党卫军军官（退休）。

所以，艾希曼绝不仅仅是个被动的螺丝钉，"不知不觉"地成为一个罪人。他是高高举手要求成为螺丝钉，他是主动跳进那个杀人机器。在法庭辩护中，艾希曼不断强调自己只是个政策的执行者，却不谈论他如何把自己放到执行人的位置上去，这显然是避重就轻。这就像一个醉汉不断宣称，自己因为别人劝酒而喝醉了，却不提及是自己主动走到"别人的"酒席中去。艾希曼的恶，不仅仅是"平庸之恶"，而恰恰是"不甘平庸之恶"。

然而，一个巴掌拍不响。艾希曼是那个向利益诱饵走去的人，当权者则是诱饵发放者。人为什么会作恶？因为作恶会带来无穷的好处：升官、发财、虚荣心的满足。一切极权体制招募打手的机制，都是对权力和资源进行最大程度的垄断，从而使得有抱负的人放眼望去，只有这扇门可以敲开。所以，问题不在于有抱负或甚至有虚荣心的年轻人想向上流动，想从nobody变成somebody，而是在一个资源垄断的体制中，这些年轻人获得成功的最便捷途径，甚至唯一途径，就是加入一场恶的游戏。

生产"暴民"的机制三：意识形态

恐惧、利益是普通人作恶的两个台阶，第三个台阶，则是意识形态。恐惧让人沉默，利益让人积极，意识形态则令人狂热。意识形态是什么？我们之前也讲到过，意识形态本质上是一种翻译软件，把一个混乱的、无序的世界"翻译"成一个有意义的世界。很少有普通人愿意去作恶，但是，如果有一种意识形态把恶"翻译"成善，或把"主动的大恶"翻译成"不得已的小恶"，那愿意作恶的人就不但乌泱乌泱的，而且慷慨激昂了。

纳粹主义，就是这样一种翻译软件。我们今天可能觉得，纳粹的种族淘汰论简直愚不可及，德国人怎么会接受如此荒诞的意识形态？但是，站在当时的历史背景下，纳粹主义并非完全不可思议。19世纪末20世纪初，达尔文主义思潮盛行全球，"物竞天择，适者生存"，当时很多人认为，这一弱肉强食的法则，不但适用于动物界，也适用于人类，不但适用于个体，也适用于国族。

因此，从一开始，纳粹主义就是以"生物进步主义"的面目出现的。它宣称，其宗旨是要将人类最"优秀"的基因，也就是所谓雅利安人基因，发扬光大，而"劣等民族"，比如犹太人，则应当从人类的基因库中被抹去。阅读纳粹德国史就会知道，他们消灭的不仅仅是犹太人，还有一系列配套的"生物进步主义"措施，比如，对老弱病残实行安乐死工程，绝育工程，消灭精神病人，消灭吉卜赛人，各种优生学措施，等等。

我以前读《纳粹医生》这本书，有一个细节印象深刻。作者说，在整个德国纳粹史上，尽管杀人无数，官方文件上却从来没有出现过"杀死"（kill）这个词，永远都是"清除""驱逐""净化"乃至"最后方案"等正面或中性词汇。也就是说，纳粹从来避免以屠杀者的身份出现，他们试图以"拯救者"的面目出现，以"科学理性"的面目出现，以"进步推动者"的面目出现。用党卫军首领希姆莱的话来说："国家社会主义不过是应用生物学而已。"

235

因此，当时很多普通德国人，正是通过这种"生物进步主义"的意识形态看待纳粹之恶，而通过这个"翻译软件"看到的恶，就不再是恶了，是为了迎接美好明天进行的"大扫除"。艾希曼之所以如此热情洋溢地投入到反犹工作中，也正是因为接受了这样一种世界观。在20世纪50年代的访谈中，他明确表示："在完全理解《凡尔赛条约》的耻辱之前，我已经是国家社会主义的信奉者了。很大程度上，国家社会主义就是超级民族主义。"他甚至表示，他是康德的信徒，不过，他说，"苏格拉底式的智慧，应该臣服于国家的法律。"

其实，岂止纳粹主义，几乎所有的政治迫害，都会有一个将其迫害正当化的意识形态话语。穆加贝在津巴布韦推行所谓"快速土改"时，任何反对他的人都被视为"新殖民主义者"。在袭击平民的恐怖主义者眼中，他们是捍卫神圣宗教、反抗世界霸权的"圣战"战士。在缅甸军方针对罗兴亚人的种族清洗中，罗兴亚人则被说成是恐怖主义暴徒。在卢旺达屠杀中，胡图族将被杀害的图西族称为蛀空国家的"蟑螂"。当萨达姆针对库尔德平民使用化学武器时，他宣称库尔德人是分裂祖国的罪人。之前的课我们谈到过韩国电影《辩护人》，在电影中，那个安全人员把宋律师打倒在地，并呵斥道："你知道你们为什么在过着岁月静好的生活吗？是因为有我这样的人。"在所有这些情节中，意识形态成为现实的过滤器。复杂的现实穿越意识形态抵达每个人的头脑，就像阳光穿越大气层抵达人们的眼睛时，只剩下美好的蓝色。

所以，普通人为什么会作恶？因为恐惧，因为利益诱惑，因为观念的魔法。个体的恶或许乏味，但是集体的恶从来并不平庸，它前面往往是权力的指挥棒在呼风唤雨，而燃料则是被不容置疑的政治话语所点燃的激情。也就是说，艾希曼或许并不像阿伦特所说的那样"不假思索"，在高压、在利益面前，他始终进行着精密的计算，而动听的意识形态则给了这种计算一个合理化的外衣。所谓盲目，与其说是个体的"不思考"，不如说是系统的"反思考"。它不是任何人天生的无能，而是制度所施加的近视。

因此，面对恶的蔓延，面对高压，面对诱惑，尤其是面对那种不容置疑的政治话语，一旦你了解人之为人的脆弱，一旦你认出自己在极权主义当中的倒影，作为个体去思考，去看看不到的，去听听不到的，去寻找更大的图景，就不仅仅是一种兴趣，而且是一种义务。

24. 文明的冲突：一个过时的预言？（1）

一般来说，一个知名学者通常以一两本代表作扬名天下，很少有学者几乎每本书都引起轰动。亨廷顿却是一个例外。他的几乎每本书都像是一颗小型原子弹，在公共领域激起激烈的辩论和持久的关注。这未必是因为他的某个具体观点本身多么深得人心，而是因为他是个超级"议题设定者"——也就是说，你同意他也好，不同意他也好，你总是在情不自禁地讨论他抛出的问题。

大家可能有印象，我们这个课程就屡次提到过他。在讲"第三波民主化浪潮"时，我提到了他，因为这个概念是他发明的。在讲"重新带回国家"的时候，我也提到了他，因为他的《变化社会中的政治秩序》这本书，引领了一个思想潮流。这次课，我们又要以他为引子，来谈论另一个极具争议的话题——文明的冲突。

一个不合时宜的预言

1996年，亨廷顿出版了一本书，叫作《文明的冲突与世界秩序的重建》。这本书的基本观点，其实已经包含在标题里了，大意就是：冷战结束了，以意识形态为分野的冲突走到了尽头，从现在开始，文明将成为政治冲突的分界线。换句话说，以前是左右之争，现在是文化之争。他把世界文明分为七八个板块：西方文明、中华文明、伊斯兰文明、东正教文明、日本、印度、拉美等。但是，如果进一步简化，他实际上是把文明分成了三个阵营：一个是西方，一个是东方，还有就是一堆"骑墙派"。用他的话来说，就是"the West vs. the Rest"（西方对其他），以及一堆swing civilizations（摇摆的文明）。

今天来看，这本书最有意思的地方，不是它的具体观点，而是它的发表时间。这本书出版于1996年。事实上，亨廷顿在1992年就做了"文明冲突"的报告，1996年的书，只是对这个报告的拓展。也就是说，几乎是冷战刚刚结束，当时整个西方还陶醉在"胜利的喜悦"中时，亨廷顿却不识时务地抛出了这个冷峻的观点——"文明的冲突"正在到来。

当时，他的观点一抛出，立刻受到了无数批评：有的批评他好战，在煽动战争；有的批评他西方中心主义，将西方文明看得高人一等；有的批评他不区分政治和文化，将政治的冲突统统归结为文明的冲突；甚至有人批评他不过是耸人听闻、哗众取宠。但是，一个事件的发生，让无数批评的声音愣住了，顷刻间，在一些人眼中，亨廷顿从一个沙袋变成了一个"预言家"。什么事件？大家可能猜到了：911。

911的发生，让很多人开始正视"文明的冲突"这种可能性。纽约的世贸大楼，几乎可以说是西方文明的象征，眼睁睁地被两架飞机撞倒，而劫持这两架飞机的，是19个伊斯兰极端分子。人们可以从无数个角度诠释这个匪夷所思的事件，但是无疑，文化冲突是其中一个重要视角。

911是一个戏剧化的事件，另一个事件，不那么戏剧化，而是缓缓发生，但是它的冲击波，同样被视为是"文明冲突论"的论据，这个事件，就是中国的崛起。在一些人看来，近年中美矛盾不断升级，似乎是印证了亨廷顿的观点。特朗普上台之前，中美冲突还只是时隐时现，特朗普上台之后，由于他"酒驾"般的施政风格，冲突开始白热化。从中美贸易战到科技战，从香港问题到新冠病毒之争，双方不断地陷入剑拔弩张的状态。我们有种感觉，窗外的历史似乎不再闲庭信步了，而是开始加速奔跑，至于它将要跑到哪里，没有人知道，但是这个速度本身，就足以让人感到紧张。同样，中美矛盾的清晰化，或许有各种原因，但是无疑，文化的冲突是其中一个重要逻辑。

所以，亨廷顿的"文明冲突论"，虽然在20世纪90年代被很多学者判了死刑，在21世纪却起死回生了。救它的不是别的学者或者理论，而是现实本身。现实曲曲折折，却还是绕到了亨廷顿的笔下。人们不情愿地发现，the West vs. the Rest，这个说法虽然如此粗糙，如此经不起细节的推敲，但是，作为一个大致的框架，却似乎比25年前，也就是亨廷顿刚刚写下《文明的冲突》的时候，更有说服力了。更重要的是，人们担心，这种"说服力"仅仅是刚刚开始。

到底亨廷顿的文明冲突论是个先知性的预言，还是过时的危言耸听？我想和大家分享一下我的看法。时间关系，这次课，我想谈谈在我眼中，亨廷顿的"文明冲突论"对在哪儿。下次课，我将谈谈我认为这个观点的问题在哪儿。

显然，我们真正关心的，不是亨廷顿本人或其著作的命运，而是我们所置身的这个世界是否真的处于一个文明对撞的时刻。因为照亨廷顿的说法，似乎西方国家已经吹响了集结号，而东方国家也终将因为"共同的敌人"而走到一起，双方将沿着一条"文明断层线"迈向决战时刻。如果这个画面是真的，那我们也不可能岁月静好下去了。山雨欲来风满楼，我们当然要关心，我们所面临的，是怎样一场风暴。

亨廷顿对在哪儿之一：政治文化差异真实存在

现在，我来说说，我认为亨廷顿对在哪儿。首先，我非常同意亨廷顿的这个看法：就特定历史时刻而言，政治文化的差异是真实存在的。什么叫政治文化的差异？简单来说，就是政治价值排序的不同，或者价值权重的不同。大家可能会觉得，不同政治文化存在价值差异，这还用说吗？这不是废话吗？其实，这还真不是废话。即使原则上同意"政治文化存在差异"的人，在涉及具体问题时，也常常否认这一点。在具体问题上，他们常常说的是："别看谁谁谁怎么怎么样，其实它怎么怎么样"，因此结论往往是"其实都一样"。

一种常见的否认政治文化差异的方式，就是以文化内部的多样性，去否认一个文化总体的价值倾向性。比如，如果我说，中国人倾向于有更强烈的民族主义观念，可能立刻有人会说，"我就认识谁谁谁，他完全没有民族主义观念"；或者如果我说，穆斯林世界对同性恋更缺乏宽容，可能立刻有人会说，"我就认识哪个哪个穆斯林，他们完全能够接受同性恋婚姻"。显然，我相信，每个文化内部都会有多元的声音，但是，我理解的文化差异，不是指每个文化铁板一块、万众一心，而是指在特定的历史时刻，每个文化圈的"平均观念水位"或者"中间观念水位"的位置不同。

另一种否认政治文化差异的方式，是以每个文化内部的演进性，去否认一个文化在特定历史时刻的倾向性。比如，有一次，我和一个朋友说到巴基斯坦的"荣誉谋杀"。所谓"荣誉谋杀"，大家可能听说过，就是一个男性，因为他某个女性亲属做出什么"有伤风化"的事情，比如通奸、私奔，甚至仅仅因为穿着有点暴露，就直接把这个女人给杀了。讲到这个现象时，我表示很愤怒，我这个朋友的第一反应就是：基督教国家以前也非常歧视女性，中国不也是，等等。

显然，基督教世界历史上有过烧女巫现象，中国古代也有过将通奸女性"浸猪笼淹死"的现象，这和今天巴基斯坦的"荣誉谋杀"相比，其残忍程度，简直是有过之而无不及。但是，当我们谈论文化差异的时候，我们是在谈论"特定的历史时刻"的差异，也就是在同一个时间的横切面里，不同文化是否存在着价值差异。毕竟，文化的冲突是发生在特定的历史时刻，400年前的英国人可能比今天的巴基斯坦人更加保守，但是他们不会相遇，会相遇的，是今天的巴基斯坦人和今天的英国人，所以特定历史时刻的文化落差很重要。

第三种否认政治文化差异的方式，是以"普世价值"去否认文化差异的存在。根据这种观点，世界上存在着普世的价值，因为"人同此心，心同此理"，大家都是人嘛。因此，我们能够观察到文化差异，"其实"仅仅是政治差异，无非是一些统治者以高压方式蒙蔽人心，一旦高压消失，"虚假观念"也会随之消失，普世价值自然就浮现出来了。

老实说，我觉得"普世价值"这个词有点偷懒。显然，全世界的人都热爱自由。用秦晖老师的话来说，如果自由不是"普世价值"，为什么全世界的监狱都要上锁？全世界的监狱都要上锁，说明全世界人都渴望自由。在这个意义上，自由当然是普世价值。但是，更重要的问题，或许不是全世界民众是否热爱自由，而是当自由与其他价值发生冲突时，比如当自由和平等发生冲突时、当自由和秩序发生冲突时，人们如何排序？面对价值的冲突，也就是所谓"诸善之争"的时候，价值的排序或价值序列中的权重不同，就带来政治文化的差异，这才是"文明冲突"的起源。

比如，有些文化重视秩序超过自由，有些文化则重视自由超过秩序；有些文化认为主权比人权重要，有些文化则认为人权比主权重要；有些文化更重视平等，有些文化更重视效率；等等。我在清华大学工作，如果我问我的学生怎么看待"港独""台独"，我相信绝大部分学生都会义愤填膺、拍案而起，但是我记得在英国工作的时候，我也问过N个我的英国学生，如果苏格兰独立，你怎么看？结果他们大部分都表示，他们想独立就独立呗，慢走不送。

至于各种文化差异背后有没有政治因素，当然肯定有。但是，即使是一定体制内形成的民意也可能内化。为什么？因为为了避免认知失调，人们往往会说服自己，自己被动相信的东西其实是自己主动相信的。这一点，在纳粹德国是常见现象。之前我讲到艾希曼、讲到"理性的无知"，就是类似的道理。而所谓"虚假观念"，一旦形成，它也可能构成真实的、有重量的"社会事实"，反过来成为特定政治的文化支撑。这就像"地球是平的"这个说法，即使是错误的，但是，如果多数人这样认为，这个观念本身就构成一个重要的"社会事实"，而社会事实是有社会后果的。

所以，其实人们有很多种方式去否认"政治文化差异"的真实存在。不过，政治文化差异的真实存在，并不是亨廷顿的或者我的"看法"而已，而是可以被验证的经验事实。比如，跨国民意调查就可以提供大量相关信息。举个例子，关于男女平等的看法，在世界观念调查2010—2014年的数据中，有一个问题是这样的："当就业机会稀少时，男人比女人更有权得到工作。你是否同意这个看法？"美国人同意这个判断的比例是多少呢？大约6%。中国人多少呢？38%。巴基斯坦多少呢？75%。可以看出，对同一个涉及男女平等的问题，今天的西方文化、儒家文化和伊斯兰文化的反应是不同的。

再举个例子，皮尤中心2015年的一项民调，有个问题涉及言论自由的限度，当问及"人们是否有权公开批评政府的政策"时，95%的美国人表示同意，巴基斯坦表示同意的人则只有54%，而当问及"人们是否有权公开冒犯我的宗教"时，77%的美国人表示同意，但是只有20%的巴基斯坦人表示同意。[二]可见，不同文化目前对"言论自由的边界"的理解也有所不同。还有一个例子。在盖洛普2017年的一项民调中，一个问题是"你是否愿意为你的国家而战"，中国表示"愿意"的比例是相当高的，77%，而欧美国家普遍不太高，美国是最高的，44%，加拿大是30%，英国是27%，说明他们的爱国主义精神可能不如中国人这么热烈。

此类的例子很多，在这里不可能一一列举。我想，大家已经大致理解我的核心观点：在特定的历史时刻，政治文化差异是真实存在的。事实上，在追踪全球观念变化方面，最著名的两个政治文化学者英格尔哈特和韦尔策尔，他们干脆根据这些差距，画出了一个"世界观念地图"（图4-6）。

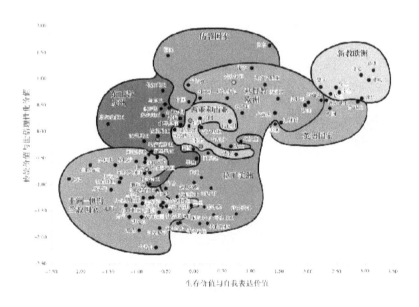

图4-6 世界观念地图（2020）

（图片来源：World Value Survey网站）

图中，纵轴是从传统价值到世俗理性化的分野，横轴是从生存价值到
"自我表达价值"的分野。在这个"文化地图"中，信息非常复杂，但是有
一点相当明确：不同的文明确实在价值谱系上的位置有所不同，并且具有一
定的"板块性"。比如，新教国家倾向于集中于这个图的右上角，也就是说，
它们的政治理性化程度和自我表达价值都比较高；而儒教国家倾向于出现于
图的中上方，也就是说，这些国家的政治理性化程度较高，但是自我表达的
价值程度居中。以此类推，确实可以大致看到亨廷顿所说的"文明板块"的
分布。

亨廷顿对在哪儿之二：政治文化差异可能引发冲突

上面是我想说的第一点：政治文化的差异是真实存在的。现在，我来说
说我同意亨廷顿的第二点：政治文化的差异可能会带来冲突，在一个全球化
加速的时代尤其如此。关于这一点，大家可能又会觉得是废话：显然啊，差
异可能带来冲突，这有什么争议吗？事实是，这有争议。不但有争议，而且
近些年人们还争得如火如荼。争论的一方，当然是亨廷顿的观点，认为在一
个不同文化狭路相逢的时代，可能爆发激烈的冲突，而争论的另一方，则是
一种比较理想主义的"文化多元主义"观念。

根据这种观点，不同文化如果彼此尊重，完全可能和谐共处。因此，移
民难民的加速化不会带来什么文化的冲突，少数族裔也没有必要向主流文化
靠近、进行文化同化。用加拿大总理特鲁多的话来说：多样性是我们的力量
（Diversity is our strength）。所以，为什么要害怕文化差异？文化差
异恰恰应该是一个社会应当庆祝的事情。

显然，特鲁多的说法非常有吸引力，我们都向往一个不同文化和谐共处、
各美其美的社会。但是，这种和谐的前提是"相互尊重"，而这是一个巨大
的、经常被现实打耳光的"如果"。如果塔利班能够接受民主选举，阿富汗
就不会再打内战；如果埃及人都接受穆兄会的胜选，那么埃及民主就不会崩

溃；如果乌克兰人都承认欧盟比俄罗斯更好，乌克兰内战就会迎刃而解……但问题是，世界上哪有那么多省心的"如果"。

成功的"多元文化主义"需要所有文化群体同时恪守自由、宽容、民主的底线，而这是一个极高的底线。美国作为世界上最发达的国家，其种族关系问题仍然是一个不断发炎的政治伤口。印度作为发展中世界的老牌民主国家，其印度教徒和穆斯林的冲突近年似乎有愈演愈烈之势。在印尼、菲律宾等东南亚国家，华裔在那里已经扎根数百年，仍然成为时不时爆发的反华浪潮的受害者。在尼日利亚，基督徒和穆斯林从独立开始就不停冲突，直到今天，几乎每次大选都因为族群关系而成为火药桶事件。显然，在这方面，相比其他国家，加拿大相当成功，但是即使成功如加拿大，其魁北克问题也曾引起严重撕裂。到今天，它也有移民难民的限额，有择优过关的移民过滤标准，而在难民涌入有失控迹象之际，它也开始悄悄地调整自己的政策，把门关得更紧。更重要的是，到现在，加拿大仍然是个文化同质程度相当高的国家，其有色人种的人口比例远远低于美国，非法移民问题更是与美国不可同日而语，在这种情况下，与其说加拿大已经成功应对了文化多元主义的挑战，不如说真正的挑战可能还没有到来。

事实上，文化在相互遭遇的过程中发生冲突，无论是在历史还是现实中，可以说比比皆是。对此，我们中国人可以说有长达200多年的切身体验。当年英国马戛尔尼使团来访，一个跪还是不跪的问题，就引发了巨大的外交危机。这个危机的背后是什么？是价值的冲突。对当时的大清王朝而言，连大臣见到皇上，都得三跪九叩、自称"奴才"，何况你一个外国使节？而对英国使节来说，我连自家国王都不跪，为什么要给你们跪？不同的权力观，带来文化的冲突。马戛尔尼访华暴露的礼仪冲突，只是后面200多年巨大文化冲撞的一个引子而已。

今天，全世界的文化冲突仍然无处不在。一个典型例子，是2015年的"查理周刊事件"。这件事大家应该都知道，法国的一个杂志《查理周刊》，因为刊登冒犯伊斯兰教先知穆罕默德的漫画，遭遇极端分子的报复，10余人被打死。2020年10月，一个法国教师又因为在课堂上展示这个漫画，被一个穆斯林极端分子砍头。对于法国主流社会来说，言论自由是至高的价值，哪怕这种自由有时候意味着对虔诚宗教信徒的冒犯；对于极端主义穆斯林来说，宗教信仰是至高的价值，哪怕这意味着有时候要抑制言论自由。于是，不同价值排序的文化相互遭遇时，冲突爆发。

图4-7 马戛尔尼觐见乾隆帝

1793年，马戛尔尼（McCartney）觐见乾隆帝。双方就礼仪事宜产生多次争执，最终达成协议，英国作为独立国家，其使节行单膝下跪礼，不必叩头。

所以，文化差异造成冲突，这是一个不断上演的历史事实，而不仅仅是保守主义者的臆想。在一个全球化程度不高的时代，观念不同的人还可能相安无事，毕竟，大家相距遥远，可以井水不犯河水。全球化则把远在天边的"异己者"带到了眼前。从经济上而言，全球化对于绝大多数人显然是好事，毕竟，全球化可以通过把蛋糕做大而实现双赢。但是，文化全球化则不同，因为价值观念常常只能非此即彼：你不能既认可同性恋的婚姻权，又反对同性恋的婚姻权；既认同退教权，又不认同退教权；既相信主权高于人权，又相信人权高于主权。这就是为什么文明的冲突常常到达你死我活的程度。2013年的一项皮尤调查显示，64%的巴基斯坦穆斯林，63%的埃及穆斯林，78%的阿富汗穆斯林认为退教——就是离开伊斯兰教——可以被判死刑，如此强烈的宗教情怀，一旦与宗教自由的世界观相遇，冲突可以说在所难免。

遭遇不但可能带来冲突，甚至可能会造成观念的两极化。这一点，我想所有在网上辩论过的人都知道是怎么回事。之前谈到瑞典的时候，我曾经讲到过一个概念——"文化反弹"。在西学东渐的过程中，为了抵御西化威胁，东方各国多少都出现了"传统复兴"现象；而最近20年移民难民浪潮的出现，同样也开始激发西方世界的右翼民粹主义，以此抵御他们心目中的"东方化"威胁。这种各自保守化的趋势恰恰是"文明遭遇"的阶段性后果。

其中最典型的例子，莫过于我们谈到过的阿富汗，一个本来正在走向世俗化的国家，为了抵制苏联带来的极左意识形态，爆发出前所未有的宗教原教旨主义狂热，可谓道高一尺、魔高一丈。其他国家可能没有那么极端，但是保守力量崛起是当今世界的一个常见趋势，印尼、土耳其、印度、巴西、匈牙利、俄罗斯等国家都有此迹象。哪怕是中国，这些年对传统文化的强调，大家也都有目共睹。我记得我小时候，学校是不学《三字经》《弟子规》的，但是现在我女儿，小小年纪，在那摇头晃脑念："弟子规，圣人训；首孝悌，次谨信……"搞得我还得偷偷百度，才知道她在说些什么。

当然，对外来文化，各国的态度不一定仅仅是抵制，更多的时候是"半推半就"：一边抵抗，一边学习；今天抵抗，明天学习；一部分人抵抗，一部分人学习……这种半推半就的暧昧态度，其最后的结果，很可能是所有文化都向着现代化的方向变迁。但是，这种殊途同归的现象，是否意味着文化冲突不会爆发？有趣的是，未必。事实上，英格尔哈特和韦尔策尔的研究就发现，虽然世界各国民众都在或多或少向着更自由、民主、平等的政治价值移动，但是文化冲突的风险仍然可能增加。为什么？因为移动的速度不同。简单来说，如果跑在前面的人跑得更快，就算跑在后面的人和他方向一致，双方的距离还是会越来越远。遗憾的是，从"世界观念调查"的数据来看，这恰恰是当下各文明演进中所发生的情况。

总结一下，亨廷顿的"文明冲突论"，我认为，在两点上是对的：第一，在特定的历史时刻，政治文化的差异是真实存在的。即使这种差异可能是特定政治制度、历史条件、经济水平等因素的产物，而不是什么亘古不变的"民族性"或者"宗教特征"，但是，作为一个因变量存在的它，也可能作为一个自变量深刻地影响着政治的稳定性。第二，在一个全球化加速的时代，文化差异可能带来激烈的冲突。哪怕我们都认为A和B都重要，但是，当你相信A比B重要，而我相信B比A重要，你我在一起生活，就可能出现各种摩擦。事实上，相互遭遇不但可能呈现矛盾，还可能造成观念的两极化。当代世界各国，无论东西，都出现了保守主义的复兴，就是这种两极化的一个表现。即使这种保守主义的复兴，只是文化演进大方向中的旋涡，由于不同文明演进的速度不同，文明冲突的风险仍然有可能不断增加。

认可上述两点，是否意味着认可亨廷顿的总体性判断，也就是说，一场东西文明的大对决即将上演呢？大家可能都看过《权力的游戏》，都知道这个故事的大致发展轨迹：一开始，是无数分散的势力相互混战，但是慢慢地，大鱼吃小鱼，合并同类项，最后演变成了小龙女和瑟曦在君临城的对决。其实，亨廷顿所描述的未来世界，有点像"权力的游戏"：不同文明圈大鱼吃小鱼，合并同类项，最终，世界格局走向the West vs. the Rest的对垒。国际格局真的会这样演变吗？未来世界真的会如此好莱坞吗？我不这么认为。为什么？我们下次课再讨论。

---

[1]Richard Wike, "The boundaries of free speech and a free press," Pew Research Center, Global Attitudes and Trends, Nov. 18, 2015.

25. 文明的冲突：一个过时的预言？（2）

上次课，我谈到亨廷顿"文明冲突论"的合理之处。第一，在特定的历史时刻，政治文化的差异是真实存在的；第二，不同的政治文化在相互遭遇时可能会发生冲突，而全球化的加速可能会使冲突也加速。但是，最后我也说到，尽管我认可这两个判断，但对亨廷顿所描述的"东西文化对决"，还是不认同。为什么？为什么亨廷顿的判断未必是一个必然趋势呢？

在这里，我先说出我的结论，然后再试图分析为什么。在我看来，冷战后，文化冲突的确越来越成为全球性政治冲突的一条主线，但是，对冲突的阵营，亨廷顿却产生了误判。冲突的双方未必是以"历史文明圈"为基础的西方与东方，而更可能是各个文明圈、各国内部的"现代派"与"传统派"。也就是说，这场文化冲突越来越表现为各文明圈、各国内部的"文化内战"，而不是不同文明圈之间的斗争。这当然不是说各大"历史文明圈"之间没有重大的政治文化差异，而是说在目前和可见的将来，"历史文明圈"并非文化冲突的主要组织者。

好，我把我的结论已经说出来了，现在，我来解释为什么。

理论上，文化战争可以在三个层面上展开：第一，文明圈之间，也就是同一个历史文明圈的国家联合起来，与其他文明圈展开斗争，比如，伊斯兰国家联合起来，或者儒教文明圈联合起来，对付基督教文明圈。这也是亨廷顿的论证方向。第二，国家之间，尤其是文明圈内部的核心大国，"代表着"各自的文明圈展开斗争，比如中国作为儒家文明的代表，美国作为西方文明的代表，或者伊朗作为伊斯兰文明的代表，彼此为价值差异展开斗争。第三个层面则是国家内部，也就是每个社会内部出现激烈的文化冲突，现代派和传统派之间、进步主义者和保守主义者之间、全球主义者和民族主义者之间展开斗争。现在，我想依次分析这三个层面"文化斗争"的现状和趋势。

文明圈内部：离心力在增强

显然，在亨廷顿的书中，他的观点主要集中在第一个层面。在他看来，未来的冲突是以"文明圈"为阵营展开的。国家不再是斗争的主角，文明才是。

文明是什么？文明是超越了国界的文化共同体。美国和加拿大有矛盾，英国和法国有历史恩怨，但是，面对中国时，它们就是共同的文明圈。中国和韩国是两个国家，中国大陆和中国台湾也有不同制度，但是面对西方，它们同属儒家文明圈。伊朗和伊拉克打过仗，土耳其和埃及有各种纠纷，但是面对西方，它们同属伊斯兰文明。总之，兄弟可能打架，但是碰到外人时，他们还是会团结起来并肩作战。事实上，亨廷顿甚至认为，不但同一个文明圈内部会团结起来，儒家文明圈和伊斯兰文明圈也会策略性地联合起来，对付"共同的敌人"基督教文明圈。

乍一看，这个说法有一定道理，也有现实的痕迹。比如，最近中美矛盾加剧，许多西方国家，虽然自己也和美国存在着种种矛盾，但是在中美之间，大多还是选择了美国这个"带头大哥"。加拿大，配合美国逮捕华为的孟晚舟；澳大利亚，要求WHO调查中国的新冠来源；英国，加入美国封杀华为；等等。另一方面，中国也似乎通过"一带一路"战略，与诸多发展中国家建立了更加紧密的纽带，让很多穆斯林国家乃至非洲国家产生了认同感。这似乎印证了亨廷顿说的"东西对垒"格局。

然而，这个判断经不起仔细推敲。观察过去25年左右的国际关系会发现，各个文明圈内部，都是离心力而不是向心力在增强。

西方曾经作为一个整体走出冷战，但是今天，英国退欧，象征着欧盟的松动。难民危机，造成东西欧之间的巨大裂痕。俄罗斯，作为亨廷顿笔下的"摇摆文明"，与西方渐行渐远。甚至西方内部最重要的同盟，美国和欧盟之间，在特朗普在任期间，在无数问题上也出现了裂痕：伊朗核协议问题、巴黎协定问题、北约军费问题、贸易关系问题等，连加拿大和美国，都打起了贸易战。要知道，特朗普翻脸不认人起来，可是不分东西南北的，他是在360度无死角地制造敌人。特朗普下台后，美欧关系稍有缓和，但是，特朗普插曲也让世人意识到美欧关系的脆弱性。

伊斯兰文明圈内部就更不用说了，过去1/4个世纪，穆斯林各国完全没有走向团结的迹象。大家可能知道，伊朗和沙特，分别代表着什叶派和逊尼派，在也门、叙利亚、伊拉克、阿富汗等数国展开代理战争。塔利班、基地组织和ISIS这些极端组织的出现，撕裂了整个伊斯兰世界。库尔德人分别与土耳其、叙利亚、伊拉克开战。近年来，土耳其和埃及因为各种原因闹翻。2020年阿联酋等国与以色列的建交，则成为伊斯兰世界分裂的又一个标志。

儒家文明圈呢？似乎也没有拧成一股绳。在2019年皮尤的民调中，[1]全球对中国的正面印象比例最低的，居然是日本——只有14%的日本人对中国印象正面，而85%选择了负面。其他邻国也好不到哪里去，韩国选择正面印象的为34%，印度为23%，印尼为36%……事实上，亚太地区对中国印象正面的比例，平均而言，比非洲、拉美甚至欧洲更低。可见，相似的历史、文化、传统，未必是同盟的保证。事实可能相反，距离有时候反而更产生美。

所以，以历史上是否属于同一个文化传统或宗教背景，作为"文明冲突"的阵营划分标准，目前来看，非常可疑。为什么？因为在当代世界，一个国家的政治文化越来越被其政治制度或者经济水平塑造，而不仅仅是被历史所塑造；共同的种族、语言和历史文化并不能保证你们分享共同的政治文化。

新加坡的主体是华人，和中国一样也算是广义上的儒家传统国家，但是中国和新加坡民众政治观念呈现出显著的差异。同样，土耳其和阿富汗同属穆斯林国家，但是因为经济水平和政治制度的差异，其政治观念也截然不同。我在上次课讲到，2013年皮尤中心的一个调查显示，阿富汗有78%的穆斯林认为退教者应该被处死，土耳其的同一数字是多少呢？2%。可谓天壤之别。最鲜明的对比，恐怕还是朝鲜和韩国，历史上，这两个国家的文化传统应该非常接近，但是今天，它们的政治文化相似吗？可以说是南辕北辙。一个动辄抗议，总统不下台决不罢休；另一个则安静得多。可见，就塑造政治文化而言，政治的力量、经济的力量有可能比传统文明的力量更强大。亨廷顿仅仅因为某些国家在历史上属于同一个传统，就把这些国家在当代也划入同一个文明圈，这一点看上去越来越可疑。

国家间冲突：未必是文明的冲突

在第一个层面，历史上的文明圈内部，各国未必团结起来。那么，文明的冲突会不会在第二个层面，也就是以国家为单位的层面上展开呢？比如，最近受到热议的中美矛盾，会不会就是"文明的冲突"？

显然，在很多重大问题上，中美之间的确存在着重大价值差异。比如，港台问题、新疆西藏问题，不同的价值排序带来无穷的政治摩擦。我们中国相信"领土主权神圣不可侵犯"，所以中国的内部事务，不容他国说三道四，更不容他国插手干预。但是对于美国来说，"二战"后它就以"世界警察"的身份自居，国界线在它眼里如若无物，根本不是它传播自身价值的障碍物。

又比如，前面讲经济全球化的时候，我说到过，中美贸易战背后，相当程度上是经济发展模式的差异，而经济发展模式的差异背后，又有价值观的冲突。纪录片《美国工厂》，其实就深刻地反映着这种价值冲突。在中国工厂，加班加点被视为"吃苦耐劳"的美德，而在美国工厂，则被视为侵犯劳工权利，这种观念的差异，可以说体现在两国关系的方方面面。

但是，在这里，我觉得有必要强调一点：不同文明之间的冲突，未必就是"文明的冲突"，只有当冲突是因为"价值差异"而发生时，我们才说这是"文明的冲突"。这一点大家能理解吗？不同的文明之间完全可能因为利益、因为权力而打架，这时候，我们就不能说这种冲突是"文明的冲突"。比如巴以冲突，我们能说这主要是"文明的冲突"吗？虽然它的确发生在不同的文明之间，但是更主要的是生存空间的斗争，和价值排序没有太大关系。

从这个角度来看，很难说中美目前的矛盾在多大程度上是"文明的冲突"，在多大程度上是利益的冲突、权力的冲突。比如华为和TikTok的争端，这里面"文明的冲突"成分可能很少。简单而言，就是两大强国在科技前沿、科技市场份额上的利益竞争。老实说，华为当年努力学习IBM的管理模式、TikTok体现的娱乐主义，这里面借鉴的，恰恰是当代西方文化的精神。如果不是因为利益竞争，美国应该为西方文明的传播而高兴才对。

各国内部："文明冲突"的主要战场

现在，我已经简要分析了两个层面，"文明的冲突"并没有在"历史文明圈"的层面上发生，国家层面上的冲突又未必是"文明"的冲突，也可能是利益的冲突、权力的冲突。那么，在何种意义上，"文明的冲突"最真实而激烈地存在？在各个国家的内部。

这是我要分析的第三个层面。在我看来，在当今世界，"文明的冲突"主要是以"文化内战"的形式在各国内部展开。无论是在美国、欧洲，还是中东、拉美，或是东南亚，哪怕是我们中国的互联网上，我们都能看到，政治观念的极化和冲突成为一个全球性趋势。换句话说，"文明的冲突"未必以国家决战的形式出现，更未必以国家联盟决战的形式出现，而越来越以"文化巷战"的方式发生在我们的眼前。

这场斗争的性质是什么？简单来说，就是传统和现代之争。当然，也有很多其他方式表述这个斗争：全球主义对民族主义，进步对保守，自由主义对社群主义，理性主义对经验主义，等等。大家可能还记得，我讲到经济全球化的时候，曾经讲到过一个词，叫作"达沃斯人"，指那些具有精英色彩的全球主义者。各国的"文化内战"，本质上就是"达沃斯精神"和"本土特色"的斗争。如果说从传统到现代，这个连续谱是从0到100分布，有些国家是站在10的人和站在70的人打，有些是站在40的人和站在100的人打，有些是站在30的人和站在80的人打，等等。重要的不是某个群体的绝对位置，而是"本土派"和"达沃斯派"的相对距离。

在这里，我想特别强调一点，不要简单地把现代和传统之争看作正义和邪恶之争，并不是说，现代的就一定比传统的要好，或者全球的就一定比本土的要好。现代主义走到极端，可能成为狂热的乌托邦主义；传统价值走到极端，也可能成就压迫性的等级制度。历史上，无论是极端的保守主义还是极端的进步主义，都曾带来巨大灾难。避免妖魔化任何一方，是我们今天讨论的前提。

显然，过去几百年，传统价值和现代价值的斗争，在世界各国一直存在，但是，或许是因为全球化加速，或许是因为社交媒体的兴起，这一斗争近年到达了一个前所未有的高度动员以及势均力敌的状态。比如英国退欧，支持者接近52%，反对者差不多48%；埃尔多安在土耳其修宪，支持者51%，反对者49%；埃及2012年大选，穆尔西支持率52%，他的对手支持率48%；委内瑞拉2007年公投，支持者49%，反对者51%；等等等等。这种势均力敌又不断升温的政治角逐，无论是在发达国家还是发展中国家，都频繁上演。

观察近年各国的政治，我发现一个有趣的现象，就是"农村包围城市"。比如，埃尔多安赢得了无数土耳其人的热爱，但是在伊斯坦布尔2019年的市长选举中，反对党两次都获胜。奥尔班是很多匈牙利人心目中的民族英雄，但是，在首都布达佩斯的市长选举中，奥尔班支持的候选人败下阵来。在俄罗斯，普京的地位相当稳固，但是莫斯科却时不时爆发抗议示威。这种都市在乡镇当中"万绿丛中一点红"的现象，正是各国"文化内战"的表现。

不妨来看两个小例子。一个是土耳其前些年的"头巾战"。大家可能知道，从凯末尔时代以来，土耳其就一直是一个强力推行"政治世俗主义"的国家。1982年，土耳其军政府出台了一个"头巾禁令"：所有在公共部门工作的女性，不得在工作场所戴头巾。1997年，政府又将此禁令扩大到大学。在政治世俗派看来，既然宪法规定土耳其是个世俗国家，那么公职人员不戴头巾，正是土耳其"政教分离"的象征。

但是，过去二三十年左右，土耳其出现了伊斯兰保守主义的回潮。2002年，代表保守势力的埃尔多安赢得大选，于是，土耳其也和我们之前谈到的埃及一样，陷入了政治世俗派和政治伊斯兰派之间的"文化内战"。在政治伊斯兰派看来，戴不戴头巾是女性的个人自由，我们并没有强迫所有女性都戴头巾，你们凭什么强制公共部门的穆斯林女性不戴头巾？埃尔多安上台后，立刻开始推动解除禁令。

结果就是，围绕着小小一个头巾，土耳其展开了长达数年的政治拉锯战。2008年，议会通过议案，允许女性在大学里戴头巾。此举立刻引发了抗议浪潮，随后土耳其宪法法院判决新法案无效，因为它"违反了土耳其的世俗政治原则"。2011年后，政府卷土重来，再次成功推动解除头巾禁令。尽管一波三折之后，保守派在这场"头巾战"中最终取得胜利，但这是一场极其艰难的胜利。事实上，土耳其的"文化内战"体现在其政治生活的方方面面，从头巾到卖酒，从学校教材到通奸能否入罪，到处是硝烟弥漫的战斗。有一年有个保守的政府官员批评年轻人在街头接吻"有伤风化"，结果呢？一堆恋人聚集到安卡拉地铁站进行"接吻抗议"。你不是说我们有伤风化吗？我们就吻给你们看。

再来看美国的一个例子。2012年，一对男同性恋者在筹办婚礼时，他们走进了科罗拉多州的一家蛋糕店，要求定制一个婚礼蛋糕。不巧的是，这家店的店主杰克是个虔诚的基督徒，在他看来，基督徒不能认可同性恋婚姻。于是，他拒绝制作这个祝福的蛋糕。事实上，他表示，你可以从我这里买走其他现成的糕点，但是，我不能专门给你们制作一个祝福婚礼的蛋糕。

这对同性恋者非常受伤，以"被歧视"为名向政府发起了投诉。科罗拉多州政府支持了他们的投诉，认为蛋糕店的做法是对同性恋者的歧视，要求蛋糕店整改。蛋糕店也不服啊，杰克反过来起诉了科罗拉多州政府，认为它强迫自己给同性恋者制作婚礼蛋糕，是对其宗教和言论自由的侵犯。最后，最高法院以7:2的判决，支持了蛋糕店主。

这个案子具体谁对谁错，不是我们这次课要讨论的。值得关注的，是这场斗争中激烈的价值冲突。在支持同性恋者权利的一方看来，他们的平等权利被杰克给践踏了；在支持杰克的一方看来，他们的宗教和言论自由被州政府给侵犯了。一方要平等，一方要自由，这是典型的价值冲突。大家都知道，过去几年，这种冲突在美国愈演愈烈，从历史雕塑到变性人的称谓，从奥斯卡的获奖标准到教授们的言论尺度，处处都是文化战争的号角。

"文明的冲突"现在进行时

所以，"文明的冲突"不是会不会发生的问题、什么时候会发生的问题，而是已经发生、正在发生，而且是在世界各个角落发生。老欧洲、新欧洲、穆斯林世界、南美、印度、印尼……处处是"达沃斯人"和民族主义者交战的身影。我们中国其实也并没有绕开这场斗争，只不过在中国，因为种种原因，这场斗争不像很多其他国家那样剧烈而已。大家想想，2019年一个火箭队，造成多少撕裂？2020年的疫情，在网上又引发多少口水战？别说与中国有关的问题了，我的朋友圈中，因为特朗普决裂的，都有好几拨了，真的是"人生何处不绝交"。

这种冲突的形态，和亨廷顿当年的描述显然非常不同。亨廷顿的描述，指向一种全球性的、大规模的、最后很可能演变成军事冲突的东西文明对垒，但是，在现实中展开的文化冲突中，西方碎裂了，东方也碎裂了，相向而行的星球不但没有像滚雪球一样越滚越大，而且因为内部的张力而不断分解。一场大的冲突分解成无数小的冲突，一场总决战分解成渗入日常生活的延绵斗争。

一场大冲突分解成无数小冲突，"文化外战"变成"文化内战"，这是好事还是坏事？某种意义上，它将冲突化整为零，是一件好事，毕竟，我们谁都不想目睹那种"行星相撞"的灾难性时刻。但是，这种分散的"文化内战"，后果仍然非常严重：它在世界各国造成持续的撕裂和动荡。欧美近年的政治撕裂我们有目共睹；伊斯兰世界的文化拉锯，我们在课中也多次提及；港台问题的棘手，或许说明中华文明圈也不能幸免。

所以，根本而言，价值观冲突不是因为某些文明被历史囚禁或者被宗教绑架，而是因为每种文明消化现代化的冲击都艰难无比。只不过，某些文明更早地被冲击、被改造，所以对于后发展国家，现代和传统之争一度表现为所谓的"东西之争""内外之争"。但是，随着经济和信息的全球化，"他者"更深地进入各国内部，矛盾开始内化，它不再是"内外之争"，而是转化为社会内部的现代派和传统派之争，在社会的每一个器官、每一个细胞内部展开。即使是在发达国家，这种斗争也方兴未艾，因为当保守派走向进步，进步派早已绝尘而去，更加进步了，两者之间的相对距离还是在那里，甚至在拉大。

可以说，这种价值冲突是所有文明都不得不穿越的风暴。危险的不是观念差异，而是这种差异的极化。最好的可能性当然是，进步主义者走得更慢一点，等等自己走在后面的同胞，对身后的传统抱有更大的温情，而保守主义则走得更快一点，对未知和陌生更加开放。遗憾的是，人类往往要经历无数撕裂才学会宽容，要被激情的烈焰烫伤后才意识到激情的危险。在一个价值迅速变迁的时代，世界最终可能会变得更好，但是在此之前，它常常会变得更糟。

---

[1]Laura Silver, "People around the globe are divided in their opinions of China," Pew Research Center, Dec. 5, 2019.

第五章

政治经济

26. 智利：皮诺切特之后

从这次课开始，接下来的四讲，我们谈谈政治经济学的话题。

20世纪六七十年代，拉美出现了地区性的民主退潮，一批国家发生了军事政变，建立了军政府，巴西、阿根廷、智利、乌拉圭、秘鲁、巴拿马等，莫不如此。不过，在所有这些军政权中，如果让大家列举通过政变上台的军事强人，大家会想起哪些人呢？我相信，对于绝大多数读者，恐怕只会想起一个人：智利的皮诺切特。

为什么皮诺切特能够从众多模糊的身影中"脱颖而出"，成为一个形象清晰的军事强人？显然，这不仅仅是因为他的铁腕专制。毋庸置疑，从政治上而言，皮诺切特的统治是残酷的。在其在任的17年间，也就是1973—1990年，据调查，有3000人左右因为政见被处决，有近3万人遭受酷刑，有数十万人流亡海外。电刑、水刑、直接打死、消失、强奸等国家恐怖主义，在皮诺切特时代司空见惯。

但是，这种残酷迫害不仅仅是智利独有，在当时的拉美很常见。阿根廷的军政府下，"消失"的左翼人士甚至高达3万人，是智利的10倍。巴西军人统治时期，残酷的虐待和杀害也时有发生。我去年看过一部电影，叫《一个12年的夜晚》，讲乌拉圭军事统治时期的历史，据说是根据真实故事改编，才发现原来乌拉圭的军政府也极其残忍。但是，这些国家的军事首脑并没有成为广为人知的"国际名人"。可见，皮诺切特的特殊性，并不仅仅在于他的政治残酷。

图5-1 皮诺切特时代的"芝加哥小子"

那么，皮诺切特特殊在哪儿？应该说，主要在他的经济遗产。直到今天，说到皮诺切特，人们会自动联想到哪些关键词？芝加哥小子、新自由主义、弗里德曼，对不对？把这些词串起来，就是这样一个印象：皮诺切特上台后，逆转了阿连德政府的极左经济政策，重用了一批被称为"芝加哥小子"的经济学家，启动新自由主义的经济改革，也就是降低关税、解除进出口审批制度、削减政府开支、私有化、去管制化等，而这些改革措施促进了智利的经济起飞。

独裁者常有，能够带动经济发展的却不多见。在一个经济民粹主义盛行的地区，开风气之先、启动自由化经济改革，更需要相当的胆识。于是，皮诺切特成为一个亦正亦邪的历史人物，而不是"泯然众独裁者矣"。

故事的这个部分，是大家所熟悉的，已经无须我多言。一个更有趣、或许大家也更好奇的问题是：皮诺切特下台之后呢？毕竟，他已经下台30年了，我们对智利的印象不能停留在30年前。

智利转型之后的经济表现

显然，我们关心智利的现状，不仅仅是因为智利本身，而且是因为这里面埋藏着一个重要的理论问题：民主转型是否影响了智利的经济发展？毕竟，智利的经济起飞是在威权体制下出现的。事实上，不仅仅智利的经济起飞是在威权体制下出现的，历史上一批右翼威权国家都出现了显著的经济增长：朴正熙时代的韩国、两蒋时代的中国台湾地区、苏哈托时期的印尼、弗朗科统治后期的西班牙，等等。针对此类国家或地区，一些人提出一个看法：对于发展中国家或地区，威权体制是经济起飞的前提条件。也就是说，这些国家或地区之所以能够实现经济的显著发展，恰恰是因为铁腕政治压制了左翼政治力量，预防或者逆转了经济民粹主义，从而使其自由主义经济改革得以展开。不妨把这个观点称为"威权增长论"。

显然，与"威权增长论"相对的，是"民主衰退论"。什么意思呢？就是根据这个看法，那些依靠威权体制发展起来的国家，一旦走向民主化，其激进左翼力量就会依靠人数优势上台，通过民主程序实施激进左翼经济政策——劫富济贫，国有化，推动贸易保护主义。而这些政策的结果就是财政崩溃、通货膨胀失控、投资者被吓跑……总之，经济衰败指日可待。对于发展中国家，要政治民主还是要经济发展，似乎只能二选一，很难鱼和熊掌兼得。

那么，这种"民主衰退论"的情况在智利出现了吗？有趣的是，皮诺切特自己提供了揭晓答案的机会。1988年，或许是因为经济发展带来的过度自信，或许是因为20世纪80年代末国际局势的变化，皮诺切特居然同意了就其去留问题接受公投。结果，令皮诺切特大跌眼镜的是，智利民众并没有对他任下的经济发展感恩戴德，而是以56%对44%的比例选择让他下台。面对国内外舆论压力，皮诺切特咬咬牙接受了公投结果。1989年，智利举行了近20年来第一次自由选举，皮诺切特下台，基督教民主党上台，智利自此走上政治转型道路。

于是，一个举世瞩目的悬念出现了：智利会不会随着皮诺切特下台而逆转经济自由化改革？政治转型后智利会不会选出新的阿连德，通过"多数暴政"来杀鸡取卵、导致经济衰退？或者说，智利人是不是通过1988年的那场公投，决定了在"政治民主"和"经济发展"之间选择前者，放弃后者？

对这些问题，智利之后30年的发展轨迹给出了回答。大家可以看一下下面这张图（图5-2）。图中上面的这条线，是智利1970年到2019年近50年的人均GDP变化情况；下面这条线，是拉美同时期人均GDP平均变化轨迹。通过观察，你们会发现，这个图片里包含着两个重要的信息。

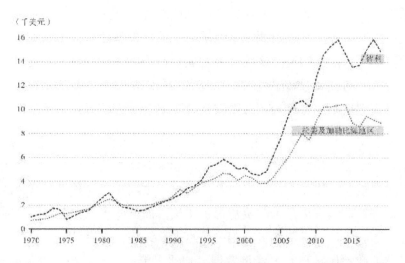

图5-2 1970—2019年智利人均GDP变化与拉美人均GDP平均变化

（图片来源：世界银行）

第一，智利最大幅度的经济发展，是在1989年转型之后，而不是之前。皮诺切特在任期间，虽然经济也有发展，但是其实并不像很多人传说的那么神奇。1973年他上台时，智利人均GDP是1640美元，1990年他下台时是2500美元左右，上升52%，的确是一个显著发展，但是谈不上是重大奇迹。仔细观察这个阶段的经济变化轨迹，会发现，早期的经济快速增长后，在1981—1985年间，有一个大的下滑，这是因为当时智利遭遇了一场重大金融危机。之后，1985—1989年间，智利经济虽然高速增长，年均增长率达到7%，但是，这很大程度上是在之前衰退基础上的反弹性增长。智利经济真正的"奇迹"，其实发生在1990年民主转型之后，人均GDP从2500美元左右一路上升到2019年的近15,000美元，涨了接近6倍。

第二，智利的经济，是在1990年左右才开始甩开拉美的平均水平，大体而言一路上扬，成为拉美世界的佼佼者。近年，智利已经成为南美洲最富有的国家，而1990年时，智利在拉美只是处于一个中游水平，甚至不如当年的古巴。与周边几个国家对比，可以看出来，1990年智利和巴西、阿根廷、墨西哥等国的人均GDP大体不相上下，但是到2019年，当智利的人均GDP到达15,000美元左右时，巴西是8700美元，阿根廷是9900美元，墨西哥是9950美元，智利可以说是名列前茅。

政治转型未必伤害经济自由

如何解读这些信息？我想，一个清晰的结论是，政治转型和经济发展并不必然矛盾。事实上，不但智利没有出现转型后的经济衰退，许多其他威权国家转型后也没有发生此类变化。大家可以看一下上面这张图（图5-3），这是一组右翼威权国家转型前后的经济发展轨迹。注意，我刻意选择了一组转型前为"右翼威权主义"的国家，就是为了观察转型后是否会出现"左翼民粹主义"的浪潮。

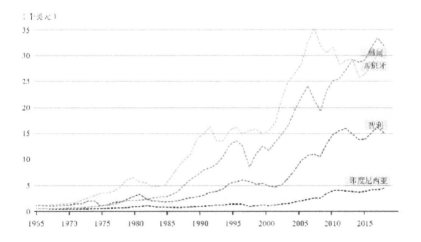

图5-3 1965—2019年智利、西班牙、韩国与印度尼西亚人均GDP变化

（图片来源：世界银行）

印尼1998年启动转型，从1998年到2019年，人均GDP从500美元左右上升到4100多美元。韩国1987年启动转型，从1987年到2019年，人均GDP从3500多美元升至31,000多美元。西班牙的轨迹类似，佛朗哥1975年去世，当时西班牙人均GDP是3200多美元，2019年则变成29,000多美元。总之，一些人所预言的"民主衰败论"，至少到目前为止，在这些国家似乎并没有发生。

经济没有走向衰败，经济自由度也没有随着民主转型而倒退，传说中的"杀鸡取卵""多数暴政""利用选票打土豪、分田地"，在新兴民主当中显然有，但是并不多见。弗雷泽研究所（Fraser Institute）有一个经济自由度的评估数据库，叫作"经济自由度指数"（Economic Freedom Index）数据库。根据这个数据库，在新兴民主的有可对比数据的国家中，几乎所有国家转型后的经济自由度都超过了转型前。当然，经济自由度的不同维度的变化趋势未必完全一致，其中，贸易自由度的增加最为明显；市场管控和政府规模方面，自由化程度相对小一些；法治和产权保护方面，甚至出现先升后降。但不管怎么说，总体而言，绝大多数转型国家在转型后出现了经济自由度的上升而不是下降。这其中就包括了智利。转型前，智利的最后一个经济自由度评估数据是1985年，5.6分，到2016年经济自由度升至7.8分。

"经济自由度"这样的概念可能还是太抽象，不妨用一个更清晰的指标来观察变化趋势——最高边际税率。毕竟，针对收入最高的人收多少税，最能体现一个国家"劫富济贫"的激进程度。大家可以看一下下面的图（图5-4），这是我根据经济自由度指数数据库中的税率信息，针对一组前右翼威权案例做的图。可以看出，在所有这些案例中，最高收入税率都出现了下降，也就是说，转型后蛋糕并没有被切走更多，反而切得更少了。以智利为例，2016年其最高边际税率是40%，虽然并不低，但是1985年，这个数字是56%。

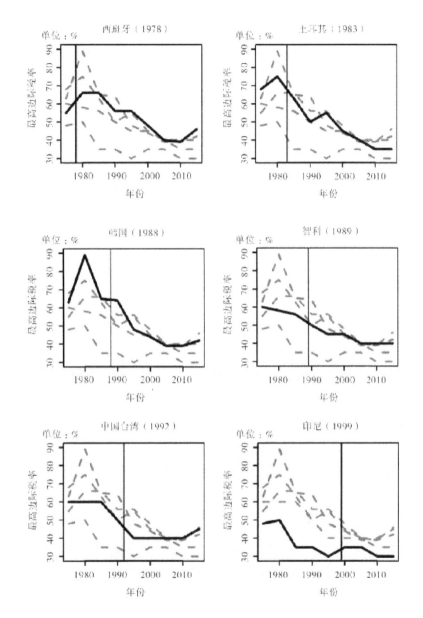

图5-4 右翼威权国家/地区转型前后最高边际税率变化（1975—2015）

（图片数据来源：经济自由度指数数据库）

可见，政治转型的到来未必意味着经济的民粹化。当然，这也并不意味着，民主转型一定有利于经济自由化。学过社会科学的人都知道，要区分相关性和因果性。毕竟，冷战结束后，不但民主国家，威权国家也出现了经济自由化。尽管在有数据的国家中，新兴民主的经济自由度的平均升幅比威权国家还略高一点，但是二者是在一个可比的范围内。这说明，很可能在这个历史阶段，经济自由化与政体类型没有必然关系，它是一个全球性变化，源于全球观念的变化和国际体系的变化。但是，无论如何，智利这类国家的变化轨迹显示，民主并不必然带来民粹，它完全可能和经济自由主义兼容。政治民主和经济发展，未必需要二选一。

为什么智利经济在拉美地区脱颖而出？

不过，问题又来了，如果政治转型与经济发展可以兼容，为什么智利的经济发展在拉美地区卓尔不群？要知道，20世纪八九十年代，拉美地区步入民主进程的可不仅仅是智利。智利1989年开始转型，阿根廷是1983年，墨西哥是1994年，巴西是1985年……智利只是这个浪潮中的一员而已。为什么在所有这些转型国家中，智利的经济表现突出，而其他诸多国家或者经济增长乏力或者经济大起大落？

以阿根廷为例，1983年转型以来，经济基本上处于过山车模式，1989年、2001年、2014年、2019年都曾陷入重大经济危机，结果就是，阿根廷1998年人均GDP就到达过8200多美元，但是到2019年，也就是20年后，人均GDP也只有10,000美元左右，只有微弱的上升，而同期智利的人均GDP增长了近3倍。巴西的起点和智利差不多，21世纪初也曾一度经济显著增长，但是2011年后，经济一路下行，人均GDP从13,000多美元跌至2019年的8800多美元。委内瑞拉的经济噩梦就更不用说了，下次课我们还会再详细分析。

智利与这些国家有什么不同？简而言之，智利政府虽然抛弃了皮诺切特的政治威权主义，但是继承并坚持了他的经济自由主义遗产，而其他这些国家或多或少卷入了一场所谓的"粉红色革命"。

什么叫"粉红色革命"？顾名思义，就是尚未走到极端的左翼民粹主义。1999年，激进左翼政治家查韦斯在委内瑞拉上台，开启了拉美地区的"粉红色浪潮"。此后，21世纪初，阿根廷、巴西、玻利维亚、厄瓜多尔、尼加拉瓜等国家纷纷把"粉红政治家"选上台。在一个阶段内，这些国家都因为财政扩张的"兴奋剂"效应，以及国际初级产品价格上涨，经济显著增长。但是，随着国际市场的下行，以及国库的坐吃山空，经济危机逐一显现。在委内瑞拉，国际油价下跌后，经济成为一片废墟。在巴西，"卢拉繁荣"后遭遇转型以来最大的经济危机，2015—2016年出现过严重的负增长。在阿根廷，财政入不敷出，不得不数次主权债务违约……

智利却躲过了大规模的经济灾难。从1990年到2018年，智利的经济平均增长率维持在4.7%左右。对于一个起点已经是中等收入的国家，这是很好的表现了。更可贵的是，智利在经济实现相当增长的同时，经济不平等程度还有明显的下降，基尼指数从1990年的0.57降至2017年的0.44。虽然仍然很高，但是相比周边那些大刀阔斧实施左翼经济政策的"粉红国家"，降幅一点也不小。

智利经济脱颖而出，是其温和自由主义经济政策的结果。1990年后，无论是基督教民主党政府，还是社会主义党政府，经济上都坚持了自由主义经济思维。这一点之所以难能可贵，是因为这两个政党名义上都是左翼或中左翼政党，直到2010年后，智利才有中右政党赢得总统大选。但是，智利无论哪个党上台，经济上都默默坚持守成道路。2020年，根据经济自由度指数数据库的数据，智利排在全球第14位，在所有拉美国家中遥遥领先。

这种经济自由主义路线，表现在很多方面。财政纪律方面，智利吸取自身历史上债务危机的教训，2001年以来，建立了"结构性平衡规则"，政府不仅仅根据当下的财政收入，而且根据可预测的将来收入来决定财政支出，从而将国际市场的周期性风险纳入财政政策考虑。因此，与阿根廷、委内瑞拉那种"有钱时大手大脚、没钱时外债高筑"的做法不同，智利实行的是

"反周期财政政策"。这种居安思危的做法，结果就是当周边国家频繁陷入债务危机，智利政府债务占GDP的比例反而是在很长时间内呈下降趋势。

智利的货币政策也相当稳健，由于中央银行的独立性始终受到尊重，银行没有成为政府的印钞机。因此，智利的通货膨胀率总体呈持续下降趋势：从1990年的26%降至2018年的2.4%；这与同时期委内瑞拉的天文数字形成鲜明对比。

对外开放方面，智利更是全球化的积极参与者，税率不断降低，与诸多国家签订自由贸易协定。其中，与中国的自由贸易协定于2005年签订，现在智利最大的贸易伙伴就是中国。大家在超市里应该都看到过物美价不廉的智利樱桃，应该就是这个贸易协定的结果。

对待私营企业，智利也明显比周边国家更加友好。世界银行"经商容易度指数"2020年报告显示，在拉美，创办一个企业所需要的天数，玻利维亚是39天，巴西是17天，阿根廷是12天，智利只有4天。税费占利润的比例，玻利维亚是84%，巴西是65%，阿根廷甚至是106%——说实话，企业每挣100元，上交106元，我还真没看懂是怎么回事，可能阿根廷人的数学是探戈舞老师教的。智利是多少呢？34%，远远低于周边国家。

所以，从数字上看，皮诺切特时期的人均GDP虽然未必那么惊人，但是他确实是给智利切换了一个经济轨道，并以路径依赖的方式把智利嵌入一个新的历史惯性中。从这个角度来说，皮诺切特的确是将智利塑造成了拉美一个非常独特的国家。当然，皮诺切特的经济遗产也并非都是正面的，比如，他的私营养老金体系到目前已经千疮百孔，致使智利出现了相当严重的老年人贫困问题。智利的自由主义经济政策也不是教条式的，转型后的民主政府也出台了一定的扶弱济贫政策、限制国际资本流动的金融政策等。

不确定的未来

所以，政治转型诅咒经济发展吗？未必。但是，民主转型一定带来经济发展吗？也未必。从智利和"粉红国家"经济表现的分叉可以看出，本质而言，决定经济发展前景的，更可能是政策取向，而不是政体类型。这就又回到了我在讨论印度的时候提到的概念——政体有限论。民主转型既不是灵丹妙药，也不是洪水猛兽，它作为一种政治程序如何运行，取决于我们往这个程序中输入什么样的"数据"。

但是，政策取向来自哪儿？归根结底，来自观念。简单而言，一个社会是更期待政府通过各种各样的管制和再分配成为"拯救者"，还是更相信千千万万个体的创造力和生产力？这是一个答案永远在流动的选择题。正因为这个问题的答案是流动的，自由取向的经济政策也是脆弱的。尤其在拉美，极其深厚的民粹主义传统始终阴魂不散，因此我们并不清楚，今天智利独特的经济自由倾向，是对地区性文化的一种超越，还仅仅是一种随时可能调整回去的偏航。

遗憾的是，近年智利明显有经济民粹主义重新抬头之势。2010年以来，智利开始出现各种要求免费这个、免费那个的抗议。2019年底的超大规模抗议，则是这种情绪的一次总爆发。这次大游行，大家可能有所耳闻。2019年10月，基于其财政平衡原则，政府宣布公车车票涨价30比索，也就是不到4美分，这个貌似无关痛痒的决定，却意外地触发了一场持续数月的全国性抗议，在有些地方甚至演变为大规模暴力骚乱。抗议的目标从车票逐渐扩散到物价、养老金、贫富悬殊、医保、最低工资等。总之，对30比索的抗议，最后演变为对所谓"新自由主义模式"的集体声讨。据报道，抗议浪潮中最流行的口号之一就是：不是因为30比索，而是因为30年。

显然，智利的经济模式并不完美。它还有很多需要改进的地方：智利的贫富悬殊依然严重，它的私有化养老金体系捉襟见肘，它的经济结构仍然过于单一……这些都需要改革。但是，点滴改良的必要性是一码事，推翻整个经济模式则是另一码事。当一些人认定智利的问题症结是"30年的新自由主义",不要忘记,正是这种令其唾弃的"新自由主义",让智利成长为整个拉美地区的经济佼佼者。我们不能假定,当我们把一棵树推倒,它的果实还会继续生长。

面对抗议巨浪,为缓解局势,智利政府不但很快宣布停止车票涨价,同时还承诺对富人加征税收、提高养老金、提高最低工资、降低药价、扩大公共医疗系统、增加水电补贴、降低公务人员工资等。这些改革,有些或许有必要,有些则仅仅是对政治压力的妥协。无论是智利还是其他国家,恐怕都不能忘记一个历史教训:在现实世界中,选择往往不是在"更好"和"最好"之间,而是在"更糟"和"不那么糟糕"之间。环顾委内瑞拉、巴西、阿根廷的经济发展轨迹,我怀疑,如果自由经济模式在智利被连根拔起,在废墟中生长出来的,未必是光明的未来,而更可能是人们早已熟悉的过去。只不过,由于人类惊人的健忘,陈旧的过去看上去常常像是崭新的未来而已。

27. 委内瑞拉：如何毁掉一个国家？

上次课我们讨论了智利，这次课，我们来谈谈另一个拉美国家——委内瑞拉。同为拉美国家，可以说，智利和委内瑞拉在过去二三十年来，走了一个完全相反的道路。智利在走向民主转型的同时，经济也获得了长足发展，而委内瑞拉在民主崩溃的同时也出现了经济崩溃。将这两个国家进行比较，会带来丰富的理论和政策启示。

一个当代经济噩梦

上次课我们讲到，智利转型以来，经济从拉美的中下游水平一路上升到名列前茅，贫困率从46%降到3.7%。委内瑞拉则正相反，1999年查韦斯上台之际，它的人均购买力GDP在拉美顶端，但是20年后的今天，委内瑞拉经济成为一片废墟，贫困率高达90%。

当然，这片经济废墟，你光从委内瑞拉的官方GDP数据上是很难看到的，因为委内瑞拉经济从2015年左右开始崩溃，于是，政府从2015年开始停止发布GDP数据，可谓现代版的掩耳盗铃。但是，网上流行的一句话说得好：世界上有三种东西是不可能隐藏的，喷嚏、爱情还有贫穷。委内瑞拉经济现在糟糕到什么程度呢？有几个数据可以反映。

一个是通货膨胀率。根据国际货币基金组织的估算，2018年这一年，委内瑞拉的通货膨胀率高达1,000,000%。这是什么概念？就是钱几乎没有意义了。你一个月的工资可能只能买两盒鸡蛋，三个月的工资买一瓶橄榄油，所以，才发生委内瑞拉老百姓宁愿用钱当厕纸用也不去买厕纸的情况，因为厕纸比钱贵多了。有一个CNN的记者，为了取钱，2018年的一天花了4小时、跑了4家银行，才取出来1万玻利瓦尔。而100万玻利瓦尔当时也就买一杯咖啡。

更糟的是，历史上的超级通胀，大多是来得快去得也快，但是委内瑞拉的超级通胀，从2016年左右开始到现在，已经4年多了，还没有结束。我备课的时候专门去查了一下，最近的数据是2020年8月，通货膨胀率还是2,000%多。这几乎是现代史上延续时间最长的超级通货膨胀了。

除了通货膨胀，另一个指标是难民数据。说起难民，我们通常想起哪些国家？叙利亚、也门、阿富汗之类的战乱国家，对不对？但是，另一个我们几乎从不谈及的难民危机，发生在委内瑞拉，而它的规模与叙利亚的难民危机旗鼓相当。根据布鲁金斯学会的一个报告，叙利亚内战导致480万难民外逃，委内瑞拉呢？截至2019年底，有460万人，也就是其人口的16%外逃。委内瑞拉医生去哥伦比亚端盘子，律师去秘鲁扫大街，老人儿童在墨西哥沿街乞讨，这样的故事太多了。和平年代出现如此之多的逃难者，委内瑞拉的确是创造奇迹了。

其实，即使委内瑞拉政府不发布GDP数据，纸也是包不住火的。根据国际货币基金组织的估算，从2013年到2019年，委内瑞拉的真实GDP缩水了65%，几乎是过去半个世纪左右全球最严重的经济衰退，唯一比它更严重的衰退是内战期间的利比里亚。要知道，这些数字不仅仅是数字，背后是无数人的命运。2017年的一项调查显示，63%的委内瑞拉人因为饥饿体重减轻，减幅平均高达23磅。所以委内瑞拉人开玩笑说，"马杜罗餐"是历史上最见效的减肥餐——马杜罗是他们的现任总统。

在我读过的各种报道中，印象最深的是两条：一个是说委内瑞拉的小学门口经常是救护车的呼啸声，为什么？因为上课的学生不停地因为饥饿而晕倒。另一条是一个需要做癌症手术的老太太，医生对她表示，你可以来做手术，但是，你必须自带手术用品——绷带、药品、麻醉剂、消毒剂等，因为医院里真的什么都没有了。这样的荒诞，可以说小说家都编不出来。

查韦斯的"21世纪社会主义"蓝图

一个显然的问题是，何以至此？为什么拉美地区曾经最富有的国家，在短短20年间，会走向经济崩溃？毕竟，委内瑞拉是个先天条件很好的国家，盛产各种矿产资源——很多人不知道的是，委内瑞拉是世界上石油储备最丰富的国家。它的石油储量，甚至超过沙特阿拉伯，这也是它在20世纪70年代以来走向经济繁荣的主要原因。油田是什么？油田就是一个哗哗地往外喷钱的地下取款机，但是，明明抱着一个取之不尽的取款机，委内瑞拉经济却走向了崩溃，为什么？

这就必须从一个人讲起：委内瑞拉的前总统查韦斯。查韦斯，何许人也？一言以蔽之，一个左翼民粹主义者。这个人是个贪污腐败的窃国贼吗？其实不是。不但不贪，甚至可以说，他是一个同情心爆棚的现代罗宾汉。他曾说："当我看到社会不公的时候，看到孩子因饥饿而死去的时候，我会痛哭。"他的一生，也是与"社会不公"斗争的一生。

1992年，还是一个普通军官的他，因为对委内瑞拉的贫富悬殊不满，对"新自由主义经济模式"充满怨恨，加入了一场政变。政变失败了，当时，他作为军人代表在电视直播中表示："遗憾的是，我们没有达成目标，我对失败承担全部责任。"事后，他被投进监狱。但是，当时全国民众都记住了这张年轻、勇敢的脸庞。1994年他被新总统特赦出狱的时候，受到了民众英雄凯旋般的欢迎。1999年，人们干脆抛弃了那些传统政党，以压倒性的优势把这个现代罗宾汉选上了台去。现在，他终于可以抛弃"新自由主义经济模式"，大刀阔斧地施展自己的经济蓝图了。他给这个蓝图起了一个名字，叫作"21世纪的社会主义"。

"21世纪的社会主义"，使命是什么？就是打击豪强、扶弱济贫、实现"社会正义"，用查韦斯自己的话来说，就是"挑战特权精英，把权力交还给穷人"。为了实现这些目标，他一边改组委内瑞拉最大的石油企业PDVSA，以确保石油收入能够流入国库当中；另一边用滚滚而来的石油收入，建设各种扶弱济贫的"社会项目"。左手取钱，右手撒钱，可谓行云流水。

我简略介绍几个此类社会项目，大家就能明白为什么我说查韦斯是"现代罗宾汉"了。第一，Mission Mercal。这个Mission Mercal是干什么的呢，是针对穷人的食品补贴项目，保证穷人能够买到物美价廉的食品。据报道，全国1.6万个商店加入该计划，高峰期雇用了8万多人，1000多万穷人受益于该项目。第二，Mission Barrio Adentro。这是"走入贫困社区"的医疗项目，用意是改变医疗资源的贫富悬殊。报道称，数千个社区医疗诊所建立起来，高峰期有3万多个医生在其中工作，包括1万多个外援的古巴医生。第三，Mission Robinson。这是针对贫困人口的教育扫盲运动。为达成目标，政府动员大量士兵深入偏远地带，挨家挨户去普及识字。第四，Mission Zamora。这是一个土地改革项目，不但农村的土地大量再分配，城市贫民窟的"临时搭建"住房也都统统被追认了产权。此类项目还有很多很多，时间关系，我就不一一列举了。但是，仅仅从我列举的这几个，大家应该已经能够看出，查韦斯真的是"一颗红心为人民"。

尤其值得一提的是，为了确保这些项目不被既有的官僚集团颠覆破坏，查韦斯还专门成立了无数的"社区委员会"，在农村是数十家一组，在城市是数百家一组，让普通民众加入这些社区委员会，由他们来参与决策，决定政府分配的资源怎么用，并监督官员是否公正、清廉。截至2010年，全国成立了大约两万个这样的"社区委员会"。除了"社区民主"，查韦斯也特别强调"企业民主"。用他的话来说："工人在一个工厂工作，却不知道公司怎么运转的，这是不对的！生产计划是什么？如何管理的？资源如何分配的？……整个的生产过程，都应该由工人来控制！"

经济上扶弱济贫、打击豪强，政治上推动基层民主、打击官僚，外交上，查韦斯则是个不畏强权的"反美斗士"。他在电视上高呼"打倒美帝国主义"，把同时期的美国总统小布什称为"魔鬼"和"蠢驴"，布莱尔则是"帝国主义走狗"。与此同时，和他一样、敢和美国叫板的阿萨德是"兄弟"，穆加贝是"自由战士"，而卡扎菲则是他心目中的"革命烈士"。

正是因为这些激进左翼理念和措施，让查韦斯在委内瑞拉赢得了无数人心。1998年，他以一匹黑马的身份赢得大选后，成为无数委内瑞拉人的精神教父。之后，接下来的15年里，除了一次公投和一次议会选举，查韦斯和他支持的力量赢得了几乎所有选举或公投。即使是那次失败的公投，也被后来的公投推翻。

而且，在这个过程中，查韦斯越来越受到底层民众的爱戴。1998年，赢得总统选举时，他的领先优势是16%；2000年大选，优势提升到了22%；2006

年，26%。2012年的选举虽然只领先11%，但这是在他公布了癌症消息后得到的选举结果——对一个体力上已经无法胜任的人委以如此重任，民众对他可以说是"一往情深"。2013年他去世时，上百万民众深夜守候十几个小时，无数人声泪俱下，只为给他送葬。哪怕他去世几年之后，也就是查韦斯模式已经走向破产的时候，2017年一项调查仍然显示，有79%的委内瑞拉民众选择查韦斯为其"最喜爱的总统"。

不但在国内深受爱戴，查韦斯在国际上也"粉丝"无数。美国政治家桑德斯曾表示："现在是委内瑞拉更可能实现美国梦。"英国工党领袖科尔宾则认为，查韦斯"展示了一种不同的、更好的道路，它叫作社会主义、叫作社会正义"。查韦斯去世时，好莱坞演员西恩·潘写道："全世界的穷人失去了他们的领路人。"著名导演奥利弗·斯通则表示："我为一个真正的英雄哀悼。"

委内瑞拉何以至此？

这样一个"穷人的领路人"，一个"真正的英雄"，为什么将委内瑞拉带入了经济灾难？可能有人会说，查韦斯2013年去世，委内瑞拉经济危机2014年后出现，问题肯定完全出在他的继任者马杜罗。这种说法其实不对。为什么？因为无论是经济路线、外交政策还是政治倾向，马杜罗都完全继承了查韦斯的遗产。他自己也是查韦斯一手栽培，在他任下一路担任议长、外交部长、副总统，最后成为查韦斯指定的接班人。所以，查韦斯虽然死了，但是查韦斯主义还在。

当然，马杜罗虽然继承了查韦斯的遗志，却没有他的个人魅力，结果就成了一个东施效颦版的查韦斯。但是，这两个人真正的区别还不是个人魅力，而是一个更重要的因素——国际石油价格。查韦斯那一套"左手取钱、右手撒钱"的经济模式之所以搞得下去，是因为他在任期间，刚好赶上国际油价的大幅上升。大家可以看一下下页的国际油价变化图（图5-5），1999年他刚上台时，油价是20美元左右一桶，到2013年他去世时，爬升至110美元左右，最高峰期甚至到达过170美元左右。马杜罗却没有这个运气，他一上台，国际油价就开始节节下跌，从110美元左右跌到现在的40美元上下。倒霉的马杜罗，接过了查韦斯办得如火如荼的盛宴，却发现冰箱里已经开始弹尽粮绝。

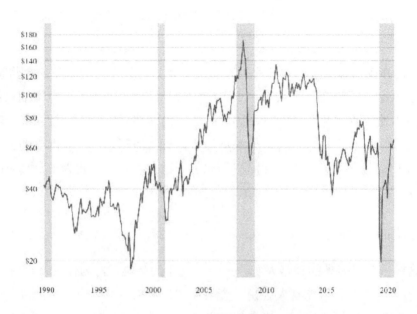

图5-5 1990—2020年国际油价变化图

（图片来源：Macrotrends网站）

正因为查韦斯运气绝佳，在任期间，他那些民粹主义经济政策一度对经济起到了一个"兴奋剂"的作用。短期来看，各项经济数据似乎都不错，2000—2013年，经济年均增速是3.5%，人均GDP从4800多美元升至12,000多美元，贫困率从23%降至8.5%。总之一切看起来都欣欣向荣，也正是在这个时候，桑德斯、科尔宾等人都为"21世纪社会主义"的新篇章给查韦斯纷纷鼓掌。

但是，好运气不可能永远持续。事实上，在国际油价大跌之前，也就是查韦斯还活着时，通货膨胀、短缺经济、民营部门萎缩等"民粹经济病兆"

都已经开始显现。查韦斯最骄傲的政策之一，是通过补贴保证穷人买到廉价食品，但是到2011年，委内瑞拉的食品价格已经是2003年的9倍，而平均工资只增长了不到40%。贫困率、犯罪率也已经重新开始上升。某种意义上，查韦斯的英年早逝是一种"幸运"，因为命运没有残忍地让他亲眼看到自己的革命全面破产。

虽然国际油价下跌是"查韦斯主义"的拐点，但这并非它破产的最根本因素。道理很简单：这个世界上石油国家很多，但是没有哪个像委内瑞拉摔得这么惨。哪怕是俄罗斯，由于国际油价的下跌，普京的经济奇迹最近几年失去魔力，但是在俄罗斯，后果也只是真实收入水平的停滞，而不是GDP缩水65%这样恐怖的情形。上次课我们还讲到智利，智利的支柱性产业是铜，也是高度依赖国际市场，但是，由于智利长期实行反周期的财政模式，居安思危、未雨绸缪，所以尽管国际市场大起大落，仍然保持了经济稳定与增长。至于马杜罗天天挂在嘴边的美国制裁，也不是最重要的因素，因为石油制裁从2017年左右才真正开始，这时候的委内瑞拉经济已经在暴风眼当中了。而且，委内瑞拉也找到不少绕开石油制裁的办法。

委内瑞拉经济危机的根本原因，还是其经济理念，而不是外部因素。为了实现所谓"社会公平"的伟大理想，查韦斯犯了一些教科书式经济政策的错误。第一，过度开支，寅吃卯粮。反正大地在喷钱，不花白不花。于是，委内瑞拉的社会开支一路攀升，直到地下取款机突然停电为止，毕竟，中了一次奖的人不会一直中奖。第二，大搞国有化，打击民营经济。本来，石油产业萎缩，如果其他行业、企业能够顶上，经济或许也能挺住，但是查韦斯严重削弱了民营经济。据统计，查韦斯政府征收了一千多个企业和农场，征收价格往往严重低于市场价格；那些没有被征收的，也因为政府的种种管制政策而破产或主动关门，比如政府强行要求企业低价出售商品，不断提高最低工资，要求企业"民主化管理"，要求银行必须提供"社会性贷款"……总之，私有企业的生存空间越来越窄。有报道称，1999年委内瑞拉有49万个私人公司，但是到2018年，只剩28万个。第三，煽动经济民族主义。比如，他坚决要收回石油公司的美资股份，当美国的两大石油公司拒绝转移股权时，他一纸令下，以极低的价格强征了这两个公司。

马杜罗上台后，这一套经济民粹主义更是变本加厉。就任后，他在经济政策方面的第一个举动是什么呢？就是发动所谓的"经济战争"。什么叫"经济战争"？很简单，不让商店和企业涨价。根据他的理论，委内瑞拉的经济困难是因为贪得无厌的资本家囤积居奇，以此破坏社会主义革命，所以挽救困局的办法就是不让涨价。你非要涨价怎么办，那就派军队来"占领商店"。

大家想想看，一边是生产成本急剧地通货膨胀，一边是商品不让涨价，结果是什么？结果当然是商店关门大吉了。于是，委内瑞拉的短缺经济变得更加严重。我看相关报道的时候，有一个小细节印象很深，因为短缺经济造成人们到处排长队买东西，而政府觉得超市门口到处排长队太有损国家形象了，于是发明出各种办法限制排队，比如，只能在超市后门或者车库排队，或者人们按照身份证号码轮流出门排队，比如，身份证尾号是1，周一排队，尾号是2，周二排队，等等，可以说是各种荒诞不经。

经济乌托邦主义倒推政治独裁

我经常会听到一种说法，查韦斯主义出了问题，不是因为经济模式有问题，而是因为查韦斯和马杜罗走向了政治独裁，所以，政策是好的，但是好鸡蛋被坏大厨给炒坏了。我认为，这个说法也不对。的确，查韦斯和马杜罗的统治越来越威权化，这与委内瑞拉的经济危机同步发生，但是这里面的因果关系，主要不是他们的威权政治打破了经济蓝图，而是他们的经济蓝图倒推出了威权政治。

为什么这么说？因为他们的经济理念太依赖一套"敌我话语"了，他们的经济模式也太依赖政府集中资源了，所以必须要依靠强力去"专政"那些反对派势力：强取豪夺的资本家、囤积居奇的商店老板、新自由主义的阴谋家、给美帝国主义代言的媒体……而所有的政治反对派和公民社会批评者，一定都是捍卫等级压迫的"既得利益集团"。因此，为了神圣的"人民利益"，镇压这些强大的、邪恶的势力，实属迫不得已的"无奈选择"。这就像你想要让一颗石头一直向上滚去，就必须形成强大的助推力。

查韦斯上台后，通过各种方式打击制衡他的反对派力量。2000年，支持他的"第五共和国运动"党赢得议会多数席位，议会从此成为橡皮图章。事实上，为了绕开碍手碍脚的议会反对党，议会曾经四次授权总统实行"政令统治"。什么叫"政令统治"？就是允许查韦斯无须经过议会批准就制定公共政策。简单来说，就是议会选择周期性地"自杀"来成全查韦斯的大权独揽。

搞定了立法机构，再来搞定司法机构。查韦斯一上台，就对司法系统展开了"大换血"，无数法官被解职。为了让最高法院臣服于执政党，查韦斯把大法官从20个增加到32个，从此保证了最高法院的政党忠诚。此后，面对司法系统，查韦斯可以说如履平地。对付不听话的市场媒体，政府也有各种办法：拒绝续发经营许可证、罚款、起诉、禁止国有企业发放广告、给支持政府的电视台发放补助等。

所有这些做法，听起来是不是有点耳熟？记忆力好的朋友可能已经想起来了，我前面讲到过一个概念——不自由的民主。查韦斯时代的委内瑞拉，是不自由民主的又一个典型。不过，从2009年左右开始，大多数的国际政体评估机构已经不再把委内瑞拉视为"民主政体"，哪怕是不自由的民主。

然而，正如法国大革命时期雅各宾派的权力不仅仅来自对反对派的打压，也来自对民意的征服，查韦斯的集权化背后，同样有着汹涌的民意。2002年反对派发动政变，查韦斯的支持者立刻上街声援总统，他们身穿红T恤，把委内瑞拉的大街小巷染成了红色的海洋。2004年，反对派发起"总统召回"公投，近60%的民众用他们的选票挽留了查韦斯。2009年，通过又一场修宪公投，民众赋予了查韦斯继续连任总统的权力。总之，查韦斯不是什么一意孤行的"独夫"，他是在个人崇拜中被其拥戴者抬上了神坛。当政治强人的权力被道义包裹，他的感召力变得所向披靡。

马杜罗没有查韦斯式的魅力，于是，他更多地诉诸强力。查韦斯去世后，2015年反对党赢得议会选举，委内瑞拉终于迎来了转机，很多人以为委内瑞拉会从此走出查韦斯主义。结果，马杜罗通过最高法院剥夺了新议会的权力，另立了一个听话的议会。2016年，反对派发起总统召回公投，这次，马杜罗控制的选举委员会中止了公投。2019年初，反对党领袖瓜伊多宣布另立政府，但是没能争得军队的支持。核心的反对派领袖要么被抓捕，要么被迫流亡海外。

为什么马杜罗垄断权力如此得心应手？并不仅仅因为他政治手段高明，而且因为查韦斯事先已经为权力全面垄断做好了铺垫。有一种看法认为，马杜罗是独裁者，而查韦斯则是民主英雄，这实在只是一种自欺。当马杜罗利用最高法院来剥夺新议会的立法权时，他之所以能够做到这一点，正是因为当年查韦斯对司法系统的驯服。当马杜罗面对新议会"急中生智"另立"制宪议会"时，这不过是对查韦斯1999年做法的"复刻"而已。经济灾难如此深重，为什么军队还不倒戈？同样是因为查韦斯当年在军队中安插了无数亲信。马杜罗和查韦斯之间不存在真正的断裂，他们俩只是一个栽树，一个乘凉而已。

最神奇的是，很多国际观察者以为经济灾难会让马杜罗政府垮台，但是，他却神奇地把经济崩溃变成了他的政治资产。为什么？因为当经济极度短缺，而政府控制了有限供给，资源分配就成了政府控制民众的武器。从2016年开始，马杜罗政府每个月给困难家庭发一篮救济食品，尽管只是杯水车薪，但对很多家庭来说，这是唯一的救生圈。为了防止这唯一的救生圈被拿走，很多民众更加"听话"，甚至感恩戴德。我看到过一个报道，一个从委内瑞拉逃离的医生回忆道，政府明确表示，不给政府投票的，医生不许给他们看病。

海妖塞壬的歌声

所以，委内瑞拉是如何走到今天这一步的？虽然起点在查韦斯，但是，是因为查韦斯的个人贪腐吗？并非如此。查韦斯生活简朴，工作勤奋，直到去世，仍然是两袖清风。他热爱底层人民，底层人民也热爱他。如果你生活在当年的委内瑞拉，打开电视，会发现他一会儿出现在工厂，一会儿出现在农田，和底层人民打成一片，甚至和他们一起唱歌跳舞。当他说"看见饥饿的儿童，我会痛哭"时，没有理由怀疑他的真诚。

可以说，委内瑞拉走到今天，不是源自"坏人"的贪婪腐败，而恰恰是源自"好人"的道德激情。当正义感变得不容置疑，当平等成为唯一的宗教，恶的大门也可以被善的手指敲开。历史上，无数通往悲剧的道路由斩钉截铁的道德激情所铺陈，恶只是意外的结果，而不是最初的动因。遗憾的是，恶一旦被启动，会形成越来越深的旋涡，因为恶往往需要更大的恶去掩盖。所以，我们发现，委内瑞拉人似乎生活在一个无法醒来的噩梦中，至今还在下沉。

更令人悲哀的，是这种道德激情的顽固。到现在，很多一贫如洗的委内瑞拉人，家里还挂着查韦斯的肖像，在马杜罗组织的聚会上，还有无数人为其摇旗呐喊。拉美的民调显示，几乎所有拉美国家的多数民众都认为，自己的国家"还不够社会主义"，全球许多国家的年轻人都在急速左转，看起来，"21世纪的社会主义"方兴未艾。

这让我想起那一著名的希腊神话。在这个神话里，海妖塞壬的歌声实在太动听、太美好了，所有路过的船员都会被魅惑，在歌声中触礁沉没。于是，奥德修斯在路过那片海域时，让人把自己给死死绑住，无法偏航，这才得以安全通过。某种意义上，委内瑞拉的故事就是一个当代的希腊悲剧。塞壬的歌声实在太美好了，人类一再被其魅惑，为其触礁，而海底的每一艘沉船，都是对人类理性之傲慢挥之不去的讽刺。

28. 新镀金时代？不平等的幽灵（1）

这一讲和下一讲，我们来谈谈另一个当前非常热门的话题——经济不平等。

关于这个话题，我想从一部电影说起。2019年有个大热的好莱坞电影——《小丑》，想必很多人看过。电影的主角名叫阿瑟，出身贫苦，和母亲相依为命，还有个奇特的毛病，就是动不动会大笑不止。阿瑟一心想成为脱口秀演员，却处处被凌辱，他被老板解雇、被脱口秀大腕嘲笑、被警察追捕、被市长殴打，甚至他的精神支柱——母亲对他的爱和邻家女孩对他的钟情，后来也被证明是假象。绝望中，他开始报复社会，把那些羞辱过自己的人逐一杀死。最后，他成了整个城市的反抗者象征，电影在他所引发的全城暴乱中结束。

显然，这部电影是一个寓言，其寓意直指我们今天的话题——不平等。电影中的小丑阿瑟，代表着一无所有的底层民众，他们被羞辱、被嘲笑、被所有的大门关在外面，而电影中的市长、老板、华尔街恶棍以及脱口秀大腕，则代表着对大众疾苦视若无睹的精英阶层。导演和编剧似乎是想通过这部电影向社会发出一个警告：不要无视底层的痛苦，他们的愤怒最终可以把整个社会烧毁。

《小丑》不是一个孤立的电影作品，它代表着一个潮流。最近这些年，大家可能注意到，全球关于不平等的讨论越来越多，从电影到学术，从媒体报道到文学记录，对不平等的愤怒日益升温，给人一种山雨欲来风满楼的感觉。观察现实政治，这种感觉就更加明显。无论是早些年的占领华尔街运动，还是前两年的黄背心运动，无论是特朗普上台，还是英国退欧，似乎都和不平等上升所激发的社会怨恨有关。我们在这个课程开头，说到过今天这个时代的种种进步，战争的减少、贫困率的下降、人均预期寿命的提高……但是，经济不平等的上升，却像是这个"黄金时代"的一道裂缝，不但给进步蒙上一层阴影，而且，这条裂缝如果不断扩大，甚至可能将所有的进步化为泡影。

一个显然的问题是：如何理解我们这个时代的不平等？我们是否在重返100多年前的"镀金时代"？它的成因是什么？是罪恶的经济系统，还是高速发展中难以避免的代价？它的后果又是什么？会不会让我们的现实沿着《小丑》的剧情向下发展，以致所有人同归于尽？这些都是非常沉重的问题，这次课我们就来啃一啃这个硬骨头。由于时间关系，这一讲，我想先谈谈经济不平等的上升和它所带来的种种问题，下一讲，我则想掉过头来，给这个话题降降温，分析一下为什么当代不平等问题未必像有些人认为的那么可怕。

"黄金时代"的裂缝

关于经济不平等的上升，在当今世界，恐怕没有哪个学者比法国经济学家皮凯蒂（Thomas Piketty）更有影响力了。可以说，他是那个"吹响集结号"的人。他的著作《21世纪资本论》，一本700页的学术作品，居然一面世就风靡全球，据说两年内就卖了200万册，在整个学术史上非常罕见。某种意义上，这本书的热销，可能比这本书的内容本身更值得关注，因为这种热销背后，标志着社会思潮的重大变迁。

在皮凯蒂的书中，有一张流传极广的图片（图5-6）。图中的曲线呈现出U形，一头是20世纪初，也就是"镀金时代"的尾声，收入前10%的美国人，收入占国民总收入的40%～50%，中间这个比例不断下滑，从20世纪80年代左右开始回升，到21世纪初，又回到了40%～50%。

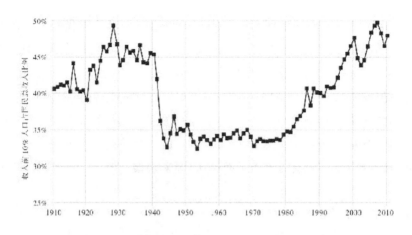

图5-6 1910—2010年美国经济不平等曲线图

（图片来源：皮凯蒂《21世纪资本论》）

这张图的信息极其清晰：美国的经济不平等程度，在绕了一大圈之后，又回到了"镀金时代"。"镀金时代"，大家知道，声名并不美好，象征着一种"朱门酒肉臭，路有冻死骨"的丛林状态。我在早先的课中谈到美国时，曾经用过一张20世纪初煤矿童工的照片，照片里那些衣衫褴褛的儿童，正是那个时代的写照。如果今天的美国在社会公正维度上回到那个年代，那真是"辛辛苦苦一百年，一夜回到解放前"。

当然，不平等的上升不仅仅是一个美国现象。在许多发达国家，尤其是英语国家，趋势类似，只不过美国的变化最具代表性而已。类似的变化当然也发生在中国。我们中国的历史数据没有美国那么完整，但是哪怕只对比改革开放前后，也能清晰看出来变化趋势。根据谢宇教授的研究，中国的经济不平等在2010年左右到达顶峰，收入的基尼系数高达0.54，甚至超过同时期的美国。当然，最近10年左右，全球许多国家，包括中国，都出现了不平等又温和下降的趋势。

数字听上去很抽象，数字背后的故事却非常沉重。拿美国来说，以前我们不大清楚西方社会的贫困问题，这些年由于相关报道的增加，问题慢慢浮出水面。据研究，有90%的美国人过去50年左右，真实收入——就是排除了通货膨胀因素的收入——几乎没有变化，[1]也就是说，大多数美国人奋斗了大半辈子，也只是做到了原地踏步。根据美国自己的标准，美国有12%左右的贫困人口，其中很多是working poor，什么意思呢？就是尽管有工作，甚至工作很辛苦，但是因为工资太低，仍然摆脱不了贫困。另外一些数字，我第一次听说的时候很吃惊，比如，美国有近30%的人几乎完全没有存款，只有20%左右的人，存款够他们生活6个月以上，也就是说，80%的美国人难以承受失业6个月以上。[2]这也是为什么很多美国人，一旦失业或者生重病，就立刻陷入贫困，甚至因为付不出房贷房租而变得无家可归。

另一方面，则是富人的收入扶摇直上，尤其是最顶部的那些人。上图（图5-7）展示了不同收入人群的真实收入变化。可以看出来，越是分布在顶部的家庭，真实收入增加越显著。我记得我在美国的时候，有个真人秀节目，主角是个白富美，名叫帕丽斯·希尔顿，这个希尔顿就是希尔顿酒店的那个希尔顿，这个女孩可以说是含着金钥匙出生的。在一次节目中，大家聊到沃玛特——沃玛特，大家知道，就是美国最常见的平价超市，但是，希尔顿当时的反应让所有人大跌眼镜，她说："什么是沃玛特？是卖墙上用品的吗？"当时，美国舆论哗然。居然这个富家千金长到20多岁，不知道沃玛特，她得是生活在什么样与世隔绝的玻璃温室里，才能保持如此纯净的无知？

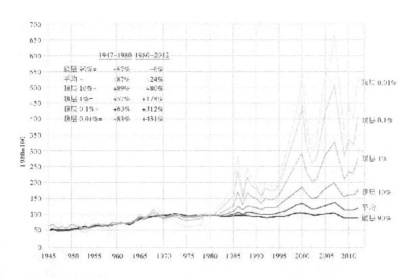

图5-7 1945—2012年不同收入人群真实收入变化图

（图片来源：Frank Lysy，"Why wage has stagnated while GDP has grown," *An Economic Sense*, Feb. 13, 2015）

中国也面临相似的挑战。我记得前两年网上流传过斯坦福大学教授罗斯高（Scott Rozelle）的一个研究报告，讲中国的城乡教育差距，他在里面讲到了中国农村的初中辍学率——大城市的孩子上高中的比例是90%，而某些省份的农村只有37%。在他的报告里，有个小细节，我记忆犹新。他说，农村有些孩子学习不好，仅仅是因为明明近视了却没有人给他们配眼镜——或者是因为贫穷，或者是因为父母出去打工没人管孩子，总之，一个可能很有天赋的孩子，仅仅因为眼镜这么一个极小的物质障碍，人生可能就走向了拐点。这其中的不公平，实在令人痛心。

不过，说到不平等，其实最严重的既不是发生在美国，也不是发生在中国或者任何具体的国家，而是发生在一个更广阔的范围内——全球各国之间。这是一个极其重要却很容易被人忽略的视角，因为我们常常把国家作为思考的容器，而这个容器有时候对思维会构成障碍。这方面，经济学家米兰诺维奇（Branko Milanovic）的研究令人印象深刻。根据他2011年发表的研究，美国最穷的5%的人口，和印度最富的5%的人口的收入重合，也就是说，印度最富的5%的人口，平均收入和美国最穷的5%的人口的平均收入差不多。喀麦隆顶部5%的人口，和德国最穷的5%的人口重合；英国最穷的人和津巴布韦最富的人，有8%的重合度；等等。所以说，富国的穷人对于本国的富人来说是不幸的，但是对于穷国的穷人来说，又是相当幸运的。

当然，他这个研究出版于2011年，研究相对于现实又有滞后性，所以数据可能有些陈旧，但是，其中的核心信息，我想是没有过时的，那就是：投胎太重要了。上图（图5-8）揭示的就是这个观点。在1870年时，阶层更能影响全球不平等的程度，但是到了2000年，出生地的权重和阶层相比，已经是5:1了。我们常常觉得，出身于哪个阶层是抓彩票，其实，更大的彩票是出身于哪个国家。从新闻中，我们经常看到有些穷国的穷人，冒着生命危险偷渡到富国，其实，某种意义上，这真是一种理性选择，因为只要你能成功偷渡并且在富国存活下来，你自己、你的孩子就改变命运了，把世界大多数人口甩在后面了。换了我，如果是穷国的穷人，没准也会去冒这个险。

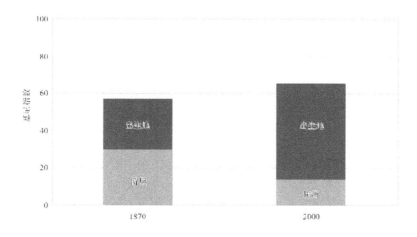

图5-8 1870年与2000年阶层与出生地对全球不平等的影响

（图片来源：Branko Milanovic, *The Haves and the Have-Nots*, New York: Basic Books, 2010）

贫富悬殊问题一：道义上不公平

毫无疑问，财富高度不平等，无论是在美国、中国还是全球，都是一个严重问题。之所以是一个严重问题，首先是因为"这不公平"。一个人的命运如果主要被他的出生地点或者出身阶层决定，这不合乎人类的道德直觉。大家可能和我一样，在日常生活中接触很多年轻的快递、保安、保洁、阿姨、服务员等。这些人大多应该是农村的留守儿童出身，通常是从小父母出门打工，没人管他们的教育，初中辍学，之后外出打工，四处漂流。有时候，从他们手里接过快递的时候，我会忍不住想：这里面有多少人本来可以是科学家、律师、作家、歌手？其中有多少被埋没的马云、马化腾、柯洁、王菲？我一直相信天赋、才华在人群中大体而言是均匀分布的，但是，由于出生不平等、教育不平等，事实是，我们都知道，科学家、律师、艺术家从留守儿童中出现的比例要远远低于城市中产家庭。如此之多的才华、天赋、梦想，仅仅因为出生而被埋没，真的是细思极恐。

更令人不安的，是这种不平等的自我强化倾向。更多的钱可以买到更好的教育，更好的教育带来更好的前途，更好的前途造成更大的不平等。这成了一个恶性循环，造成阶层的固化。而且，越是不平等的社会，阶层固化可能就越严重。为什么？因为梯子越长，对于底下的人，爬到顶部就越难。前两年有个斯坦福丑闻，大家可能记得，一个中国大款通过一个中间人给斯坦福捐了650万美元，中间人教这个大款的女儿简历造假，帮她进了斯坦福大学。不过，最后事情败露，大款的儿女也被开除学籍。这样的事情，非常伤害人类朴素的道德情感。什么都靠拼爹，那奋斗有何意义？奋斗都没有意义，那文明究竟是什么？

更糟的是，经济不平等还可能传导到政治系统，成为政治不平等，腐蚀公共决策。这一点，在威权体制下，相对容易理解，毕竟，当权力被垄断，资本主义很容易成为"裙带资本主义"，有钱人通过关系搞定各种工程、项目，是司空见惯之事。但是，在民主制度下，经济不平等也可能腐蚀民主的根基。比如，学者吉伦斯（Martin Gilens）写过一本书，叫作《财富与影响力》（*Affluence and Influence*），就是表达这个观点。他研究了美国1981—2002年的公共政策，对比公共政策和不同阶层的政策偏好，发现当穷人和富人偏好不一致时，政策合乎富人偏好的概率要大得多。因此，他得出结论说，美国政治本质上其实是寡头政治。不少其他学者观点类似，他们的结论都是：一旦一个社会高度不平等，哪怕它采用了民主的外衣，依然可能会沦为寡头统治。当然，这些观点也受到一些争议，我们下一讲还会再涉及。

贫富悬殊问题二：影响经济发展

不平等不仅仅是一个道义问题，也是一个经济发展问题。有一种常见的看法是，在公平和效率之间，只能二选一，为了效率，就不得不牺牲公平。也许在经济发展的初级阶段，这话有一定道理，毕竟，资源极度稀缺时，把有限的资源用于再分配，就意味着投资的枯竭，经济发展失去动力。

但是，越来越多的学者认为，过度不平等不但无助于效率，甚至会成为经济发展的障碍。为什么？很简单，经济发展不仅需要投资，也需要消费。如果一个社会中绝大多数人都很穷，也就是消费能力低下，那么经济发展同样会失去动力。你这边拼命投资生产，那边没人花钱消费，资本家迟早也会走向破产。

大家可能听说过凯恩斯的一个观点，叫作"边际消费倾向递减趋势"。根据这个观点，越穷的人边际消费倾向越强。同样是1000块钱，交给富人，他们可能根本注意不到，1000块不过是存款数额尽头一个难以察觉的数字，但是交给穷人，他可能立刻拿去买必要的生活用品了，因为富人不需要10部车、20个电脑，多半一年不会滑30次雪，但是对于穷人，他的一切需求都是刚需，所以他的钱会更快地回到经济循环当中去。

这些年我们经常听到一个词，叫"产能过剩"，其实，对于很多行业来说，所谓"产能过剩"，换一种说法，就是"消费不足"。为什么消费不足？李克强总理说了，有6亿人的可支配月收入也就是1000人民币左右，这怎么刺激消费？所以，所谓产能过剩，背后相当一部分原因，还是经济不平等。

这也是为什么这次新冠疫情，很多国家启动了"直接发钱"的项目。美国每个中低收入者收到1200美元的疫情补贴，有孩子的还另外加钱。一个三口之家大约能收到3000美元。这种直接发钱的做法，固然有人道主义救济的成分，但其实也是在"救经济"。政府很怕疫情暴发后，人们因为缺钱而消费锐减，结果就是经济发展失去动力。

所以，平等不是增长的敌人，甚至在一定的条件下，它是增长的朋友。大家可能都听到过一个说法，叫作"中等收入陷阱"。当然，"中等收入陷阱"的原因，甚至它是否存在，存在着很多争论，但是，至少有些学者认为，"中等收入陷阱"之所以发生，原因就是高度的不平等。为什么？因为观察显示，凡是能够从中等收入水平"毕业"，进入发达国家阵营的国家，比如东亚一批国家、中东欧一批国家，都是经济相对平等的国家，而那些长期陷入"中等收入"止步不前的国家，比如墨西哥、阿根廷、巴西之类的，都是贫富悬殊非常严重的国家。道理就是我们前面说到的，当大多数人在贫困中难以自拔，经济发展就失去了后劲。独乐乐不如众乐乐，这不仅仅是一个道德规训，也是一个经济原理。

贫富悬殊问题三：政治极化

贫富悬殊不仅在道义上不公平，还可能影响经济发展，现在，我们来说说它常常带来的第三个严重后果——政治动荡。在这一点上，历史上的教训就太多了。从中国历史上的农民起义，到法国大革命，可以说，"朱门酒肉臭，路有冻死骨"是暴力革命的标准导火索。如果说在古代，宿命主义的世界观还让民众对不平等具有更高的容忍度，不到快要饿死了就不起义，启蒙运动以来的平等主义世界观，则使得民众对不平等的容忍度大大下降。在这个意义上，现代政治虽然比古代更平等，但是却更脆弱了，因为人们不是根据自己的绝对处境，而是根据"相对剥夺感"而采取政治行动的。

这一点，无论是在发达国家还是发展中国家，都是如此。之前我们谈到智利时曾经说过，尽管智利的经济发展态势良好，不平等其实也在下降，但是因为人们更加重视平等，由不平等产生的怨恨却反而增加了。2019年爆发的大规模抗议，就是这种怨恨的一个表现。巴西，同样是一个被不平等问题长期困扰的国家，基尼指数高达0.53，即使是在普遍高度不平等的拉美，也是名列前茅了。我在之前的课上讲到过，因为贫富极度悬殊，巴西的富人都活成了笼中鸟，给家里装上各种复杂的安保系统，防偷防抢防要饭。作为这种经济不平等的后果，巴西的政治这些年也是非常动荡，左右撕裂非常严重。左翼力量代表、前总统卢拉，在下台后居然还被以贪腐的罪名送进了监狱，而他的接班人罗塞夫干脆被弹劾，右翼势力代表、现总统博索纳罗，被称为巴西的特朗普，自2018年当选以来，不断遭受各种抗议示威、调查弹劾。双方的群众基础则在街头经年不息地发生对抗。

发达国家也因为贫富差距而出现政治撕裂。近年西方右翼民粹主义上升，助推力之一，正是高度的不平等。我们前面讲经济全球化的时候讲到过，一边是"达沃斯人"，冲出本国的小市场，走向全球的大市场，财富直线上升；一边是发达国家的蓝领工人，因为产业转移、技术更新、移民竞争，越来越成为"多余的人"，于是，怨恨点燃了右翼民粹主义。

经济不平等不但激活了激进的右翼势力，也激活了激进的左翼力量。在占领华尔街运动中，"We are the 99%"的口号响彻云霄，此后，左翼的核心议题之一就是财富再分配。2015年，以"社会主义者"自称的桑德斯还是民主党人中的一个异类，当时民众对他有"正面看法"的只有12%，但是到2018年，这个比例已经上升到53%，在18—34岁的年轻人中，更是接近60%。2020年8月有个新闻，因为对亚马逊最低工资不满，有抗议者到贝索斯家门口架了一个断头台。虽然只是一个仿制品，但这里面的寓意，还是令人不寒而栗。所以，一边是右翼民粹主义上升，一边是左翼的激进化，经济两极化造成政治的两极化。

总结一下这一讲的内容。第一，过去40年左右，不平等在显著上升——无论是在美国、中国还是全球；第二，不平等的上升可能带来一系列严重问题：道义上不公平，长远来看抑制经济发展潜力，还可能带来政治动荡。

说到这里，你们可能会觉得，那解决办法很简单啊，"打土豪、分田地"，大规模地再分配财富，不就什么都解决了吗？如果有人拦着这个方案，那他一定是非蠢即坏，为"既得利益集团"摇旗呐喊。然而，事实是，只要是社会问题，答案几乎从来不可能"简单"。尤其是一个断断续续存在了几千年的社会问题，如果至今悬而未决，一定不是你一拍脑袋就能想到解决方案的，不然为何前面几千年从来没有人想到？在今天这个时代，"不平等"到底有多严重？是一个炎症还是一个癌症？是制度根部的腐烂，还是树枝的病害？甚至，是否存在着"合理的不平等"和"不合理的不平等"之分？在这些问题上，其实都大有争议。这一讲，我们讨论了争议的A面，下一讲，我们再来讨论它的B面。

---

[1]Frank Lysy, "Why wage has stagnated while GDP has grown," *An Economic Sense*, Feb. 13, 2015.

[2]Amanda Dixon, "A growing percentage of Americans have no emerging savings whatsoever," *Bankrate*, Jul.1, 2019.

29. 新镀金时代？不平等的幽灵（2）

上次课我们说到经济不平等的上升，以及它带来的种种问题。但是，我们只谈了问题的A面，没有触及B面。B面是什么？我们不妨先回顾一下A面。在这一面，一个简化版的叙事框架是这样的：由于富人的贪婪和资本主义体系的不公，全球各国贫富差距越来越大，穷人无论如何辛勤工作也不可能浮出水面，只能在生死线上挣扎，而富人不但独享发展的果实，而且往往收买权力，防止穷人改造这个不公的体系，最后，矛盾必将导致整个政治经济体系的内爆。我们上次提到电影《小丑》，描述的正是这样一个故事。

这个叙事框架是否正确？我的看法是，它过于简单，过于光滑，而现实并非如此黑白分明。为什么？我们不妨把上面的叙事框架分解为三个要素，然后一一观察它们是否完全合理。第一个要素，是关于不平等的严重程度，可以被概括为"悲惨世界"叙事。电影《小丑》中的阿瑟，就合乎这种"悲惨世界"叙事。电影一开始，我们发现，他的命太惨了；后来我们发现，他更惨了；到最后，简直惨不忍睹。第二个要素，是关于不平等形成的原因，可以被称为"受害者"叙事。为什么阿瑟那么惨？一切都是他人的错，坏老板、坏同事、坏市长、坏明星、坏观众……最后，连他最爱的母亲居然也是个"坏人"。第三个要素，是关于不平等的后果，则是"阶级战争"叙事。无辜的受害者和冷酷的精英，两者之间没有妥协的余地，冲突只能不断加剧，最后鱼死网破，所有人同归于尽。

就当代世界的不平等状况而言，这三种叙事，能够完全成立吗？在这次课，我想往这个黑白分明的画面里添加更多的色彩，目的当然不是全盘推翻这个叙事框架，而是试图在一切可能的解决方案前面加上"小心翼翼"这个状语。历史如果真的带来什么教训，这个教训并非仅仅是"要有与邪恶作斗争的勇气"，而且是"要有与狂热作斗争的自我警醒"。

"悲惨世界"叙事的另一面

首先，我们来看看"悲惨世界"叙事。上次课我们展示了皮凯蒂那张著名的图，一张关于美国不平等程度的U形图，一头是镀金时代，一头是21世纪，两头高、中间低，说明今天美国的不平等程度已经回到了100多年前。这个结论看似清晰，但是，如果加入更多的背景知识，我们会发现，现实其实模糊得多。

第一个背景知识是，不平等是什么经济水平上的不平等？不同经济基础上的不平等，其分量是很不同的。简单来说，穷得吃不起饭，和穷得去不起夏威夷度假，含义很不同。如果我的生活能维持小康，那么我其实不介意比尔·盖茨比我富有1000倍、1万倍、100万倍。但是，如果我食不果腹、衣不蔽体，那么，盖茨就算只比我富两倍，我也会感到义愤填膺。当年中国闹革命"打土豪、分田地"的时候，其实很多地主富农的财产，用我们今天的标准来看，也几乎是一贫如洗，但是这并不妨碍贫下中农对他们充满怨恨，原因就在这里。

所以，经济学家曼昆（N. Gregory Mankiw）说，真正重要的，本质上是贫穷问题，而不是不平等问题本身。而我们当代社会，相比100多年前，大大缓解了贫穷问题。我之前的课也讲到过，19世纪时，全球贫困率是90%多，而现在是10%。在这个意义上，拿今天这个时代的不平等和镀金时代直接类比，存在着误导性。

第二个必要的背景知识是，对贫困是否存在社会救济？不平等在加剧，但是，政府和社会对于处于底部的人，是否有救济措施，对于我们理解"悲惨世界"到底有多悲惨，也是一个重要因素。19世纪末20世纪初的镀金时代，是不存在福利国家的，公共服务也少得可怜，那时候的绝对贫困，就意味着在生死线上挣扎。但是今天这个时代毕竟不同。

皮凯蒂的图片是税前收入，并不包含财富转移信息。事实上，美国贫困率的计算标准，也不包括这个信息。但是，一旦加入这个信息，"悲惨世界"

的悲惨程度，就可能显著下降。一个单亲妈妈带着两个孩子，如果她有一份最低工资水平上的全职工作，其年收入接近14,000美元，确实属于美国标准的贫困。但是，她从食品券、育儿补助、税收补贴、政府医保、住房补助等方面得到的救济，加起来甚至可能与她的工资收入差不多。在无视这些社会救济的情况下，对一个人生活的悲惨程度做判断，可能会形成很不完整的印象。

事实上，当代世界各国，或多或少有一定的扶贫和福利项目。大家可以看一下下页的图（图5-9），展示的是发达国家的社会支出增长状况。最初，也就是镀金时代，这个支出几乎在零的位置，而在当代，它已经大大提升。这种救济够不够，当然可以讨论，但这确实是今天和镀金时代不可同日而语之处。

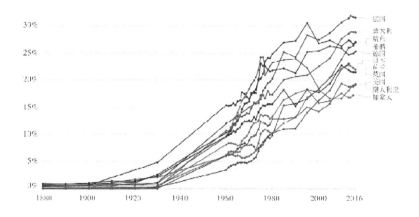

图5-9 1880—2016年发达国家公共社会支出占GDP比例

（图片来源：Our World in Data网站）

第三个背景知识是社会流动性。如果贫富悬殊和阶层固化同时出现，那的确非常可怕。我们在北京的写字楼看到一个年轻保安，内心有不安，是因为我们知道，他现在的收入和技能，很难帮助他实现向上流动，我们知道他被"困住"了。但是，我们看到一个法学院的学生，哪怕他欠一屁股债，多半也不会感到同情，因为我们知道，他的贫困是暂时的。更形象地说，如果住在一楼的人和住在三楼的人在不停地交换位置，哪怕一楼和三楼的层高在不断拉长，这个越来越长的距离本身，其实没有那么可怕。

在很多国家，包括美国和中国，的确存在着阶层流动性不足问题，这的确令人忧虑。但是，不平等是否加剧阶层固化，情形却不是很多人认为的那么清晰。哈佛大学教授哈吉·柴提（Raj Chetty）的研究就意外地发现，虽然美国在过去四五十年经济不平等明显上升，阶层流动性却并没有像很多人认为的那样下降，甚至还略有上升。底部1/5的人口，如果生于1971年，成为顶部1/5的概率是8.4%，但如果生于1986年，这个概率反而上升为9%。[1]顺便说一句，生于20世纪80年代的中国人，这个数字是7.3%。[2]与此同时，出身于高收入阶层的美国孩子，如果生于1984年，比穷人家孩子上大学的概率高75%，但如果出生于1993年，这个概率反而下降到69%。

所以，住在一楼的人并不总是住在一楼，住在三楼的人也并不总是住在三楼，他们还在相互交换位置。事实上，研究显示，美国收入前20%的人，20年后还在前20%位置的，只有56%，阶层之间还具有相当的流动性。

第四个背景知识，不平等到底是什么的不平等？现在很多学者认为，比收入或财富不平等更值得关注的，其实是消费不平等，而消费不平等的程度，在很多国家低于收入不平等。为什么消费不平等更值得关注？因为消费才真正影响我们的生活质量，所谓"朱门酒肉臭，路有冻死骨"，本质上指的就是消费不平等。

为什么消费不平等可能低于收入不平等？因为现代的穷人，有前面说到的社会救济支持，还可能通过金融借贷支撑消费，这种借贷机制，对于那些暂时的穷人，就是一个巨大的过渡性帮助。房贷、车贷就不用说了，甚至买手机、家具现在也可以借贷，最近我发现，哪怕买个30块钱的外卖，美团都执着地敦促我借钱买。

另一方面，富人的生活似乎也在中产阶级化。镀金时代的富豪，往往让人想起来巨大的维多利亚式庄园、庞大的用人团队以及富丽堂皇的枝形吊灯，但是今天，乔布斯穿的黑色T恤，看上去和快递穿的好像也差不多；巴菲特据说在一个几十万美元的普通房子里住了几十年。当然，不是所有的有钱人都这么简朴，但是，我观察我一些有钱朋友的生活，惊喜地发现，除了坐不起头等舱，我和他们的生活品质好像没有什么重大区别，而头等舱再舒服，它不就是一张在天上飞来飞去的单人床嘛，也没有太多可羡慕的。

所以，皮凯蒂那张看起来信息非常清晰的U形图，加上所有这些背景知识——全球贫困率的大幅下降、社会保障体系的建立、社会流动性的稳定，以及消费水平的中间化等，似乎就没有那么清晰了。不平等在加剧，但是，至少就发达国家而言，在多大程度上导致普通人生活在"悲惨世界"，就未必那么清楚了。

受害者叙事的另一面

再来看不平等形成的原因，我认为，"受害者叙事"同样有偏颇之处。在"受害者叙事"中，富人的贪婪以及他们所买通的权力，是不平等加剧的核心原因。这话当然有其道理，资本的全球化极大地压缩了蓝领工人的谈判权，这是贫富差距拉大的重要原因之一。但是，资本家的贪婪，是否全部的事实？或甚至主要的事实？同样存在着很大争议。

理论上，不平等可能存在着"合理的"和"不合理的"之分。比如，姚明和赖小民都是巨富，在中国来说肯定都是top 1%，甚至top 0.01%。但是，姚明那么有钱，我们会感到怨恨吗？多半不会，因为他的钱是靠汗水和天赋挣来的，我们内心深处觉得，he deserves it，他配得上。但是，赖小民就不一样了，他是大贪官，被抓之前，据说他专门租了个别墅存放赃款，放了两亿现金。这种富豪，我们就义愤填膺了，对不对？因为他的钱是贪污受贿来的。所以，贫富分化是否令人义愤，很大程度上取决于这个差距的形成机制。

就美国而言——我解释一下，我大量用美国举例子，不是因为美国更重要，而是因为美国的相关研究最成熟。但是，在这里我必须强调一下，各国贫富悬殊形成的机制很不同，所以在这个问题上不能举一反三。不过，就美国而言，贫富差距拉大是怎么形成的？一些学者认为，最近几十年，美国贫富差距拉大的最重要原因，是技术进步。

为什么技术进步会带来贫富悬殊？因为技术越进步，生产越自动化，工人就越多余。此外，技术进步还通过一个巨大的规模效应让富人的财富几何增长。很多研究者都发现，美国的贫富差距明显拉大，本质上不是前面那10%的人的收入发生了飞跃，甚至不是前面那1%，而是最前面那0.1%，甚至0.01%。顶端1%到10%的财富总数占全国总量的比例，过去40年左右其实在减少。哪怕是0.1%到1%的人，这个比例也没有什么大的变化。真正变化的，是那0.1%，0.01%。而这一小撮人的暴富，与技术进步紧密相关。你看美国现在的十大富豪，从贝索斯、盖茨一路下来几乎全都和技术进步有关。中国其实也有类似之处，马云、马化腾、雷军等，都是这样积累的。

问题是，这些人财富的合理性，是更接近姚明还是更接近赖小民呢？我想，绝大多数人都会承认，他们在暴富的同时，也给社会创造了巨大的价值。毕竟，我们天天都在用淘宝、微信、美团，享受了它们带来的极大便利，美国人的生活现在也是极度依赖Amazon、Facebook等。所以，虽然这0.01%大大加剧了贫富差距，但是，我们是否愿意为了回到一个更平等的世界而放弃这些便利呢？说实话，我不愿意。

除了技术进步，另外一个导致贫富差距拉大的原因，是家庭结构的变化。同样以美国为例，这个变化也是双向的，既发生在穷人这边，也发生在富人这边。就穷人来看，一个致命的变化就是单亲家庭比例的上升以及过早的生育年龄。我看过一些反映美国贫困问题的纪录片，印象最深的一点，就是大多数贫困家庭是没有父亲这个角色的，常常是一个很年轻的母亲，自己几乎是个孩子，带着好几个孩子，又要工作又要养家，在这种情况下，一个家庭怎么能不陷入贫困？有些信息，我第一次接触的时候大吃一惊：美国非婚生的儿童，平均是40%，在黑人中比例甚至高达72%。这种畸形的家庭结构，是美国贫富两极分化的重要原因。调查显示，2018年，有正常婚姻的美国家庭，贫困率是4.7%，但是父亲缺失的单亲家庭，贫困率则接近25%。

前两年美国有本畅销书叫《乡下人的悲歌》（*Hillbilly Elegy*），是一个贫困单亲家庭长大的白人男孩写的回忆录。里面我印象最深的一点，就是他对父亲角色的渴望。他母亲不但吸毒酗酒，而且不停换男朋友，每次他和某个临时爸爸刚刚建立感情，他就很快消失了，以至到后来，他变得恐惧和对方培养情感纽带，因为知道很快又会失去。

与穷人家庭单亲化对应的，是富人家庭的一个变化，英文叫"assortive mating"，翻译过来就是"同类结婚"。什么意思呢？就是富裕家庭不但婚姻更稳定，而且富人往往和富人结婚。四五十年前，女大学生没有那么多，所以男大学生毕业后往往找个邻家女孩或者中学时代的sweetheart结婚，对方更可能是护士、秘书之类的中低收入者，结婚后她们往往辞职做家庭主妇，所以整个家庭只有一份收入。现在不一样了，受过高等教育的女性越来越多，她们"近水楼台先得月"，把精英男士给截流了。于是，律师和医生结婚，医生和公务员结婚，公务员和金融分析师结婚，像某些家庭，还有教授和教授结婚。这种情况下，婚姻大大失去了阶层流动的功能。

于是，一边是一家两个稳定的中产收入，而且晚婚晚育少子；一边是一家只有一个不稳定的微薄收入，而且早婚早育多子。有研究显示，如果2005年美国的婚姻模式是完全随机的，而不是同类相吸，那么美国的基尼指数立刻会从0.43降到0.34，也就是和加拿大差不多。[3]可见，婚姻模式是不平等加剧的一个重要因素。

所以，不平等加剧的成因非常复杂，不是"富人贪得无厌"那么简单。其实，和很多人心目中的脑满肠肥的寄生虫形象不同，今天的富人平均而言，更可能是一个主动或被动的工作狂。研究显示，受到大学教育的人比高中毕业的人一周多工作8小时。[4]蒂姆·库克，苹果公司的CEO，每天3:45起床工作；马斯克，每周工作80～120小时，也就是一天工作11～17小时。甚至，富人还更爱读书。在一个采访中，有人问巴菲特的成功秘诀，他随手指指旁边的书堆说："我一天读500页书。"总之，贪得无厌、不劳而获的富豪形象，与今天的很多富人形象并不相符。

阶级战争叙事的另一面

最后，我们来看看不平等加剧的结果，是否合乎"阶级战争"叙事。根据这个看法，政治权力被经济寡头劫持，而贪婪的寡头必然会通过政治权力将自己的财富永久化和扩大化，所以，所谓"体制内的改革"是不可能的，最后只能是《小丑》剧终那种鱼死网破。

这个看法，也大可商榷。上次课，我谈到过学者吉伦斯的书《财富与影响力》，根据吉伦斯的观点，美国政治本质上是寡头政治，他的依据是：对比1981—2002年的公共政策和各个阶层的政策偏好，会发现，当富人和穷人政策偏好相抵触时，前者"得逞"的概率大得多，所以，美国民主其实是寡头政治。

不过，很快有其他学者指出，这个说法夸大了美国的阶级斗争程度，为什么呢？因为高、中、低阶层，政策偏好80%的时候都是一致的，而顶部10%的人和中间选民的偏好，90%的时候一致；不但政策偏好一致性高，而且不同政策之间的排序也非常接近。换句话说，上中下层没有那么对立，他们在绝大多数时候还挺意气相投的。大家可以看一下下页的图（图5-10），灰线是底层民众的偏好，黑线是顶层偏好，二者距离相当接近，变化趋势也非常一致。

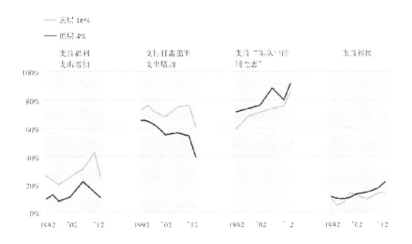

图5-10 高收入与低收入群体政治偏好

（图片来源：John York, "Does rising income inequality threaten democracy?," Heritage Foundation, 2017）

进一步看，当高收入者和中间选民意见分歧时，他们各自"如愿以偿"的比例是1:1，谈不上寡头政治。而当中高收入者和穷人意见分歧时，的确，前者更容易如愿以偿，"得逞"比例大概是4:1，但这一定是坏事吗？至少对美国左翼来说，未必，而左翼恰恰是最在乎政治影响力平等的人。为什么呢？因为穷人的政策偏好更倾向于贸易保护、更反对移民、更反对堕胎、更怀疑全球变暖，而今天的左翼恰恰支持全球化、支持移民、支持堕胎权、支持环保主义等，所以，恰恰是不平等的影响力，也就是决策中的精英主义成分，使得他们的政见更有机会实现。如果说这是"寡头政治"，也未必是一种"坏的寡头政治"。

当然，更富有的阶层以及游说集团具有不成比例的政治影响力，这是一个事实，而且是一个需要改革的事实。但简单地把美国政治说成是寡头政治，有很多现象就解释不通。比如，美国的社会和福利支出为什么会不断扩大？既然权力都被富人劫持了，他们为什么要把自己的蛋糕分出去？要知道，2017年，top 1%收入占国民总收入的21%，但是他们交的联邦收入税，占联邦收入税总额的38.5%，也就是说，他们收入高的不成比例，但是他们交的税更不成比例。事实上，top 1%交的联邦收入税，超过底部90%的总和。下图（图5-11）传达的正是这个信息。

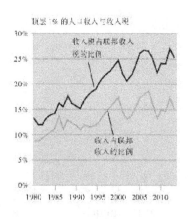

图5-11 富人收入税与国家福利支出

（图片来源：John, York, "Does rising income inequality threaten democracy?," Heritage Foundation, 2017）

其实，抛开数字，观察实际的富豪，就会发现，"阶级斗争"论存在漏洞。盖茨把几千亿美元捐出来做慈善，是为了什么阶级利益？要知道，盖茨基金会的年度预算和世界卫生组织旗鼓相当。巴菲特则主动抱怨他的税率太低，强烈要求政府给自己加税，又是为了什么既得利益？很有意思的一点是，大家都知道，特朗普主张给富人减税，而拜登主张给富人加税，如果华尔街人士坚决捍卫自己的"阶级利益"，那么他们应该一边倒地支持特朗普对不对？但事实是，到2020年大选前，金融界给拜登的捐款比给特朗普的捐款多出了5倍。[5]所以，和我们前面谈到韩国时的情况类似，观念的力量有时候会战胜利益的考虑。

因此，阶级战争叙事并不坚固，美国的穷人没有那么仇恨富人，富人也没有那么压制穷人。不过，话又说回来，如果"阶级斗争"的话语不断传播、扩散，它却可能构成"自我实现的预期"。什么意思呢？就是"阶级斗争"

话语本身就是一种政治动员机制，当这种话语传播得足够广、足够深、激起足够的愤怒，它可以使得不平等状况从一座"死火山"变成一座"活火山"。现实很重要，但是比现实更重要的，往往是我们如何诠释现实。

诸善之争中的平衡

总结一下，不平等问题非常复杂，它有A面，也有B面。《小丑》中的悲惨世界叙事、受害者叙事、阶级战争叙事，虽然逻辑很平滑，但套到现实中，却有很多"不合身"之处。可能有人会说，把问题说得严重点有何不可？这有助于社会形成改革共识，不是好事吗？其实，这就又回到我们在前面讲到过的，不成比例的悲观主义或许满足知识分子改造世界的激情，却可能带来错误的解题思路。

如果更重要的问题是贫困而不仅仅是贫富差距本身，那么解题思路就应该注重激励投资和就业，也就是创造财富，而不仅仅是再分配财富。如果问题相当程度上是家庭结构而不仅仅是再分配不足，那么部分答案就在于鼓励一种稳定、负责的婚姻观，而不完全是更大更多的政府。如果技术进步驱动着不平等的上升，那么，为了保护技术创新，"改造世界"更多的应该是政策微调，而不是将特定的经济模式连根拔起。如果富人其实已经并且正在接受相当程度的财富再分配，而不仅仅是贪得无厌的既得利益集团，那么，更合理的做法是继续协商改良，而不是发动基于"敌我话语"的阶级斗争。

说到底，不平等问题之所以棘手，是因为平等并非我们所追求的唯一目标，它只是我们所珍视的各种价值之一。如果平等是唯一目标，那事情就好办了。大家知道最能"让所有人站到同一条起跑线上"的机制是什么吗？是战争。中国历史上，每次改朝换代都血雨腥风，一打完仗，大家都平等了，"旧时王谢堂前燕，飞入寻常百姓家"。但这是平等的贫穷，而我们真正想要的，不是"向下的平等"，而是"向上的平等"，不是把上面的人拉下来，而是把下面的人拉上去。而在"向上的平等"中，平等就必须和其他价值并存：自由、秩序、创新、责任感，等等。

这种平衡才是最艰难的。我们希望那些年轻的保安、快递、保洁中被埋没的科学家、艺术家、企业家能够有机会实现自我，但我们也害怕过于均等的社会让潜在的科学家、艺术家、企业家失去奋斗的激励机制。我们不想看到饥饿和无家可归，因为在财富剧增的今天，这是不必要的残忍，但我们也担心，过度再分配成为委内瑞拉式的杀鸡取卵。我们恐惧贫富悬殊引发的政治动荡，但是我们也恐惧劫富济贫自身引发的政治动荡。诸善之争是人类最大的困境，所有的答案都只是特定情境下的"权宜之计"。

诸善之间能否实现平衡？当然可能。比如，北欧国家既高度发达，又相当平等，说明鱼和熊掌可能兼得。但是，我们必须承认，北欧模式有无数的社会、历史、文化甚至地缘条件，也可能带来某些经济社会成本，而许多其他国家的类似追求却一再失败。从王莽改制到法国大革命、从苏联极左的扭曲到柬埔寨的噩梦，从南欧债务危机到拉美的"粉红革命"，历史一再展示，追求平等这件事，我们或许有一种方式把它做对，却有1000种方式把它做错。如果我们相信历史是值得敬畏的，而文明常常是一座脆弱的纸牌屋，那我们就不得不怀着谦卑和审慎，去寻找隐藏在荆棘深处的第1001条道路。

[1]Raj Chetty, "Is the United States still a land of opportunity?," *NBER Working Paper*, Jan. 2014.

[2]Dan Kopf, "For all its economic dynamis, China's income mobility is bad and getting worse," *QUARTZ*, Jul. 31, 2018.

[3]Jeremy Greenwood, et al., "Marry your like: Assortive mating and income inequality," *NBER Working Paper*, Jan. 2014.

[4]The Economist, "Nice work if you can get out," *The Economist*, Apr. 19, 2014.

[5]Brian Schwartz, "Wall Street donors line up behind Biden in massive third quarter-fundraising haul," *CNBC.com*, Oct. 16, 2020.

30. 政治的可能与不可能

《可能性的艺术》这门课已经结束了，在此我来做个总结。这门课的内容涉及古今中外，怎么总结呢？我还是想回到这门课的标题，也就是俾斯麦的那句名言："政治是可能性的艺术。"

"政治是可能性的艺术"，这句话到底是什么意思？俾斯麦为什么说这句话？据说，俾斯麦是在1867年一次谈话中做这个表述的，而那正是德国统一大业成败未卜的时刻。这时候，俾斯麦正在欧洲各国之间联合纵横，各个击破，为了实现目标，他常常以退为进，以守为攻。为了争取国内的民意支持，作为一个反民主人士，他却主动开放了成年男子的普选权；作为一个反社会主义人士，他却完成了福利国家的奠基。正是俾斯麦的这种灵活性，让他赢得了"政治现实主义大师"的标签。

"政治是可能性的艺术"，表达的正是这种政治现实主义主张。据说，这句话的完整表述是这样的："Politics is the art of the possible, the attainable - the art of the next best."政治是可能性的艺术、可行性的艺术，是次优的艺术。这个完整说法，更清晰地呈现了它的"政治现实主义"指向。

关于这种政治现实主义，我举个例子。今天的中美关系，冰冻三尺，非一日之寒，如果我们指望两个国家换届领导人，就能通过运筹帷幄使中美成为"世界上最好的朋友"，这就是art of the impossible了，不现实。但是，如果两国政府趋利避害，小心避雷，保持不温不火的和平，却是可能的，这就是art of the possible了。换句话说，政治是一种艺术，但不是一种魔术。

我刚才举的例子，是在国际关系语境下，但是，放在比较政治学当中，政治现实主义也同样适用。我们这个课程，如果说必须有一个"中心思想"，或许可以被概括为："政治创造可能，但是政治亦有其边界"。关于政治所蕴含的"可能"和"不可能"，我甚至有一个可能非常主观的判断，那就是：政治"可能"让一个国家成为地狱，但是它却"不可能"让它变成天堂。换句话说，政治所能抵达的上限不会那么高，但是它所能抵达的下限却可以非常低。

大家也许会对我这种"不对称的"的说法有点困惑，为什么政治可能让社会变得非常糟糕，却未必会让生活变得非常美好？这是因为，在我看来，政治可能扼杀所有的社会关系和个人努力，但是它却不可能替代所有的社会关系和个人努力。什么意思呢？就是当政治非常糟糕的时候，比如一个极权政府掌控一切，它可以摧毁人们的生产积极性、自发的社会组织、家庭乃至人性，使所有人的生活变成一场噩梦。

可是，另一方面，当政治非常好的时候，它也只是制定一个相对公平的游戏规则——我前面讲到过，一场球赛踢得精不精彩，公平的游戏规则只是一个必要条件，绝不是一个充分条件，因为球赛踢得精不精彩，除了游戏规则，还要取决于球员们技艺是否高超、配合是否默契。在这个意义上，好的政治注定只是美好生活的前一半，而后一半则取决于社会、市场、文化以及每个人的努力。这种不对称，就是我所理解的"政治现实主义"。

遗憾的是，在当代世界，人们普遍缺乏这种"政治现实主义"。我们经常听到一类说法，比如，"某某国家不是国家能力很强大了吗？怎么环保还没有搞好？""某某国家不是都民主化了吗？怎么还会爆发冲突？""某某国家不是已经换新的领导人了吗？为什么公共服务还是不行？"在此类的提问中，都蕴含着一个不切实际的假定，就是政治可以神奇地解决一切难题，而政府有义务包揽所有人的幸福。

但是，政治没有那么神奇。说到这里，我不禁想起经济学家索维尔（Thomas Sowell）的一句话，他说，经济的第一原理就是稀缺性，因为从来没有那么多资源可以满足所有人的所有需求，但是政治的第一原理是什么呢？就是忽略经济的第一原理。这话虽然是句调侃，但道理却非常深刻，因为他指出了政治浪漫主义往往忽略"约束"问题。

政治存在什么约束？当然很多，我们这个课程里就谈到很多，试举几例。第一，社会结构的约束。当一个社会由极端对立的二元阵营构成并且任何一方都缺乏妥协精神时，鲜有任何政治力量或制度可能突围。我们在讲埃及的"裂痕动员"时，讲到政治伊斯兰派和政治世俗派之间轰轰烈烈的对立，如何摧毁了埃及短暂的民主实验；泰国红衫军和黄衫军是另一个例子，红衫军的人数优势和黄衫军的街头优势，使泰国政治陷入僵局。第二，历史的约束。在讲国家能力的时候，我讲到历史上的战争频度烈度，如何深深地塑造一个国家的国家能力，而这个影响可以延续千年而不灭。在讲文明冲突的时候，我也说到过学者英格尔哈特与韦尔策尔所画的文化地图，上面刻画着挥之不去的历史烙印。第三，地理的约束。比如，阿富汗多山的地形使它难以形成强国家的传统，委内瑞拉的石油资源使它步入经典的"资源诅咒"，而美国缺乏天敌的地缘位置，使其能够相对从容地"先发展民主，后建设国家能力"。

但是，或许因为我是个"准文化决定论者"，在这个课程中，我强调最多的还是"文化的约束"。这种约束在不同国家以不同的形式体现：在印度，"表亲的专制"削弱政治竞争的有效性；在阿富汗，宗教极端主义的阴影使得民主转型难以落地；在委内瑞拉，经济民粹主义观念的盛行，让民主制度最终走向自杀；在泰国，对程序正义的蔑视，让它难以摆脱不断政变的循环……换句话说，当观念的水位太低，所谓宪法就成了一张随时可以撕掉的废纸而已。

我在课程中反复强调一点："政治在社会中"。其实，"社会"在这里是一个笼统的表述，分解开来就是"政治在社会结构中""政治在经济中""政治在历史中""政治在地理中"，以及最重要的，"政治在文化中"。中国人说，"巧妇难为无米之炊"，同样，好的政治很难在逼仄的社会、经济、文化、地理、历史空间中长成参天大树。很多人期待制度的改写或者政府的更替可以一夜之间让"大地旧貌换新颜"，这种心态，说好听点，是一种浪漫，说难听一点，则是一种懒惰。真正的政治变革不可能仅靠自上而下的力量推动，它必须同时自下而上地生长。在人们学会宽容、学会耐心、学会同情性理解、学会从各种集体主义的轮椅中站起来迈出个体的步伐之前，没有什么政治可以成为改造生活的魔法棒。好的政治给每个人一张船票，但是它无法也不应该把每个人带到他的目的地。

不过，政治现实主义并不意味着政治虚无主义。政治是有限的，但并不是无用的。这一点，我在序言中说到过，对比朝鲜与韩国、东德与西德、海地与多米尼加、今天的委内瑞拉与20年前的委内瑞拉、今天的德国与80年前的德国、改革开放前的中国与改革开放后的中国，我们都能清楚地感到政治作为一种"艺术"的力量。相似的历史、相似的地理、相似的社会、相似的文化，在不同的政治力量下，可以发展出截然不同的道路。改善的游戏规则未必会使一场球赛精彩纷呈，但它至少是一切可持续比赛的前提。

在课程中，我谈到了"政治创造可能性"的各种路径。比如，政治选择的路径——在南非，虽然社会结构极度撕裂、历史记忆充满创伤，但是新旧两个政治领导集团通过妥协与分权，使南非实现了转型的软着陆。还有经济政策选择的路径。智利身处经济民粹主义盛行的拉美，在右翼威权政府倒台后，仍然坚持了温和的经济自由主义路线，使得智利经济成为拉美地区的佼佼者。我还谈到集体行动的路径。美国国家能力的建构，和许多其他国家不同，不是缘起于密集的战争或发达的文官制政府，而主要是通过一代又一代人的社会运动。在韩国，新的政治可能性则来自观念的变迁——当观念水位不断上升，人们甚至超越其经济理性，为了一个更高的价值重新缔造制度。

在所有这些故事中，我们发现，尽管历史、地理、社会、文化构成政治发展的约束，但这些约束不是牢笼，每个社会对其政治未来，都有一定的选择余地。这个余地一开始也许只有10厘米，但是，通过行动的勇气与智慧，它可能扩展为10米、100米、1万米，直到打开新的天地。

哪怕从历史深处流淌而来的政治文化，似乎是一个国家的胎记，但是，就像我在"文明的冲突"那两次课中所说的，文化不但可能变迁，在一个大发展和全球化的时代，它甚至可能非常快速地变迁。80年前的德国人，默许了纳粹政府屠杀600万犹太人，但是今天的德国人，成为整个欧洲最欢迎移民的群体。90年前的日本人，忙着刺杀一切有和平主义嫌疑的政治家，但当代有跨国民调显示，日本人成了全球最不愿"为祖国而战"的国民。历史是文化的作者，但绝非它的唯一作者，甚至可能只是它的第二、第三、第四作者。

当然，反过来，政治在"创造可能性"的同时，也时常收缩可能性，把本来辽阔的空间从1万米缩成100米、10米、10厘米。我们谈到过阿富汗，20世纪70年代时本来处于现代化的入口，但是，极左力量的崛起引发苏军的入侵，苏军的占领激发伊斯兰原教旨主义，原教旨主义引发内战，政治多米诺骨牌效应让一个国家的道路越走越窄，直至山穷水尽。我们还谈到过伊拉克，萨达姆不是什么伊拉克救星，他的统治下也没有很多人想象的发展与和平，事实上，正是他把一个现代化过程的国家拉进了无穷的战火。我们也提到过津巴布韦，1980年独立的时候，充满希望、百废待兴，但是，穆加贝的族群政治、民粹主义以及大权独揽，让一个非洲粮仓沦为通货膨胀的传奇。政治是艺术，但它可能是非常糟糕的艺术。

在卓越的和糟糕的艺术之间，是政治行动。行动需要勇气，需要道德觉醒，需要有一个小男孩以及更多小男孩冒着巨大的危险，从人群中站出来说：对不起，国王，你并没有穿衣服。在关于"平庸之恶"的讨论中，我讲到过，恶的泛滥未必需要多少"坏人"，往往只需要一个"魅力四射的疯子"加上无数"不假思索"的人。在这个"1+N模式"中，一个普通人要从"不假思索"中出走，他必须跳出"此时此刻"，获得一个更高更远的视角，足以看到历史深处的亡灵，以及道路尽头的悬崖。

但政治行动不仅仅需要勇气，也需要节制。泰国反复的政体振荡说明，狂热的政治激情可能以民主的方式摧毁民主，以自由的方式摧毁自由。而委内瑞拉式的经济崩溃则说明，善的感召如果失去缰绳，可以像海妖的歌声，把无数船只引向触礁与沉没。很多时候，比左右之争、东西之争、普世与民族之争更重要的，是狂热和温和之争，是斩钉截铁和怀疑主义之争，是感叹号和问号之争。

最后，我想补充的一点是，可能是因为我常常在公共领域写作，而且尽量用非学术化的语言和读者交流，所以常常被贴上一个标签，叫作"政治学常识的普及者"。说实话，我对这个标签有点不适。为什么呢？因为仔细想想，政治学几乎没有常识。你对政治学了解越多，就越会意识到，政治学没有常识。你觉得"民主"是常识，但是历史上很多伟大的思想家都反民主——麦迪逊甚至说："如果所有的雅典人都是苏格拉底，雅典的公民大会仍然会是一群暴民。"你觉得"自由"是常识，但很多左翼会追问：谁的自由？哪有没有阶级属性的自由？你觉得"平等"是常识，可是历史上对平等的追求，常常带来一败涂地的悲剧。我能普及什么呢？更多的时候，我普及的不是所谓"常识"，而恰恰是迟疑。

有时候，我会为政治知识的这种"原地踏步"而绝望。在其他领域，人类的进步令人惊叹。直到现在，坐飞机的时候，我仍然感到难以置信：人类怎么这么聪明？居然能造出这么一个笨重的家伙，而它能在天上飞十几个小时？吃到改良水果的时候，我也特别感恩：他们到底对葡萄和西瓜做了些什么，怎么这么好吃？全球气候变暖运动的扩散，也让我百思不得其解：地球平均温度200年里上升1度，这么微妙的变化，居然被人类发现了，而且分析出它的前因后果，发展出轰轰烈烈的全球运动。有一年我看一个舞台剧，表演和特技、音乐结合得太完美了，我几乎热泪盈眶，感慨人间真是不虚此行。

所有这些文明的成果都让我敬畏，但是，转身看一眼政治，立刻泄气了：虽然人类已经能够上天入地、呼风唤雨，但仍然会为能不能退出一个宗教打得头破血流，为一句刺耳的言论付出沉重代价，为一句口号沦为无法退出的实验品，为一场选举而反目为仇。同一个物种，居然会同时如此智慧和愚蠢、伟大和狭隘、勇敢和懦弱。

不过，另一些时候，我又觉得，没有常识未必是一件坏事。为什么？因为如果知识是确切的，专制就是必要的。恰恰是知识的不确定性，让我们需要在每一个时代、每一个情境中不断重返基本的道德问题和历史经验，用我们自己的头脑思考，并以这种思考成就人之为人的尊严。

如果说自然科学的知识是在建造一座层层累加的高塔，社会科学的知识则更像是西西弗斯在推石头，推上去，掉下来，再推上去，再掉下来。或许有人认为西西弗斯的努力是一种徒劳，殊不知原地踏步或许正是对自由落体的抵抗。政治复杂到令人绝望，但也正是这种复杂，让思考充满乐趣，让自由成为必要，让未来涌现无穷无尽的惊奇。

参考书目

[1] Acemoglu, Daron, James A. Robinson. *The Narrow Corridor: States, Societies, and the Fate of Liberty.* New York, N.Y.: Penguin Press, 2019.

[2] Acemoglu, Daron, James A. Robinson. *Why Nations Fail: The Origins of Power, Prosperity, and Poverty.* New York, N.Y.: Crown Business, 2012.

[3] Bardenwerper, Will. *The Prisoner in His Palace: Saddam Hussein, His American Guards, and What History Leaves Unsaid.* New York, N.Y.: Scribner, 2017.

[4] Barfield, Thomas. *Afghanistan: A Cultural and Political History.* Princeton, N.J.: Princeton University Press, 2010.

[5] Berfield, Susan. *The Hour of Fate: Theodore Roosevelt, J. P. Morgan, and the Battle to Transform American Capitalism.* New York, N.Y.: Bloomsbury Press, 2020.

[6] Bermeo, Nancy. *Ordinary People in Extraordinary Times: The Citizenry and the Breakdown of Democracy.* Princeton, N.J.: Princeton University Press, 2003.

[7] Caplan, Robert D. *The Revenge of Geography: What the Map Tells Us About Coming Conflicts and the Battle Against Fate.* New York, N.Y.: Random House, 2012.

[8] Caro, Robert A. *The Passage of Power: The Years of Lyndon Johnson.* New York, N.Y.: Alfred A. Knopf Press, 2012.

[9] Chernow, Ron. *The House of Morgan: An American Banking Dynasty and the Rise of Modern Finance*. New York, N.Y.: Grove Press, 2003.

[10] Chua, Amy. *Political Tribes: Group Instinct and the Fate of Nations*. New York, N.Y.: Penguin Press, 2018.

[11] Collier, Pual. *Exodus: How Migration is Changing Our World*. New York, N.Y.: Oxford University Press, 2013.

[12] Corrales, Javier, Michael Penfold. *Dragon in the Tropics: Hugo Chavez and the Political Economy of Revolution in Venezuela*. Washington, D.C.: Brookings Institution Press, 2011.

[13] Edwards, Sebastian. *Left Behind: Latin America and the False Promise of Populism*. Chicago, IL: University of Chicago Press, 2010.

[14] Farouk-Slughlett, Marion, Peter Sluglett. *Iraq Since 1958: From Revolution to Dictatorship*. New York, N.Y.: I.B. Tauris&Co. Ltd, 2003.

[15] Filkins, Dexter. *The Forever War*. New York, N.Y.: Alfred A. Knopf Press, 2008.

[16] Fiorina, Morris P., Samuel J. Abrams, Jeremy C. Pope. *Cultural War? The Myth of a Polarized America*. New York, N.Y.: Longman, 2004.

[17] Frye, Timothy. *Weak Strongman: The Limits of Power in Putin's Russia*. Princeton, N.J.: Princeton University Press, 2021.

[18] Fukuyama, Francis. *Identity: The Demand for Dignity and the Politics of Resentment*. New York, N.Y.: Farrar, Straus and Giroux, 2018.

[19] Gallegos, Raúl. *Crude Nation: How Oil Riches Ruined Venez uela*. Washington D.C.: Potomac Books, 2016.

[20] Gilens, Martin. *Affluence and Influence: Economic Inequa lity and Political Power in America*. Princeton, N. J.: Princeton U niversity Press, 2012.

[21] Grillo, Ioan. *Gangster Warlords: Drug Dollars, Killing F ields, and the New Politics of Latin America*. New York, N.Y.: Bloo msbury Press, 2016.

[22] Grusky, David, Jasmine Hill. *Inequality in the 21st Centu ry: A Reader*. New York, N.Y.: Routledge, 2019.

[23] Guha, Ramachandra. *India after Gandhi: The History of th e World's Largest Democracy*. New York, N.Y.: Ecco, 2008.

[24] Inglehart, Ronald, Christian Welzel. *Modernization, Cultu ral Change, and Democracy: The Human Development Sequence*. New Yor k, N.Y.: Cambridge University Press, 2005.

[25] Kagan, Robert. *The Jungle Grows Back: America and Our Imp eriled World*. New York, N.Y.: Alfred A. Knopf Press ,2018.

[26] Kim, Sunhyuk. *The Politics of Democratization in Korea: T he Role of Civil Society*. Pittsburgh, PA: University of Pittsburgh Press, 2000.

[27] Klein, Ezra. *Why We're Polarized*. London: Profile Books, 2020.

[28] Levitsky, Steven, Daniel Ziblatt. *How Democracies Die* . N ew York, N.Y.: Crown Publishing Group, 2018.

[29] Levistsky, Steven, Lucan Way. *Competitive Authoritarianis m: Hybrid Regimes After the Cold War.* New York, N.Y.: Cambridge Un iversity Press, 2010.

[30] Maher, Shiraz. *Salafi-Jihadism: The History of an Idea.* N ew York, N.Y.: Oxford University Press, 2016.

[31] Mansfield, Edward D., Jack Snyder. *Electing to Fight: Why Emerging Democracies Go to War.* Cambridge, MA: The MIT Press, 2007.

[32] McAdam, Doug, Sideny Tarrow, Charles Tilly. *Dynamics of C ontention.* New York, N.Y.: Cambridge University Press, 2001.

[33] Mcfaul, Michael. *Russia's Unfinished Revolution: Politic al Change from Gorbachev to Putin.* Ithaca, N.Y.: Cornell Universit y Press, 2002.

[34] Mearsheimer, John J. *The Great Delusion: Liberal Dreams a nd International Realities.* New Haven, CT: Yale University Press, 2018.

[35] Milanovic, Branko. *The Haves and The Have-Nots: A Brief and Idiosyncratic History of Global Inequality.* New York, N.Y.: Ba sic Books, 2011.

[36] Mohan, Rakesh. *India Transformed: Twenty-Five Years of Ec onomic Reforms.* Washington, D.C.: Brookings Institution Press, 201 8.

[37] Norris, Pippa, Ronald Inglehart. *Cultural Backlash: Trump, Brexit, and Authoritarian Populism.* New York, N.Y.: Cambridge Univ ersity Press, 2018.

[38] Oberdorfer, Don. *The Two Koreas: A Contemporary History.* New York, N.Y.: Little Brown & Co, 1998.

[39] Przeworski, Adam, Michael E. Alvarez, Jose Antonio Cheibu b, Fernando Limongi. *Democracy and Development: Political Institut ions and Well-Being in the World, 1950-1990*. New York, N.Y.: Cambr idge University Press, 2000.

[40] Rodrik, Dani. *The Globalization Paradox: Democracy and t he Future of the World Economy*. New York, N.Y.: W. W. Norton & Com pany, 2011.

[41] Rozelle, Scott, Natalie Hell. *Invisible China: How the Ur ban-Rural Divide Threatens China's Rise*. Chicago, IL: University o f Chicago Press, 2020.

[42] Schama, Simon. *Citizens: A Chronicle of the French Revolu tion*. New York: Alfred A. Knopf, 1990.

[43] Snyder, Jack. *From Voting to Violence: Democratization an d Nationalist Conflict*. New York, N.Y.: W. W. Norton & Company, 20 01.

[44] Stangneth, Bettina. *Eichmann Before Jerusalem: The Unexam ined Life of a Mass Murderer*. New York, N.Y.: Alfred A. Knopf Pres s, 2014.

[45] Talmon, Jacob. *The Origins of Totalitarian Democracy*. Lon don: Mercury Books, 1961.

[46] Valdés, Juan Gabriel. *Pinochet's Economists: The Chicago School of Economics in Chile*. New York, N.Y.: Cambridge University Press, 2008.

[47] Wainwright, Tom. *Narconomics: How to Run a Drug Cartel*. N ew York, N.Y.: PublicAffairs, 2016.

[48] Weisman, Steven R. *The Great Tax Wars: Lincoln-Teddy Roosevelt-Wilson—How the Income Tax Transformed America*. New York, N.Y.: Simon & Schuster, 2004.

[49] Wolf, Martin. *Why Globalization Works*. New Haven, CT: Yale University Press, 2004.

[50] Zakaria, Fareed. *The Future of Freedom: Illiberal Democracy at Home and Abroad*. New York, N.Y.: W. W. Norton & Company, 2004.

[51] F.W. 德克勒克. 德克勒克回忆录 [M]. 启蒙编译所，译. 上海：上海社会科学院出版社，2015.

[52] J.D. 万斯. 乡下人的悲歌 [M]. 刘晓同，庄逸抒，译. 南京：江苏凤凰文艺出版社，2017.

[53] 艾哈迈德·拉希德. 塔利班：宗教极端主义在阿富汗及其周边地区 [M]. 钟鹰翔，译. 重庆：重庆出版社，2015.

[54] 彼得·埃文斯，等. 找回国家 [M]. 方力维，等，译. 北京：生活·读书·新知三联书店，2009.

[55] 布莱恩·唐宁. 军事革命与政治变革：近代早期欧洲的民主与专制之起源 [M]. 赵信敏，译. 上海：复旦大学出版社，2015.

[56] 布鲁斯·阿克曼. 我们人民：奠基 [M]. 汪庆华，译. 北京：中国政法大学出版社，2013.

[57] 查尔斯·蒂利. 强制、资本和欧洲国家 [M]. 魏洪钟，译. 上海：上海人民出版社，2012.

[58] 丹·琼斯. 金雀花王朝：缔造英格兰的武士国王与王后们 [M]. 陆大鹏，译. 北京：社会科学文献出版社，2015.

[59] 德斯蒙德·图图. 没有宽恕就没有未来 [M]. 江红, 译. 桂林: 广西师范大学出版社, 2014.

[60] 弗朗西斯·福山. 历史的终结与最后的人 [M]. 陈高华, 译. 桂林: 广西师范大学出版社, 2014.

[61] 弗朗西斯·福山. 政治秩序的起源: 从前人类时代到法国大革命 [M]. 毛俊杰, 译. 桂林: 广西师范大学出版社, 2014.

[62] 弗朗西斯·福山. 政治秩序与政治衰败: 从工业革命到民主全球化 [M]. 毛俊杰, 译. 桂林: 广西师范大学出版社, 2015.

[63] 弗里德里希·奥古斯特·哈耶克. 通往奴役之路 [M]. 王明毅, 冯兴元, 译. 北京: 中国社会科学出版社, 1997.

[64] 汉娜·阿伦特. 艾希曼在耶路撒冷: 一份关于平庸的恶的报告 [M]. 安尼, 译. 南京: 译林出版社, 2017.

[65] 加布里埃尔·A. 阿尔蒙德, 西德尼·维巴. 公民文化: 五个国家的政治态度和民主制度 [M]. 张明澍, 译. 北京: 商务印书馆, 2014.

[66] 杰里米·布莱克. 军事革命? 1550—1800年的军事变革与欧洲社会 [M]. 李海峰, 梁本彬, 译. 北京: 北京大学出版社, 2019.

[67] 卡勒德·胡赛尼. 追风筝的人 [M]. 李继宏, 译. 上海: 上海人民出版社, 2006.

[68] 凯瑟琳·德林克·鲍恩. 民主的奇迹: 美国宪法制定的127天 [M]. 郑明萱, 译. 北京: 新星出版社, 2016.

[69] 拉里·戴蒙德. 民主的精神 [M]. 张大军, 译. 北京: 群言出版社, 2013.

[70] 路易斯·哈茨. 美国的自由主义传统: 独立革命以来美国政治思想阐释 [M]. 张敏谦, 译. 北京: 中国社会科学出版社, 2003.

[71] 罗伯特·杰伊·利夫顿. 纳粹医生：医学屠杀与种族灭绝心理学 [M]. 王毅, 刘伟, 译. 南京：江苏凤凰文艺出版社, 2019.

[72] 罗伯特·卡根. 美国缔造的世界 [M]. 刘若楠, 译. 北京：社会科学文献出版社, 2013.

[73] 罗伯特·帕特南. 独自打保龄球：美国社区的衰落与复兴 [M]. 刘波, 等, 译. 北京：中国政法大学出版社, 2018.

[74] 罗伯特·帕特南. 使民主运转起来：现代意大利的公民传统 [M]. 王列, 赖海榕, 译. 北京：中国人民大学出版社, 2015.

[75] 罗伯特·帕特南. 我们的孩子 [M]. 田雷, 宋昕, 译. 北京：中国政法大学出版社, 2017.

[76] 马克斯·韦伯. 学术与政治 [M]. 钱永祥, 等, 译. 上海：上海三联书店, 2019.

[77] 马克斯·韦伯. 支配社会学 [M]. 康乐, 简惠美, 译. 上海：上海三联书店, 2021.

[78] 马克斯·韦伯. 中国的宗教：儒教与道教 [M]. 康乐, 简惠美, 译. 上海：上海三联书店, 2021.

[79] 迈克尔·曼. 民主的阴暗面：解释种族清洗 [M]. 严春松, 译. 北京：中央编译出版社, 2015.

[80] 迈克尔·曼. 社会权力的来源 [M]. 第一卷. 刘北成, 李少军, 译. 上海：上海人民出版社, 2007.

[81] 曼瑟·奥尔森. 国家的兴衰 [M]. 李增刚, 译. 上海：上海人民出版社, 2018.

[82] 曼瑟·奥尔森. 权力与繁荣 [M]. 苏长和, 嵇飞, 译. 上海：上海人民出版社, 2018.

[83] 米尔顿·弗里德曼. 资本主义与自由 [M]. 张瑞玉，译. 北京：商务印书馆，2004.

[84] 纳尔逊·曼德拉. 漫漫自由路：曼德拉自传 [M]. 谭振学，译. 桂林：广西师范大学出版社，2014.

[85] 钱穆. 中国历代政治得失 [M]. 北京：生活·读书·新知三联书店，2018.

[86] 秦晖. 传统十论：本土社会的制度、文化及其变革 [M]. 太原：山西人民出版社，2019.

[87] 塞缪尔·亨廷顿. 变化社会中的政治秩序 [M]. 王冠华，等，译. 上海：上海人民出版社，2008.

[88] 塞缪尔·亨廷顿. 第三波：20世纪后期的民主化浪潮 [M]. 刘军宁，译. 上海：上海三联书店，1998.

[89] 塞缪尔·亨廷顿. 文明的冲突与世界秩序的重建 [M]. 周琪，等，译. 北京：新华出版社，2002.

[90] 斯蒂芬·平克. 人性中的善良天使：暴力为什么会减少 [M]. 安雯，译. 北京：中信出版集团，2019.

[91] 泰勒·布兰奇. 分水岭：美国民权运动的奋起与挣扎 [M]. 韩阳，等，译. 北京：中国青年出版社，2016.

[92] 托马斯·皮凯蒂. 21世纪资本论 [M]. 巴曙松，等，译. 北京：中信出版社，2014.

[93] 王希. 原则与妥协：美国宪法的精神与实践 [M]. 北京：北京大学出版社，2014.

[94] 王毅. 中国皇权制度研究 [M]. 北京：北京大学出版社，2007.

[95] 威廉·曼彻斯特. 光荣与梦想：1932—1972年美国叙事史
[M]. 四川外国语大学翻译学院翻译组，译. 北京：中信出版集团，2015.

[96] 许田波. 战争与国家形成：春秋战国与近代早期欧洲之比较
[M]. 徐进，译. 上海：上海人民出版社，2018.

[97] 阎步克. 士大夫政治演生史稿 [M]. 北京：北京大学出版社，2015.

[98] 伊恩·戴维森. 法国大革命：从启蒙到暴政 [M]. 鄢宏福，王瑶，译. 成都：天地出版社，2019.

[99] 约翰·米尔斯海默. 大国政治的悲剧 [M]. 王义桅，唐小松，译. 上海：上海人民出版社，2003.

[100] 詹姆斯·C. 斯科特. 国家的视角：那些试图改善人类状况的项目是如何失败的 [M]. 王晓毅，译. 北京：社会科学文献出版社，2019.

[101] 张夏准. 富国陷阱：发达国家为何踢开梯子 [M]. 蔡佳，译. 北京：社会科学文献出版社，2020.

CPSIA information can be obtained
at www.ICGtesting.com
Printed in the USA
LVHW030108281122
733859LV00006B/482